哈尔滨商业大学应用经济学一流学科建设丛书

U0666993

前沿·学术·经典

经管文库

经济类

基于供给侧改革的
中国零售业态发展研究

Research on China's Retail Industry Development under Supply-side Reform

赵德海 等／著

经济管理出版社
ECONOMY & MANAGEMENT PUBLISHING HOUSE

图书在版编目（CIP）数据

基于供给侧改革的中国零售业态发展研究/赵德海等著．—北京：经济管理出版社，2020.12

ISBN 978 – 7 – 5096 – 7429 – 1

Ⅰ．①基…　Ⅱ．①赵…　Ⅲ．①零售业—发展—研究—中国　Ⅳ．①F724.2

中国版本图书馆 CIP 数据核字（2020）第 261729 号

组稿编辑：陈　力
责任编辑：杨国强
责任印制：黄章平
责任校对：张晓燕

出版发行：经济管理出版社
　　　　　（北京市海淀区北蜂窝 8 号中雅大厦 A 座 11 层　100038）
网　　址：www. E – mp. com. cn
电　　话：（010）51915602
印　　刷：北京玺诚印务有限公司
经　　销：新华书店
开　　本：720mm×1000mm/16
印　　张：15
字　　数：269 千字
版　　次：2021 年 2 月第 1 版　　2021 年 2 月第 1 次印刷
书　　号：ISBN 978 – 7 – 5096 – 7429 – 1
定　　价：98.00 元

前　言

近年来，在中国经济进入新常态时期，推动供给侧改革成为流通业发展的必由之路，零售业在面临经济发展新常态背景下，面对科技进步带来的产业变革，以及全平台融合渠道的加持，使得零售业未来发展路径出现诸多新变化。习近平主席在2020年9月9日中央财经委员会第八次会议中指出，流通体系在国民经济中发挥着基础性作用，构建新发展格局，必须把建设现代流通体系作为一项重要战略任务来抓。为构建以国内大循环为主体、国内国际双循环相互促进的新发展格局提供有力支撑。这就要求流通产业以转型升级为目标，进而构建现代商品流通体系，推动零售业变革。

本书系统梳理了供给侧改革对流通业和零售业发展产生的影响，以及对二者提出的客观发展需要，试图确立供给侧改革背景下中国零售业态发展的整体思路与目标方向，建立零售业高级化、合理化的理论研究架构。研究成果有助于丰富供给侧改革理论研究内涵，为具体行业领域的供给侧管理提供研究思路。同时，有助于建立新常态背景下流通业和零售业转型发展的理论研究框架；有助于促进零售业态主体发展战略再定位和空间布局；有助于优化零售业态主体的经营策略和商业模式。另外，可以为商务主管部门制定零售业发展政策提供参考。主要研究内容及结论如下：

第一，对供给管理理论的思想脉络进行了梳理，对中国政府提出的供给侧结构性改革的背景、理论及政策创新进行了分析，并在此基础上对比了供给侧结构性改革与供给管理在相应的理论基础与政策主张上的差异。中国提出供给侧结构性改革是基于中国特有的经济发展背景——经济发展新常态；供给侧结构性改革的核心是着力提高供给端的质效，改革的发力点主要针对经济结构的问题。

第二，从流通供给侧改革的背景回顾、问题实质、改革重点、改革方向、改革样本和流通供给侧改革对零售业的客观要求等内容展开梳理。分析了新时代流通产业发展规律的特征，梳理了中国流通产业规模、结构和所有制结构内容，重点研究了供给侧改革对中国流通业发展的影响，提出供给侧改革下中国流通业创新模式。研究发现，流通领域的技术创新和新技术的应用十分重要。流通主体如何在信息化快速发展的条件下，尽快适应新的流通模式，快速实现转型升级对流通业发展具有重要作用。针对流通领域新兴流通主体以及流通模式，要尽可能地避免不正当竞争。政府针对网络销售的产品质量和信息安全等方面应加大监管力度和提升信息技术水平，进而为商品流通提供更加有力的法制保障。

第三，介绍了零售业态的基本内涵、演进过程、主要类型、功能作用以及模式创新的内容，并从以上角度深入研究零售业态的本质以及对国家经济发展的重要价值。研究发现，零售业态的形式会随着消费者需求、经济环境以及信息技术手段加持等内外部因素的影响而发生改变，需要用动态的视野看待零售业态演变过程。零售业态模式创新的着眼点要从零售业模块入手，重点是从供给侧角度研究如何能使零售业企业在未来发展中适应流通产业发展需要。零售业企业需要适应消费者不断变化的消费需求，促进线上和线下店铺融合发展，以及构建智慧型零售业供应链。

第四，介绍了中国零售业态发展现状，从价值主张、价值链、盈利模式和业态组织四个方面，深入剖析了供给侧改革对中国零售业态模式创新的影响，重点研究了中国零售业态的创新模式，并对零售业态数字化转型展开实证研究。研究发现，零售业态内部的数字化转型，以及培育以社区商业中心为代表的新型零售业态是提高零售业竞争力的有效路径。通过线上线下的深度融合以及服务能力的提升，可进一步增强零售业企业借助互联网平台，加强与其他产业的融合发展。而零售业全产业链的发展则推进了零售业企业向社会再生产等其他环节的延伸。在零售业态转型升级的过程中，零售业企业自营比重的加大是当务之急。

第五，借助扎根理论研究方法，重点分析了中国零售业态转型升级和创新发展的两个典型案例——哈尔滨华联百货公司和阿里巴巴集团。通过对两家企业零售业务的全过程跟踪研究，以典型零售业务操作为基础，剖析两家企业发展战略与业务方向。研究发现，商业模式是零售业企业发展战略的重要支撑，而企业对数据搜集、处理、应用过程的掌控能力，在一定程度上是支持整个企业组织方式变革和发展战略升级的根本原因。同时，企业要积极开发并利用零售业生态系统优势，勇于探索新零售的各类实践道路。

第六，提出供给侧改革下中国零售业态发展的政策建议。研究结论认为，治理方式由直接治理向授权式治理升级是政策创新的基础。在此基础上促进零售业参与主体的全面在线化，提高数据兼容和数据定价能力，提升覆盖全社会的网络协同与数据智能化的应用水平。重点进行零售业态差异化创新，构建全社会零售生态系统，完善商业基础设施服务水平，以此保证中国零售业态发展的全球领先地位。

目　录

1 绪论

1.1 研究背景

改革开放 40 多年来,我国摸索出一条具有中国特色的开放型经济发展道路,取得了一系列瞩目成绩。经济总量已由 1978 年改革之初的 3679 亿元增长到 2019 年的 99 万亿元,更是在 2010 年以 10.64% 的增长率超过日本,一跃成为世界第二大经济体,步入中等收入国家行列,成为了世界经济大国。然而近几年,随着中国经济进入"新常态",发展增速回落,落后产能严重过剩,产业结构失衡,国内经济转型压力空前增大。与此同时,受国际市场需求疲软不振、国际间贸易保护主义盛行以及国际地缘政治日趋复杂等问题的综合影响,国际经济发展环境也不容乐观。特别是中国实体经济层面的资源分配效率下降、要素供给效率下降、创新能力的滞后以及环境资源约束力的增强,导致中国经济不得不面对增速换挡。当前的中国处于经济结构调整的关键节点,过去以投资带动经济增长的有效性开始呈下行趋势。显而易见,中国从需求方面推动经济发展,高成本、高投入、高回报的时代已经不复存在,商品向国外出口的集中优势已经不明显,在目前的经济形势下实行供给侧结构性改革已成为大势所趋。

党的十九大报告中指出,"必须坚持质量第一、效益优先,以供给侧结构性改革为主线,推动经济发展质量变革、效率变革、动力变革"[①]。报告中明确指出,中国特色社会主义进入"新时代","新时代"相较于"旧时代",从发展战略上看,短期是通过供给侧结构性改革,提高经济供给质量;中期是建立长效创新机制,依靠各项创新持续驱动经济增长;长期是以科技革命带领产业升级,占

---

① 习近平. 决胜全面建成小康社会 夺取新时代中国特色社会主义伟大胜利 [N]. 人民日报,2017 - 10 - 28(1).

据世界产业发展高地（于景洋，2018）①。供给侧结构性改革的提出，标志着我国的经济政策已经转向了注重"质""效""式"的宏观经济政策，即"供给质量、发展效率及增长方式"。改革的重点在于减少无效和低端供给，增加有效和中高端供给，应用"三去、一降、一补"的改革方法使得供给更加适应需求的变化，全面提升供给的质量，注重经济发展的效率，摒弃传统的粗放式增长方式，以技术和制度的创新为助推，实现经济高质量发展。因此，进入新时代推动供给侧结构性改革是我国开放型经济向更深层次、更高水平方向发展的必由之路。当前我国应以实际的基本国情为出发点，通过对供给方面的深入改革来推动中国经济的发展，这是解决中国经济新常态时期的内在需求，是由粗放型经济转变为集约型经济的现实需要，是调整产业结构的必然选择。与此同时，由我国能源的日益枯竭以及空间环境的日益紧缩所引起的供需内外不平衡，使得产业结构极其不合理。通过运用供给理论，着重对产业结构优化调整，整合产业链的联动效应，开辟我国经济发展的新途径，进而走出困境。

我国流通产业逐步发挥越来越重要的作用。现阶段，我国经济发展进入以市场为主导、以消费结构升级和企业自主投资为基础的增长阶段。在这个阶段，作为服务业重要组成部分的流通业不仅服务于生产，而且开始引导生产的发展。世界总体商品流通从过去局部的、片段的、不连贯的、一国或几国的运动过程，变成了全球范围的运动过程；从过去只有商品、货物等有形商品的流通变成了包括有形和无形商品等更多要素加入的全要素流通。新时代商品流通主体变得更加多元化，这种多元化不仅表现在从事商品流通的主体既有企业又有个人，既有股份有限制企业又有民营企业，既有内资企业又有外资企业；还有一个趋势是制造业逐步具备了参与商品流通的条件，由单纯的生产者向生产经营者转变，生产企业变成了"厂商"，既可以选择商业渠道经销或代理销售其产品，也可以自建销售渠道，制造业向流通领域渗透，加快了产品流通，密切了与流通业的关系，更好地满足了人们的生活需要。以市场化为前提，以提高效率为目的，不断学习、不断创新、不断发展，应用现代、高新的通信技术、电子技术、互联网技术装备流通的各个环节，提高流通现代化、自动化和集约化经营水平。流通现代化的最终目的是讲究效率、提高效益、重视效果、挖掘潜力，充分发挥商品流通在国民经济中的先导、支柱和基础作用，促进国民经济稳定、协调、快速发展。

党的十九大报告指出，在供给侧结构性改革的大背景下，要求流通产业以转

---

① 于景洋. 论习近平新时代以人民为中心的经济发展方略 [J]. 商业研究，2018（3）：6-10.

型升级为目标，进而构建现代商品流通体系，推动零售业变革①。供给侧结构性改革从流通方式、产品属性、技术、政策等多方面对我国零售业产业发展提出了新要求。在供给侧结构性改革下，随着人民生活水平的提高，我国消费市场和消费结构不断变化，而零售业的改革动力源于商品和服务的价值主张升级，供给侧结构性改革对价值主张的影响主要源于消费市场的变化。众所周知，零售业与百姓日常生活息息相关，发达的零售业可以提升人民生活的幸福感，代表一国一地区经济发展水平。正因如此，零售业的发展演变伴随着社会经济的发展变化。特别是零售业已经不再仅仅提供生活必需品和服务，还提供休闲娱乐商品、体育运动商品和情感服务类商品。

零售业作为第三产业的支柱，为一国经济发展贡献巨大能量，起到了"稳定器"和"压舱石"的作用。中国早期零售业市场的发展，具有较强的地区性和本土化经营特点。村庄核心地段开设的小卖部、住宅小区门口开设的杂货铺等，其所售卖的商品是仅供家庭一般场所使用的柴米油盐，消费者想要选购更加高端化的商品则无法提供。随着国家经济发展、人民生活水平提高和消费能力增强，诸多零售业经营者看到市场发展巨大红利，纷纷抢占城市交通最为便利的核心区域，或是在城市中心地带开设百货公司和大型商超，提供品种更为齐全、质量更为上乘、价格更为公道的消费品。并且，近几年国际零售业经营者纷纷抢占中国市场，掀起一阵中国消费者的抢购狂潮，其独特的经营模式，提供更为质优价廉的商品，给中国本土零售业经营者带来一定冲击。其中，具有代表性的国际企业为瑞典的家具零售商宜家、美国的大型仓储超市COSTCO和沃尔玛等。现今，随着网络信息技术的发展，各式新兴商业模式不断涌现，消费者会选择更能满足自己利益市场的服务或商品，减少依赖传统零售模式。零售破碎化现象突出地体现在中国网络零售市场，如高成长的快闪拍卖电商唯品会，到阿里巴巴（Alibaba）与天猫（Tmall）等传统B2B2C电子商务平台市场。网络零售市场开启了新零售时代的序幕，毫无疑问，其对传统零售市场的冲击是巨大的。

在产品经济时代，消费者居于价值链的一端，只能在最终零售场所提供的信息中获取产品信息并完成交易。由于信息不对称性，消费者无法获取购买商品的全部信息，甚至可能获取由零售市场主导的错误信息，导致消费者买到假冒伪劣商品。传统零售业模式是通过信息不对称性，屏蔽信息渠道而展开的零售活动。

① 习近平．决胜全面建成小康社会　夺取新时代中国特色社会主义伟大胜利［N］．人民日报，2017-10-28（1）．

互联网时代的到来，打破了传统零售业垄断信息渠道的模式。科技进步使消费行为随之改变，传统零售业以人为主的实体店经营，演变至加入网络渠道以辅助销售，至今则迈向打造虚实整合的多平台融合渠道和融合顾客生活圈的发展模式。在新零售时代，消费者角色从过去被动接受品牌或厂商提供的产品，转为以消费者为主角，供应商、渠道商、品牌经营者皆须以消费者需求为第一考量。从购物信息查询、试用、下单、取货，到退换货，各环节信息皆须同步互通，以消费者使用的便利性及需求为核心，打破线上线下的分割，使消费者在任何一个渠道都可获得完整的信息及服务，可以提供一致性的消费者体验。消费者需求转变，导致非传统型新商业模式纷纷兴起，逐渐形成零售破碎化现象。新兴商业模式瓜分传统零售商场，进而颠覆既有市场游戏规则，预计未来零售市场将会继续向细分发展。

值得一提的是，未来科技应用将彻底改变从店内到店外的消费体验。人工智能、大数据分析及 AR/VR 技术等科技，将更广泛应用于零售业，带给消费者全新的购物体验。未来在店内使用人工智能与运用机器人客服的趋势将更普遍，通过大数据分析结合在线与线下消费者基本信息及消费行为，使精准营销成为可能。在全渠道融合时代下，各种科技及大数据使用的最终目的，即准确预测消费者需求，在消费者提出，或甚至意识到自己需求之前满足其需求。科技进步使得零售业不断演化，发展更新换代迅速，商业模式不断推陈出新。零售业经营者面对不断更新的商业模式，其面临的竞争压力与日俱增。消费者行为的改变、经营环境的变化、科技进步倒逼业者变革，以及跨行业综合经营模式的出现，都对零售业经营者提出更高的要求。零售业创新模式的出现不仅是流通产业发展阶段演进的必然现象，也是流通业行业从业人员的主动选择。

事实上，在中国经济进入新常态时期，投资拉动经济增长的时代一去不复返，从投资型经济增长模式向消费型经济增长模式转变，是当下中国经济发展道路的必然选择。与此同时，除了依靠投资，国家经济发展的"三驾马车"之一的出口，近年来对中国经济发展的重要性也逐渐被消费所取代。2011 年开始，中国最终消费支出对 GDP 增长的贡献水平首次超过了资本形成总额，2016 年稳定在 64.6%，接近于 2/3 的水平，而到了 2019 年，中国实现社会消费品零售总额 411649 亿元，同比增长 8.0%，消费作为经济增长主动力作用进一步巩固，最终消费支出对国内生产总值增长的贡献率为 57.8%，高于资本形成总额 26.6 个百分点。显而易见，消费对于弥补出口贸易支撑国家经济发展作用的缺失起到了决定性作用。特别是 2020 年初开始，疫情肆虐全球，严重阻碍了全球经济复苏和全球生产要素流通，更是沉重打击了全球消费品市场的发展。可以预见，我国消费品外销市场在未来一定期限内遭受明显重挫，而进口采购环节也将在一定程度上受到较大制约。因此，积极稳妥发展国内零售业，开创新零售时代下的国内零售市场，对于提升我国经济发展质量，保持经济发展良好态势，应对国际经济环境的消极影响，克服"新冠肺炎"带来的阶段性冲击都具有重大意义。

总之，在中国经济进入新常态时期，推动供给侧改革成为流通业发展的必由之路，零售业在面临经济发展新常态背景下，面对科技进步带来的产业变革，以及全平台融合渠道的加持，其未来发展的路径出现诸多变化，如何在供给侧改革下推动现代零售业发展成为本书研究的出发点。

1.2　研究目的及意义

1.2.1　研究目的

（1）理论目的。"供给侧"改革的理论研究起步于19世纪初的"萨伊定律"，萨伊的核心观点是供给会引发后续需求，而20世纪30年代后期的凯恩斯主义则强调以"需求侧"作为主要宏观调控手段。随着世界经济形势的不断变化，世界各国的经济学家们分成供给学派和需求学派，开启了百家争鸣的时代，在不断的学术争论中，供给侧和需求侧的相关经济发展理论体系逐步完善。国内关于供给侧管理的研究起步较晚，诸多行业类别的供给侧管理理论研究存在空白，特别是流通业供给侧管理的理论研究框架和体系尚需构建。通过本书研究，尝试系统梳理供给侧管理对流通业领域的零售业发展产生的影响，以及对其提出的客观发展需要，试图构建供给侧管理背景下零售业发展的整体思路与框架，确立零售业高级化、合理化的研究架构。

（2）实践目的。当前，我国零售业面临巨大发展挑战。首先，在零售商店铺选择方面，传统零售商根据繁华程度选择店铺地址，而连锁商店的出现，改变了以前的单体商店经营模式，扩大了商业经营圈，占领了更多的市场份额。但是网络信息技术的出现，商家实现了无店铺经营，可以通过互联网销售产品，降低了产品成本。其次，在零售商销售方式转变方面，传统零售商主要通过店铺实现销售，而在互联网渠道战略下，通过网络销售商品，可以大幅度减少零售商销售压力。最后，在零售商组织内部重组方面，零售商需要以不同途径获取信息，要有专业的技术人员维护和销售产品。技术信息部门和传统销售部门的职责分工更加明确，专业化更强。以上从外部市场、内部技术到管理领域出现的诸多挑战，是中国当前零售业组织和从业人员必须面对并考虑的现实问题，在此背景下，零售业应如何适应形势发展的客观要求，实现零售业创新与商业模式变革成为本书研究拟解决的现实问题。

1.2.2　研究意义

（1）理论意义。供给侧改革，是在中国经济进入新常态发展阶段背景下提出的，是我国政府针对当前中国经济的具体问题提出的一系列改革办法。供给侧改革使投资变得更具理性，资本的利用更有效益，充分激发了市场的活力和企业的能动力，不断对经济结构进行优化。在供给侧理论研究中，西方学者以市场中的供需关系作为出发点，我国学者正在尝试运用发展经济学、产业经济学以及制度经济学等基本理论，为我国寻求实现供给侧结构性改革的道路。尽管我国学者已经开始着力研究供给侧管理的相关理论问题，但由于供给侧管理在我国提出较晚，诸多研究不够全面而深入，特别是对于指导具体行业的供给侧理论研究框架尚未建立。本书以流通业领域的零售业为具体研究对象，以供给侧改革为研究背景。研究成果有助于丰富供给侧管理理论研究内涵，为具体行业领域的供给侧管理提供研究思路。同时，有助于建立经济新常态背景下流通业和零售业转型发展的理论研究框架，特别对零售业态创新与商业模式变革提供理论支撑。

（2）现实意义。习近平总书记于 2015 年 11 月首次提出经济结构性改革问题，党的十九大报告中明确指出深入推进供给侧结构性改革，现在全国各行业都在推进供给侧改革，那么流通业领域取得成效如何，特别是零售业在面临经济新常态背景下，如何利用网络技术手段，推动供给侧改革，是本书研究的现实出发点。本书研究成果可以为商务主管部门制定零售业发展政策提供参考，对零售业创新与商业模式变革提供现实依据。对连锁经营、电子商务、超市、购物中心、城市商业综合体等零售业态经营主体进行战略再定位、空间布局、经营策略和模式选择提供全新思路。

1.3　研究内容

　　第一，对供给管理理论的思想脉络进行了梳理，对中国政府提出的供给侧结构性改革的背景、理论及政策创新进行了分析，在此基础上对比了供给侧结构性改革与供给管理在相应的理论基础及政策主张上的差异。中国的供给侧结构性改革是基于中国特有的经济发展背景——经济发展新常态,是中国处在社会主义初级阶段的必然发展阶段,是中国发展的阶段性特征;供给侧结构性改革并非是需求与供给端的选择,我们不是要从一个极端走向另一个极端,而是在充分考虑需求侧的前提之下,着力提高供给端的质效;供给侧结构性改革的重点在于"结构性",改革的发力点应主要针对经济结构的问题,优化结构,实行改革,通过"去库存、去杠杆、去产能、降成本、补短板"的办法深入改革,这与供给学派的实行国企私有化、削减社会福利支出等政策相背而行。

第二,从流通供给侧改革的背景回顾、问题实质、改革重点、改革方向、改革样本和流通供给侧改革对零售业的客观要求等内容展开梳理。概括来讲,供给侧结构性改革的提出,要求流通业必须进行改革。流通业改革重点主要集中在增加商品有效供给、创新流通模式、营造安全消费环境等领域,以此实现提升顾客满意度和流通效率的目标。其中,通过细分消费市场、提升服务质量等手段,提升顾客满意度,进而促进有效供给;创新流通模式的重点是实现线上线下融合的模式。对于零售业而言,要把握"新零售"是未来零售业发展方向,认清"新零售"的本质特征和发展规律。

第三,研究了零售业态的内涵、发展、主要类型、功能、作用、结构及变动原因,从这些角度深入了解零售业态的内容实质和发展规律。另外,归纳了零售业态所包括的 17 种分类,简要介绍各种零售业态的内容,论述各类零售业在国家经济发展中所处的地位及其作用。用动态视角审视零售业态演进变化,研究了零售业态的创新发展方式,同时介绍了国内外零售业态创新发展的情况。

第四,案例研究。选取两个零售业态的典型代表,一个是百货业的哈尔滨华联百货公司,另一个是线上网络零售业的阿里巴巴公司。利用扎根理论研究方法,深入剖析两家公司发展的驱动力,从零售业态特征角度归纳两家公司在零售业发展领域所取得的突破,归纳总结出两种零售业态的创新模式,并提出两家公司未来的发展路径。

第五,提出供给侧改革下中国零售业态模式创新的政策建议。从零售业态治理方式、推动零售业态的全面在线化、促进零售业态间的数据兼容、明确零售业态的数据产权、加速零售信息定价与交易、持续完善商业基础设施和改革零售业态反垄断规制模式方面提出相应政策建议。

2 供给侧改革的理论渊源与理论体系

市场供需问题是经济发展史上无法避免的重要课题之一，本章主要从供给角度出发，分别阐述不同时期的供给思想和供给理论，梳理供给理论的理论渊源和理论体系，为中国供给侧结构性改革下零售业态发展研究提供理论指导。

2.1 供给侧的基本理论与政策主张

2.1.1 供给思想萌芽——重农学派

15 世纪至 17 世纪中叶，西欧推崇重商主义。重商主义重点研究流通领域，主张用一国所拥有的金银数量来代表国家财富。为了达到这一目的，重商主义者推出了一系列政策主张：高税收、禁止进口、补贴出口等。这些政策主张促进了国家的短期繁荣，但在长期，过高的税率抑制了生产者的生产积极性，市场出现经济停滞不前现象。

重商时代给经济发展带来的不利影响，迫使经济学家们主张通过发展农业而改变经济落后的局面，因此，重农学派产生。重农学派重点关注生产领域，主张用物质产品（农产品）代表国家财富。重农学派的政策主张：政府只征收单一地租税，减轻地主负担，扩大农产品供给。

2.1.2 供给思想的形成

（1）亚当·斯密的供给思想。斯密在《国富论》一书中，提出了大量的供给理论，主要包括：首先，劳动创造财富，主张国家的财富是该国所生产的产品总量，而产品是由劳动创造的，所以劳动创造财富，同时，劳动也是供给源泉，因为一国的消费品是由该国的劳动供给；其次，社会分工可以提高劳动生产率，这是因为熟能生巧可以减少转换工作而造成的时间损失，进而在一定时期内可以生产出更多的产品；最后，主张自由贸易："看不见的手"——市场可以使资源达到最优配置，无须政府干预，政府仅为市场正常运行提供服务，比如，保护本国不受其他国家侵害、建立制度体系营造良好市场环境、建设和维护基础设施。

（2）大卫·李嘉图的供给思想。李嘉图继承并发展了斯密的供给思想。在其代表作《政治经济学及赋税原理》中提出：应从生产的角度研究分配，因为生产要素的投入最终会以收入分配而得到补偿。在商品交换的过程中，货币只是充当媒介并无价值，商品交换实质是劳动力的交换，所以生产能力增强，消费能力增强，由生产决定消费，不会出现过剩生产。此外，他的比较成本说，要求分工应该以各国的要素禀赋为依据，主张每个国家都应该多用本国要素禀赋多且成本低（如，中国劳动力、美国资本）的生产要素来生产产品，进而达到互利共赢的目的。

（3）萨伊定律。萨伊在法国供需严重失衡（供给不足，需求旺盛，人们有购买能力）的背景下，提出了萨伊定律。其主要内容包括：首先，生产创造效用。生产要素（劳动、资本、自然力）投入生产过程可产出效用，效用用来衡量物质价值的高低，而物质价值代表一国财富。其次，生产创造产品需求，即"供给能够自动创造需求"。主张从生产领域解决供需矛盾，生产者数目越多、生产技术越先进、产品种类越多，消费者购买欲望就越强，消费需求越旺盛。最后，萨伊认为，政府所颁布的政策要刺激生产而不是刺激需求，容易诱导消费但难以控制消费供给。

2.1.3 供给思想的颠覆——凯恩斯主义

20 世纪 30 年代，资本主义社会爆发了经济危机，美国陷入经济大萧条：许多企业纷纷破产倒闭、失业率高涨、生产过剩。在此情况下，凯恩斯主义诞生。凯恩斯的《就业、利息和货币通论》《货币论》出版，为罗斯福新政的推出提供了理论指导。凯恩斯的经济思想包括就业、就业理论、有效需求理论和经济周期理论。就业是凯恩斯关注的核心，也是凯恩斯主张政府干预经济的主要目的。凯恩斯认为，有效需求不足导致市场存在非就业现象。在《通论》一书中，凯恩斯将有效需求定义为供给曲线和需求曲线相交状态所对应的需求，即供需平衡状态。此外，有效需求在一般情况下不同于充分就业状态下供求平衡的总需求。在凯恩斯看来，在资本主义市场上，有效需求不足，所以，需要政府采用手段刺激总需求，使其可以达到充分就业状态下的供求平衡。另外，凯恩斯根据有效需求理论，提出了三大定律：边际消费倾向递减、投资需求不足和流动性偏好陷阱。

同时，凯恩斯主张，资本主义经济呈现周期性循环发展。具体来说，经济会经历繁荣、高涨、危机、萧条和复苏阶段。在分析经济周期问题时，凯恩斯又提出了"乘数理论"和"利息理论"。

凯恩斯主义理论在市场中的运用体现在国家出台货币政策和财政政策来调控市场经济。要想增加有效需求就应采用扩张的财政政策，具体手段是增加财政支出和降低税收。此外，增加货币发行量也可刺激有效需求。同时，央行调节货币供应量，进而通过利率传导机制刺激有效需求。

综上，凯恩斯认为：需求决定供给，而不是供给决定需求，要想实现经济发展，政府必须采取扩张的财政和货币政策来刺激需求。凯恩斯肯定了政府对经济活动的干预。

2.1.4 供给理论的形成

（1）乔治·吉尔德的供给理论。基于"要想取之，必先予之"思想，乔治·吉尔德供给理论内容为：首先，供给先于需求产生。消费者的供给力等同于购买力，消费者供给能力越强，其收入越多，购买力越强。其次，供给会自己创造需求。这里的供给包括三方面内容：第一，供应的产品和劳务必须是高质量的，这方面和中国供给侧结构性改革目标相同；第二，新产品创造新需求，如，企业一般会运用新技术和新工艺创造新产品，进而刺激新的需求；第三，供给和需求顺序不可颠倒，如果颠倒，市场可能出现通货膨胀、经济停滞等现象。而凯恩斯主义就是把二者的顺序颠倒，因此西方资本主义国家出现了经济危机。因此，乔治·吉尔德主张供给居于首要地位。

（2）供给学派的供给理论。20世纪60年代末至70年代初，西方国家经济出现高通货膨胀和高失业率并存的现象，凯恩斯主义完全失效，在此背景下，供给学派产生。供给学派以萨伊定律为核心，主要内容包括：一是在供需关系中，供给占主导地位，供给决定需求，在市场的自动调节下，不会发生产品过剩问题，供给总有与之相匹配的需求；二是市场机制下，要素提供者和企业都是为了谋求自身利益最大，所以，刺激利益会影响经济主体行为，进而充分利用生产要素，例如，提高实际工资会增加劳动力供给，增加储蓄和投资增加资本供给；三是强调政府财政政策的调节作用，主张大幅度减税，来刺激储蓄和投资。

（3）马克思的供给理论。马克思在《资本论》一书中用三个理论介绍供给：一是劳动价值理论。它阐述了有效供给内涵表现形式。马克思认为，商品的使用价值和价值两者构成商品有效供给。另外，供给通过价值规律表现，即如果某种商品价格高于价值，其供给就增加；反之则减少。二是剩余价值生产理论。它阐述了劳动力供给，并揭示了商品过剩的原因。马克思认为，劳动力作为一种特殊的商品，能创造出比它自身价值更大的价值。基于劳动力这一特性，资本家通过各种方法延长工人的剩余劳动时间，剩余价值的增加导致资本品过剩。三是资本积累理论。它阐述了资本供给及发展规律。马克思认为，资本原始积累（暴力掠夺财富）和资本积累（生产规模扩大）形成资本供给，资本供给的增加使得工人工资提高，这掩盖了资产阶级剥削工人的实质。

2.1.5　供给理论实践

（1）英国供给理论的运用——撒切尔主义。20世纪60年代末和70年代初，英国经济面临严重滞胀：由于当时英国政府对凯恩斯主义过于崇拜，通过增加政府支出来刺激需求，进而使得政府财政赤字严重，通货膨胀严重，高失业与高物价并存，凯恩斯政策失灵。因此，撒切尔夫人提出了一系列供给政策主张，也称为撒切尔主义：一是紧缩银根抑制通货膨胀；二是减少政府财政支出；三是推行国营企业私营化；四是增强私营企业活力；五是改革工资制度，使企业与工人利益相结合。这些政策的推行挽救了英国衰退之势，克服了英国经济危机。

（2）美国供给管理政策的运用。里根是美国第49届总统，在其任职总统期间，美国经济处于衰退时期。里根以供给学派、货币学派的理论为理论指导，形成了里根经济学，旨在复兴美国经济。美国政府在两个时期运用了里根经济学指导经济：第一个时期（20世纪80年代），美国经济"滞胀"严重，里根总统出台了一系列供给管理政策来调控经济，如减税刺激企业生产；放宽市场准入条件，扩大了产品供给，增加市场竞争力，降低了价格。第二个时期（2008年金融危机），奥巴马政府主要通过发展新型产业，加大财政收入、推进金融医保改革等措施应对金融危机。这些政府措施均体现了供给侧思想。

（3）中国的供给侧结构性改革。基于新时期我国经济发展的新常态，我国提出了供给侧结构性改革。其主要内容包括：一是供给侧结构性改革的对象——企业。要求企业提高自身要素生产率，投入生产要素能产出优质产品。二是供给侧结构性改革的发展驱动力——创新。创新在改造升级传统产业，培育壮大新型产业，优化产业结构等方面发挥核心作用。三是供给侧结构性改革的主要任务——"三去一降一补"。"三去"分别指去产能、去库存、去杠杆，其中，去产能主要是针对煤炭、钢铁等行业出现产能过剩的现象；去库存主要是针对房地产行业库存过剩的现象；去杠杆主要是针对企业或政府负债过高的现象。"一降"是指降成本,"一补"是指补短板,主要是针对那些发展规模小但又和人民生计相关的项目。

供给思想主要经历了思想萌芽、思想形成、思想颠覆、理论形成及理论实践五个历程,框架如图 2 - 1 所示。

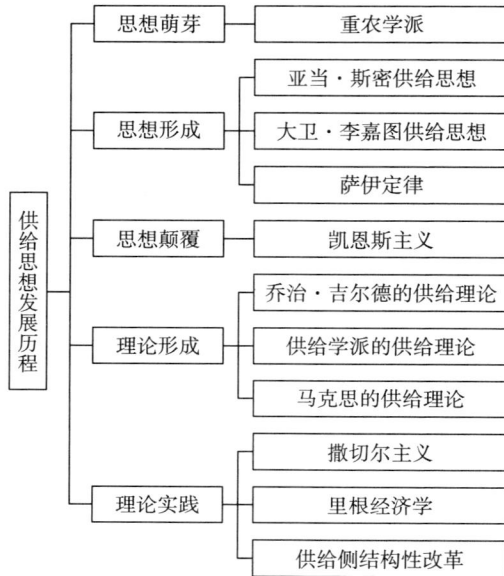

图 2 - 1　供给思想的发展历程

2.2　国内外研究梳理

2.2.1　国内外研究

供给侧结构性改革提出后,我国便以此为主线建立现代经济体系,供给侧结构性改革既是中国社会主义政治经济学理论知识的创新和发展,也是中国经济改革实践的创新。国内的许多专家学者对其进行了广泛而细致的解读和研究,其成果丰硕。而国外没有供给侧结构性改革的完整提法,关于供给侧的研究主要局限于供求理论、供给管理等方面。

国外学者关于供给侧的相关研究主要体现在：马克思认为商品的二因素——使用价值和价值阐述商品有效供给，商品生产者必须将商品通过市场进行交换才能实现使用价值与价值的统一[①]。George Bragues（2009）肯定了亚当·斯密《国富论》中供给管理的重要性，认为有效供给创造社会财富，此外，市场需求也和供给一样，分为有效需求和绝对需求。有效供给和有效需求二者共同推动经济发展[②]。Pei Minxin（2009）认为，中国未来经济发展会面临瓶颈：主要是因为产品低质但供给量过多，使得市场上产品过剩现象严重，因此中国未来必进行供给侧改革[③]。Francesco Zanetti（2011）基于供给学派的拉弗曲线，研究劳动力资本与税收的关系，得出结论，税率提高 10%，会使生产要素从高课税部门向低课税部门转移[④]。Renuka Mahadevan 等（2014）认为，发展中国家应当进行供给侧结构性改革以推动经济发展[⑤]。

关于供给侧管理的研究，国内学者已经有了丰厚的研究基础，主要体现在以下几个方面：从宏观调控政策的视角进行研究。高敏雪（2020）[⑥] 通过研究认为，宏观经济统计观测的基本思路在现阶段需要做出必要的调整。为了实现国民经济核算服务于供给侧宏观经济观察提供框架性认识的基本目标。完成了四个重大研究成果：第一，从支出法出发，阐释从需求侧向供给侧转变的必要性；第二，以生产法为基础，阐述如何搭建从供给侧系统描述宏观经济状况的平台；第三，如何以收入法为起点，全面展示供给创造需求的路径和影响因素；第四，结合中国实际，对当前国民经济核算应用于供给侧宏观经济观察的可能性与进一步改进提出建议。何宁（2019）[⑦] 主要从全球经济性改革的乏力及如何加快我国供给侧改革的财政政策建议进行分析，指出要确保供给侧结构性改革的效果，就必须对改革的内在逻辑关系进行全面分析与探讨，找出改革中存在的不足，加快改

① 马克思，恩格斯．马克思恩格斯全集［M］．北京：人民出版社，1975：208.

② George Bragues. Adam Smith's Vision of the Ethical Manager［J］. Journal of Business Ethics，2009（1）：90.

③ Pei Minxin. Asia's Rise［J］. Foreign Policy，2009（1）：7 – 14.

④ Francesco Zanetti. Labour Policy Instruments and the Cyclical Behaviour of Vacancies and Unemployment［J］. Economica，2011，78（312）：7 – 14.

⑤ Renuka Mahadevan，John Asafu – Adjaye. Lessons from the Unfinished Agenda of a Small Developing E-conomy under Trade and Structural Reforms［J］. Journal of International Development，2014，26（5）：7 – 14.

⑥ 高敏雪．国民经济核算与供给侧宏观经济观察［J］．统计研究，2020，37（2）：15 – 25.

⑦ 何宁．当前宏观经济形势、供给侧结构性改革与财政政策探讨［J］．财经界（学术版），2019（2）：3 + 15.

革发展的步伐，推动经济的快速发展。黄新华等（2019）[①] 认为，从需求侧管理到供给侧结构性改革，是国家经济治理政策的重大变迁，这种政策变迁具有明显的路径依赖，这种路径依赖存在于观念、选择和执行等各个方面。除了国家经济治理政策历史惯性的影响外，该变迁中的路径依赖还缘于利益冲突和高昂的转换成本等因素，为避免改革陷入政策失效，必须化解路径依赖，以此推进国家经济治理政策的转型。黄新华等（2017）[②] 认为，供给侧改革是国家经济治理政策的重大变迁。这个政策变迁是多种因素综合影响的结果，这些因素既包括政策自身的问题及其严重性的变化，也包括国内外经济社会环境的改变，以及影响变迁的主体和思想观念的转变。并阐明供给侧改革必须深入研究市场变化，理解现实需求和潜在需求，在发展社会生产力中更好满足人民日益增长的物质文化需要。苏剑（2019）[③] 从中国当前面临的问题出发，提出中国宏观调控政策的三大支柱：需求、供给和市场环境管理。刘伟（2019）[④]、叶菲菲（2018）[⑤]、刘雯（2017）[⑥]都认为，我国经济进入新常态，经济结构严重失衡，所以需转变宏观调控政策：由以需求管理为主的宏观调控政策转为以供给管理为主。费兆奇等（2019）[⑦]、付颖（2019）[⑧] 分析了我国宏观调控政策如何坚持以供给侧管理为核心。安雨洁（2018）[⑨] 以中国供给侧改革和英国撒切尔政府供给改革为例，说明两国政府都开始注重供给管理，都主张从供给方面对经济进行宏观调控，并从供给管理必要性的视角进行研究。何自力（2016）[⑩] 认为，供给侧结构性改革涉及经济运行的很多方面，在宏观层面要发挥好政府作用，提高供给管理水平，对深化我国供给侧结构性改革具有重要的意义。同时指出，供给侧管理的最大优势是供给侧宏观调控具有较强的定向性，要求调控目标明确、重点突出、精准发力。还指出，经

---

① 黄新华，马万里. 从需求侧管理到供给侧结构性改革：政策变迁中的路径依赖 [J]. 北京行政学院学报，2019（5）：53 - 58.

② 黄新华，马万里. 从需求侧管理到供给侧改革政策变迁的内在逻辑 [J]. 新视野，2017（6）：34 - 40.

③ 苏剑. 创新宏观调控体系旨在刺激优质需求 [N]. 中国经济时报，2019 - 06 - 27（4）.

④ 刘伟. 立足高质量发展创新和完善宏观调控 [N]. 经济日报，2019 - 06 - 06（15）.

⑤ 叶菲菲. 转向以供给管理为主导的宏观经济政策 [J]. 南方论刊，2018（7）：27 - 28 + 32.

⑥ 刘雯. 中国经济"新常态"下面临风险及宏观政策选择 [J]. 现代管理科学，2017（11）：66 - 68.

⑦ 费兆奇，杨成元. 加快宏观调控模式转型 [J]. 中国金融，2019（16）：58 - 60.

⑧ 付颖. 如何深化供给侧结构性改革 [J]. 人民论坛，2018（11）：88 - 89.

⑨ 安雨洁. 供给管理、需求管理与经济风险的调控——以中国供给侧改革和英国撒切尔政府供给改革为例 [J]. 中国商论，2019（4）：95 - 96.

⑩ 何自力. 论供给管理的特点及其必要性 [J]. 理论与改革，2016（4）：8 - 10.

济发展新常态、五大创新理念和供给侧结构性改革等重大理论创新成果对创新和完善我国宏观调控方式具有十分重要的指导意义，它要求宏观调控必须要加强供给侧管理。李思林（2016）[①] 通过分析我国"十三五"时期经济发展停滞不前的现状，提出进行供给管理是激发经济活力的必然选择。刘小琴（2018）[②] 从我国供给侧改革的必要性出发，同时借助了美、英、德三国的供给侧改革，提出我国供给侧改革的实现路径，并从供给管理创新的视角进行研究。范小仲等（2019）[③]、黄柳槐（2018）[④] 指出，中国供给侧结构性改革理论超越了西方供给管理理论，是具有中国特色社会主义的理论成果。潘佳琦（2018）[⑤]、龚洁松等（2017）[⑥] 针对我国在供给侧管理中出现的问题，提出进行供给管理体系创新的对策建议。乔榛等（2017）[⑦] 针对中国经济发展中面临产能过剩的严峻挑战，提出进行供给管理必须与中国实际相结合。王智慧（2019）[⑧] 分析了供给管理与创新驱动在当代中国发生了融合，形成了供给侧改革，并从供给管理与其他产业相结合的视角进行研究。黄彩凤（2018）[⑨] 首先分析了土地储备制度的城市房地产开发供给管理研究，其次分析了影响因素，最后提出了土地储备制度的城市房地产开发供给管理对策建议。张雷蕾（2018）[⑩] 基于我国农产品供给严重不足的现状，提出我国农业供给管理政策之一就是要提高农业科技创新。薛建良（2017）[⑪]、江维国等（2016）[⑫] 基于中国农业供给问题与原因分析，提出了农业

① 李思林. "十三五"宏观调控：必须注重理性的"供给管理"[J]. 中国市场, 2016 (46): 26 + 62.

② 刘小琴. 经济新常态下的供给侧结构性改革路径之探析 [J]. 商业会计, 2018 (6): 80 - 83.

③ 范小仲, 郭广迪. 超越西方经济学理论的中国经验——以我国供给侧结构性改革为例 [J]. 中南民族大学学报（人文社会科学版）, 2019, 39 (6): 145 - 149.

④ 黄柳槐. 供给侧改革的理论创新与路径选择研究 [J]. 中国集体经济, 2018 (32): 83 - 85.

⑤ 潘佳琦. 供给侧结构性改革与供给管理创新——以辽宁省为例 [J]. 江汉石油职工大学学报, 2018, 31 (2): 91 - 94.

⑥ 龚洁松, 王伟. 供给侧结构性改革与供给管理创新——以江淮分水岭地区为例 [J]. 吉林工程技术师范学院学报, 2017, 33 (7): 88 - 90.

⑦ 乔榛, 陈俊宏. 供给管理的中国式选择、逻辑及政策取向 [J]. 商业研究, 2017 (8): 136 - 141.

⑧ 王智慧. 供给侧改革中的创新驱动 [J]. 经济研究导刊, 2019 (29): 15 - 16 + 32.

⑨ 黄彩凤. 现行土地储备制度的城市房地产开发用地供给管理研究 [J]. 低碳世界, 2018 (6): 127 - 128.

⑩ 张雷蕾. 农业科技创新背景下我国山区农业供给侧结构性改革特征分析 [J]. 产业创新研究, 2018 (4): 94 - 96.

⑪ 薛建良. 农业供给侧结构性改革政策逻辑——基于农业特性的视角 [J]. 农业部管理干部学院学报, 2017 (3): 7 - 13.

⑫ 江维国, 李立清. 我国农业供给侧问题及改革 [J]. 广东财经大学学报, 2016, 31 (5): 84 - 91.

供给管理的对策建议。李根忠（2017）[①] 基于江苏省保险业目前发展现状，分析了在供给管理大背景下，江苏保险产业健康持续发展的可行性。李昊等（2018）[②] 通过构建河南省公路水路交通运输供给侧结构性改革的评价指数，进而提出在交通运输行业推行供给侧结构性改革的路径。苏培科（2016）[③] 分析认为需求管理调控对房地产行业作用不大，进而提出中国房地产调控应出重拳——以供给管理为主，并从构建现代化经济体系的视角进行研究。曾宪奎（2020）[④] 认为，建设现代化经济体系对我国供给侧改革提出了新的要求，主要表现在要求大力发展实体经济、更加重视技术创新问题、逐步解决阻碍充分发挥市场决定性作用、提升供给质量和更好发挥政府作用的深层次体制机制问题，并提出未来我国供给侧结构性改革的三个主要任务。贾康（2018）[⑤]、周铁军（2018）[⑥]、王曦（2018）[⑦] 等基于党的十九大报告中主要矛盾的变化，提出构建现代化经济体系要抓好供给侧结构性改革这一主线，并提出了相应的对策建议。

2.2.2 国内外文献述评

通过上述国内外有关供给理论的文献综述，我们可以了解供给理论产生的背景、供给理论内涵、供给理论发展历程、供给创新以及政府如何通过供给管理来调控经济等内容。目前，我国社会的主要矛盾：人民日益增长的美好生活需要和不平衡不充分的发展之间的矛盾，决定了我国要进行供给侧结构性改革。它是基于我国目前的经济现状而诞生的产物，是中国所独有的。因此，通过梳理大量的有关供给管理的理论资料和实践运用，旨在为中国的供给侧结构性改革提供理论基础与实践指导。

① 李根忠．从供给管理看保险业的改革与发展——江苏省保险行业发展的调查［J］．保险职业学院学报，2017，31（5）：83－86.
② 李昊，马娇，宋华东，谢琳，姜照华．河南省交通运输供给侧结构改革评价指标体系［J］．科技和产业，2018，18（5）：16－20.
③ 苏培科．中国房地产调控必须出重拳　强化供给管理居首［N］．中国经济导报，2016－10－01.
④ 曾宪奎．以供给侧结构性改革为主线促进现代化经济体系建设［J］．当代经济管理，2020（3）：7－8.
⑤ 贾康．十九大后宏观经济形势展望［J］．杭州（周刊），2018（46）：36－39.
⑥ 周铁军．供给侧结构性改革与现代化经济体系建设［J］．时代金融，2018（15）：7＋10.
⑦ 王曦．以供给侧结构性改革推进现代化经济体系建设［J］．河北大学学报（哲学社会科学版），2018，43（3）：92－95.

2.3 中国政府供给侧改革的创新与发展

伴随着我国改革开放进程的不断深入，经济发展进入新常态，GDP 增速减缓，经济结构逐步优化调整，服务业逐渐成为经济增长的主动力，消费相比于投资成为了需求增长的主体，依托于科学技术的先进生产力不断激发新的经济增长点。可以看出，我国经济发展的结构性问题愈加突出，在新常态的背景下，迫切需要适应新变化的新战略。

2.3.1 供给侧结构性改革的提出背景

改革开放 40 多年来，我国经济持续呈中高速增长，在世界上创造了经济增长的奇迹，经济总量已由 1978 年改革之初的 3679 亿元增长到 2019 年的 99 万亿元，更是在 2010 年以 10.64% 的增长率超过日本，一跃成为世界第二大经济体，步入中等收入国家行列，成为了经济大国。但这之后，经济的增长率开始放缓，且伴随着经济总量的不断膨胀，一些经济的结构性问题也由此开始显现，在人口红利逐渐减少、中等收入陷阱的挑战以及国际格局的变化调整等因素的共同作用之下，中国经济进入了新常态的发展阶段，具体表现在实体经济层面不可控制的因素主要是资源分配的效率下降、要素供给的效率下降、创新能力的滞后以及环境资源约束力的增强。中国的经济发展在经历了发展奇迹之后，面临着增速换挡的关键时期，发展面临着经济的结构调整节点，过去以投资带动经济增长的有效性开始呈下行趋势。从对近些年来经济增长的推动力进行剖析解读看，消费对于 GDP 的贡献比例逐年攀升，我国的经济增长已经开始由过去的以投资拉动逐步转换为以消费拉动，消费成为我国经济增长的主要驱动力。国家统计局数据显示，最终消费支出对国内生产总值的贡献率在 20 年间有 14 年在 50% 以上，更是从 2011 年开始连年稳居 50% 之上，呈稳中有升的状态。最终消费支出对国内生产总值增长拉动的百分点与资本以及净出口对国内生产总值拉动的百分点之间的差距逐年变大，居民消费水平，包括城镇居民消费水平以及农村居民消费水平在十年内增长了一倍以上。以上均说明了消费已经成为我国经济增长的主要助推力，是经济长足发展的"稳定器"和"压舱石"。随着个人可支配收入的增加，居民的消费倾向愈来愈大，消费的欲望及指向不仅在于生活必需品，更多地在于对休闲、娱乐、精神生活的需要。并且，由于现代科技以及数字化的快速发展及普及，对居民消费带来的推动力是空前的。

目前，我国已经进入了一个全新的多样性的消费时代，居民对于消费的要求大致可以概括为以下几点：体验式消费、共享式消费、线上线下一体化消费，互联网的快速发展使得线上购物变成生活中最常见的消费方式，也使得消费的整个过程逐渐趋于透明化，消费者对比商品的时间成本大幅下降，所以，"精明的消费者"随即产生，这即是对商家提出了更高的供给要求。当前正在进行着的第三次的消费升级驱动着新兴产业的发展，带动了相关产业的迅猛发展，对经济增长的贡献愈来愈明显。然而伴随着国内第三次消费升级，也出现了很多问题：第一，国内的高端消费严重外流，代购、海淘、出国购物等早已不是新鲜词汇，产品更是涉及美妆、服饰、运动健康、母婴等诸多领域，这些现象表明，消费升级带来的不仅仅是对我国经济的助推，更是对供给端产品质量、服务等更严格的要求；第二，相关监管不到位，电商平台假货频现，消费者举报投诉的数量不断增长，消费者维权艰难，权益得不到保障，这些问题也都反映出了供给侧的问题，相应的标准以及管理规范应与新兴消费方式同步发展，监管体系应及时展现出"适变性"；第三，消费升级所依托的基础与之不相匹配，消费是整个过程，不仅包括人们常见的购买以及售后服务，更重要的是物流、供应链及产业链，消费升级为我国经济带来长足稳定发展的前提必须是这一面的同步升级。过去宏观政策中的需求管理已经不能独自应对我国经济出现的新问题，诸多的现实问题说明我国经济更关键地在于供给侧的"结构性"矛盾，所以，在实行需求管理的同时，应对供给侧进行适度调控，增加国内的"有效供给"，避免"供给端缺位"，助力"三驾马车"中的消费对国内生产总值做出更多贡献。

消费升级引起的国内供需两端匹配错位、低端产能严重过剩、高端供给严重缺失、人口老龄化等问题日趋严重，并且资源和环境的承载力疲态尽显，国际经济格局面临调整，诸多现实问题对于经济发展的约束和抑制，使得我国经济发展呈现出阶段性的新特征，也就是长周期中的下行阶段，是我国发展新旧状态的接替。基于此，习近平于2014年提出"新常态"的概念，并在同年12月9日的中央经济工作会议上，对中国经济发展新常态的表现、成因、发展方向从九个方面进行了论述，明确指出我国经济发展进入了新常态的历史阶段。

针对处在新常态的中国经济，2015年11月10日，习近平主持召开中央财经领导小组第十一次会议，并在会上首次提出"在适度扩大总需求的同时，着力加强供给侧结构性改革，着力提高体系质量和效率，增强经济持续增长动力"①。新的发展阶段，需要新的发展策略，供给侧结构性改革正是针对我国经济发展新常态提出来的"对症良方"。"供给侧改革"是近些年相关领域研究的高频表述，供给侧结构性改革意为"供给侧 + 结构 + 改革"②，由此可见，我国的供给侧改革不仅仅是针对供给端，还应特别注重结构性的问题，并用改革的方法推进调整。

2.3.2 供给侧结构性改革与供给管理的比较分析

"供给侧结构性改革"表明我国当前以及今后的很长一段时间，经济发展的出发点和着力点均在于"供给"，根据前文对供给侧管理理论发展史的梳理，西方供给理论大致经过"总需求管理—总供给管理—重回总需求"的发展过程，可以看出，不论是凯恩斯主义、供给学派，还是新凯恩斯主义经济学，经济理论一直是依据社会现实问题在需求和供给之间进行转换。另外，西方的经济理论均是依据诸如"大萧条""滞胀"等当时社会的经济现实问题而提出来的，我国提出的"供给侧结构性改革"是针对中国国情提出的，是以中国自己的现实发展问题为出发点，有着明显的中国特征，与供给学派、供给经济学等理论思想具有本质上的差异，是具有中国特色的国家战略，是专门针对解决中国问题的中国办法。

2.3.2.1 二者在提出背景上的差异

西方供给管理理论是供给学派针对 20 世纪 70 年代的经济"滞胀"现象提出的，而我国的供给侧结构性改革是基于我国经济长期发展中出现的结构性问题提出的，二者不仅在经济环境上有着根本的差异，而且各自所处的社会环境、国家的经济制度甚至文化背景等都完全不同。

第一，以美国为代表的西方国家的经济制度为资本主义经济制度，资本属于个人所拥有，以私有制为主体，资本主义国家实施的经济制度是为了维护资产阶级的利益；我国实行的是以公有制为主体，多种所有制经济共同发展的社会主义基本经济制度，自 1997 年确立基本经济制度至今，经济发展充分体现了经济制度的优势，基于经济新常态的供给侧结构性改革亦是经济长期发展中基本经济制

---

① 习近平. 主动适应、把握、引领经济发展新常态，着力推进供给侧结构性改革 ［J］. 党的文献，2017（4）：3 – 18.

② 范小仲，郭广迪. 超越西方经济学理论的中国经验——以我国供给侧结构性改革为例 ［J］. 中南民族大学学报（人文社会科学版），2019，39（6）：145 – 149.

度的不断自我完善。

第二，供给学派实施供给管理时期，西方的经济环境处于高失业率与高通货膨胀率并存的经济状态，是继20世纪30年代经济大萧条之后的又一重大经济危机，这其实也从另一个角度说明了资本主义经济制度的不足，当时的西方国家，尤其是美国，社会上经济问题频现，企业投资效率低下，失业人数增多，使得经济一度下行；中国在国际分工中多出口中低端产品，社会福利水平低于西方国家，所以在国内生产总值增速减缓的时候，我国经济的问题是结构性的问题，且多为供给侧的结构性问题，供需并不对接，诸多资本和产能并未投于高端领域，以上各个方面均造成供给学派的理论及政策与我国的供给侧结构性改革所处的经济环境大不相同。

第三，在社会环境方面，西方国家历经数百年资本主义的发展之后，对私人的财产、产权等的保护力度比中国强很多，且违法成本、环保意识都较高。而中国改革开放仅数十年，且受历史的影响，对于市场的建设起步较晚，很多方面还处在不断建设和完善的阶段，对产权的保护力度不足，国人的环保意识有待提升，环境违法的成本不高，企业制度也并不完善。

综上可以说明，西方供给学派的理论政策与我国供给侧结构性改革的提出背景存在着根本区别，在经济环境、制度等诸多方面都有着天壤之别，自然不能等同视之，所以说，我国的供给侧改革并不是西方供给学派理论的延伸发展，更不是等同照搬，是根据我国特有的国情而创新的中国特色社会主义理论，并且只适用于我国现阶段的发展。

2.3.2.2 二者在基本理论上的差异

20世纪70年代，西方国家出现的高失业与高通胀并存的"滞胀"现象，这两个经济的状态本应该是当时占据主导地位的凯恩斯主义中存在于两个极端的经济现象，此时却同时出现，这引起了当时社会对于凯恩斯学派的质疑，也即是对需求管理政策的质疑，这一系列问题促使新古典主义得以兴起。新古典主义以现代货币主义、供给学派以及理性预期学派为主要代表，虽然各有差异，但总体来说均是对凯恩斯主义的质疑和发展。供给学派主张从供给端进行经济的宏观调控来解决出现的"滞胀"问题，主要的路径是增加总供给，运用减税的核心政策主张来刺激投资和储蓄，以使得经济得以恢复和增长。供给学派及其供给管理理论完全从供给端出发解决当时的经济问题，他们是站在凯恩斯主义的对立面，反对凯恩斯学派主张的政府干预经济的政策，单纯重视供给，强调应该取消政府对于经济的过多的人为干预，而应更多地重视市场本身的调节作用，运用降低税率等办法，刺激企业进行更多投资，发挥出市场竞争的强大作用和优势，严格控制货币供给，并使货币供给与经济运行情况相适应，逐步实现政府的财政预算收支平衡。里根总统采用了当时供给学派的政策主张，并使得解决经济的"滞胀"问题取得了显著成效，逐渐恢复并稳定了美国经济。

2016 年 1 月，习近平在省部级主要领导干部学习贯彻党的十八届五中全会精神专题研讨班上指出"我要讲清楚，我们讲的供给侧结构性改革，同西方经济学的供给学派不是一回事，不能把供给侧结构性改革看成是西方供给学派的翻版，更要防止有些人用他们的解释来宣扬'新自由主义'，借机制造负面舆论"①。中国的供给侧结构性改革的理论基础与供给管理理论有着根本的区别。

我国提出的供给侧结构性改革以马克思主义政治经济学为理论基石，是集全党及全国人民的智慧，从理论到实践不断探索的结晶，而供给学派的供给管理理论则是回归古典经济学，发扬新自由主义，它的主要思想是从"供给创造需求"的萨伊定律出发，是基于自由市场的理论，这与我国提出的供给侧改革在理论渊源上并不能等同视之。另外，供给学派完全相信市场自主调节的力量，否定市场的作用，认为政府在经济发展的过程中并不能产生有效性，完全回到萨伊定律。萨伊定律与我国实行的供给侧结构性改革的提出背景并不相同，萨伊定律形成到被广泛认可的时间，法国正经历着连年的战争，国际环境恶劣，经济和人民都遭受着巨大的痛苦，市场呈现的是持续的供不应求的状态，基本上为卖方市场，恰逢第一次工业革命带来的技术革新，这使得供给的能力得到大幅度提升。这时，法国社会上有着大量的需求，萨伊便是在此次经济背景之下提出萨伊定律的核心观点，也就是"供给自动创造需求"。而我国的供给侧结构性改革是基于经济新常态背景而提出来的，是经济的结构问题，并不是供给总量的不足，是中国经济发展过程中产生的主要矛盾。中国的供给侧结构性改革，其核心问题就是如何处理政府与市场的关系，使二者有机结合，强效发力。供给侧结构性改革是我国经济发展新阶段的一种理论创新，是我国行进在中国特色社会主义道路上创造出的具有显著中国特色的社会主义政治经济学。

2.3.2.3　二者在核心政策主张上的差异

供给学派的核心政策是减税，包括企业税和个人所得税，这一主张旨在通过降低赋税减少成本以达到刺激投资和消费，进而提高供给的目的，在一定程度上

---

① 习近平. 在省部级主要领导干部学习贯彻党的十八届五中全会精神专题研讨班上的讲话［N］. 人民日报，2016 - 05 - 10（2）.

降低通货膨胀率。供给学派主张"最好的赋税是最轻的赋税",应用减税政策最经典的案例当为里根经济学的财政政策,主要集中在1981年签署的《经济复苏和税收法案》以及1986年的《税制改革法案》,分别是对个人所得税、企业所得税税负的降低以及按照税收中性的原则,降低边际税率、简化税法、扩大税基等一系列政策①。在1979~1996年的17年间,撒切尔夫人及其继任者们曾连续五次降低所得税税率。相比之下,中国的供给侧改革实行的减税更多的是结构性的,例如推行"营改增",并通过"简政放权"降低制度成本。

供给学派实行的政策还包括削减政府开支、反对政府干预、降低社会福利以及收紧货币政策等。供给学派旨在于实现政府的财政收支平衡,其关键就在于削减政府的开支,以避免政府财政赤字的扩大。但其实,这一政策主张最终的实施却落在了降低社会福利水平以及削减政府的行政支出之上,社会福利的削减内容涉及广泛,包括失业救济、医疗保险、社会保险、劳动保险、教育以及社区发展等方面。供给学派站在凯恩斯学派的对立面,势必反对凯恩斯主义需求管理中倡导的政府宏观调节的弊端。他们认为,市场机制本身对于经济的调节作用足够及时和强大,竞争机制可以使得"企业家精神"这一重要生产要素充分发挥,政府不应当予以过多管制和限制,政府的过多干预只会阻碍企业的创造性,阻碍生产的积极增长。针对"滞胀"时期的高通货膨胀率,供给学派将其归咎于货币供给量的增加,他们认为在同一时期经济活动对于货币的需求远低于货币的供给,是纯粹的货币原因,所以才导致了社会物价水平的普遍上升,造成了高通胀,实行紧缩性的货币政策将对降低高通货膨胀有积极作用,这一点也与货币学派的观点基本一致。并且,针对货币发行的政策在经济向好发展上起到的作用较之其他的政策更为直接,所以供给学派的货币政策被列为优先的位置。

供给学派在英国的实践被称为"私有化经济学"②。供给学派坚持市场主导经济,在撒切尔夫人执政的十余年间,英国的国有企业基本实现私有化,这其实是供给学派的市场崇拜,是建立在新自由主义之上的实践。私有化适合西方资本主义社会,但中国的经济制度是发展中的社会主义,中国的国情不同于西方资本主义社会,甚至不同于其他发展中国家,中国的供给侧结构性改革是完全的中国经验,并不能采用供给学派的私有化政策。国务院的相关文件指出,我国要实行

---

① 苏京春,王琰.里根经济学供给管理再研析:政策体系、实践效力与得失[J].经济研究参考,2019(6):5-13+20.

② 毛锐,赵万里.撒切尔政府私有化政策特点分析[J].山东师范大学学报(人文社会科学版),2008,53(6):76-80.

"三去、一降、一补"的政策，淘汰"僵尸企业"，实行国有企业改革，提高国企效率，这与英国的国企私有化实践有本质上的差别。

里根政府积极采纳了供给学派的观点，大幅度实行减税刺激储蓄，减少政府干预，控制货币的供给量，使得美国得以从"滞胀"的危机中复苏，从 1980 年到 1984 年，通货膨胀率从 12.5% 降到了 4.2%。"里根经济学"的应用是供给学派的一个典型案例，实践表明，供给学派解决了"滞胀"的经济危机。

供给学派曾一度主张实行减少社会福利，缓解国家财政压力，同时刺激生产要素的供给的政策。相较于此，中国供给侧改革要求"社会政策托底"，以补齐改革"短板"。提升居民的福利保障一直都是结构性改革的目标之一，关乎民生保障的政策深入到包括教育、医疗、住房等各个领域。

总的来说，中国的供给侧结构性改革与西方的供给学派的提出背景、基本理论以及政策主张均不相同，但不能否认西方供给学派的相关理论与实践可以为我国实行供给侧结构性改革提供丰富的参考价值。我国的供给侧改革是站在经济新常态的发展背景之下，并以中国特色社会主义政治经济学为理论基础的具有中国特色的创新理论，不是供给学派供给管理的延续或者发展，更不等同于此，二者有着根本上的差别。

2.4　供给侧结构性改革的政策创新

自 2008 年国际金融危机以来，我国经济在国家四万亿元投资之后仍然在 2010 年开始呈下行趋势，GDP 增速下降数个百分点，到 2015 年中央提出"供给侧结构性改革"的概念之前，也一直在用凯恩斯的总需求管理理论探索恢复经济发展，但并未见正面效用，反而产生了诸多问题。究其原因，我们现在可以说明，2010 年开始的经济增长减缓并不单单是需求总量的问题，而是国内的"需求不足"及"有效供给不足"，是供需两端错误匹配不对接的结果，高端行业供给不足，不能适应逐渐升级的需求要求，中低端供给产能严重过剩，市场供过于求。很明显，这并不是需求方面的问题，也不是总量的问题，自然凯恩斯学派对于总需求的宏观调控已经不能有效拉动经济，我国经济出现的问题是供需结构的问题，产需错位导致的结构问题，应同时抓供给和需求，并着重解决供给侧的结构性问题，所以，从这一点可以说供给学派强调的供给管理一定程度上为中国的"供给侧结构性改革"提供了借鉴，但我国的供给侧改革绝不是西方供给经济学的延续或是翻版，"供给侧结构性改革"具有非常鲜明的中国特色与理论创新，有着自身独有的理论逻辑。

2.4.1 立足经济"新常态"的改革背景

新常态是我国经济发展的阶段性特征。我国自1978年改革开放至今的40年间，人民生活水平不断提高，经济稳中有升，持续向好，2010年我国GDP总量为41万亿元，首次超过日本成为世界第二大经济体，但在接下来的几年中，经济增长率开始回落，更是在2012年降到了8%以下，经济内生动力不足，经济的结构性矛盾愈加明显，诸多行业问题导致经济增长乏力，产能过剩，要素成本上升，实体经济发展受阻。面对国内经济的下行压力和国际经济格局的深刻调整，习近平总书记于2014年5月在河南考察时首次提及"新常态"的概念，并在同年11月举行的亚太经合组织工商领导人峰会上对此概念进行首次系统阐述。

经济新常态标志着我国的经济发展模式以及增长方式将会发生重大转变，转变过去增加投资的经济增长方式，提升整体投资效益，优化企业投资环境，通过合理配置资源解决产能过剩及有效供给不足的结构性问题，发挥企业本身能动性，降低要素成本，提高投资效率，增加有效供给。经济的增长模式要转向由创新驱动的增长模式，使创新发挥出对经济增长的乘数效应，同时避免发展道路上的各类风险，助推经济高质量发展。

供给侧结构性改革，是在我国经济进入新常态的发展阶段的背景下提出来的，是中国政府针对当前中国经济的具体问题进行改革的中国办法。经济新常态之前，我国经济高速增长，经济的主要结构性问题并未完全凸显，而新常态下经济的结构性的矛盾尤为突出，因此在经济增速换挡的背景下实行供给侧结构性改革是一个契机，可以针对经济新常态下的结构性矛盾实行有力政策来助力经济增长。供给侧改革使投资变得更具理性，资本的利用更有效益，充分激发了市场的活力和企业的能动力，不断对经济结构进行优化。可以看出，经济新常态与供给侧结构性改革具有内在一致性，相辅相成，新常态是供给侧改革的背景，供给侧改革是新常态的解决之道。

2.4.2 转向注重"质""效""式"的宏观经济政策

经历从计划经济到改革开放以后的综合平衡，以及1985～1992年宏观经济思想的范式转换，中国经济在1998年首次运用凯恩斯式需求管理政策拉动经济增长，开始实施"扩大内需"的政策①。然而，2008 年金融危机爆发，更是采取了扩大投资刺激经济的粗放式方式，使得经济的增长主要表现为"量"的扩张，而非"质"的提升。现实问题并非是需求不足，相反，国内很多高端需求严重外流，产能严重过剩，表明我国经济并非单单靠需求侧管理的政策就可以调节，面对供需错位、结构失衡等诸多问题，党中央将经济发展重心转向针对供给端的"质量、效率、经济增长方式"之上。

2017 年 10 月 18 日，习总书记在党的十九大报告中指出，"必须坚持质量第一，效益优先，以供给侧结构性改革为主线，推动经济发展质量变革、效率变革、动力变革"②。供给侧结构性改革的提出，标志着我国的经济政策已经转向了注重"质""效""式"的宏观经济政策，即"供给质量、发展效率及增长方式"。改革的重点在于减少无效和低端供给，增加有效和中高端供给，应用"三去、一降、一补"的改革方法使得供给更加适应需求的变化，全面提升供给的质量，注重经济发展的效率，摒弃传统的粗放式增长方式，以技术和制度的创新为助推，实现经济高质量发展。

2.4.3　注重需求的同时更加注重供给侧的改革

供给侧之前相当长一段时间内，我国一直实行刺激内需以确保增长的需求管理政策，需求管理政策来源于大萧条背景下的凯恩斯主义。20 世纪 70 年代，在西方国家出现了凯恩斯主义的政策无法解释的经济滞胀现象，引起对凯恩斯学派的反思、质疑，兴起了包括货币主义、供给学派等经济学流派。国内很多学者将我国提出的供给侧结构性改革与供给学派的理论相提并论，用供给学派的思想解读供给侧改革，这是完全错误的③。供给学派否定需求管理，强调"供给创造需求"，单纯利用减税来增加供给，拉动经济，而我国提出的供给侧改革并非忽略需求侧。

习近平曾多次强调改革过程中需求侧的重要程度，"放弃需求侧谈供给侧，或放弃供给侧谈需求侧都是片面的"，"在适度扩大总需求的同时，着力加强供给侧结构性改革"。随着社会生产力水平的大幅提升、新一代信息技术迅猛发展

---

① 张琦. 改革开放以来中国宏观经济理论与政策的演变 [J]. 经济与管理研究，2019，40（4）：3 - 13.

② 习近平. 决胜全面建成小康社会　夺取新时代中国特色社会主义伟大胜利 [N]. 人民日报，2017 - 10 - 28（1）.

③ 王朝明，张海浪. 供给侧结构性改革的理论基础：马克思价值理论与西方供给学派理论比较分析 [J]. 当代经济研究，2018（4）：39 - 46 + 97.

的态势，以及我国社会主要矛盾的变化，消费者的需求愈来愈趋向个性化，更加注重精神层面的满足，对消费的要求也大幅提升，一方面内需不足，另一方面海外需求增长迅速，需求和供给均有过剩和不足，供需不匹配，这使得对供给端的改革愈加迫切。供给侧结构性改革并非是从一个极端走向另一个极端，改革并非是在"需求"和"供给"之间的单项选择①，而是二者的相辅相成，统筹推进，是在充分考虑需求的前提之下，对供给侧的着力改革，是符合中国国情的改革，具有鲜明的中国特色，是中国经济政策的理论创新。

2.4.4 改革的重心在于"结构性"

供给侧结构性改革是基于经济发展新常态背景之下的结构优化，习近平曾在2016年提出"我们提的供给侧改革，完整地说是'供给侧结构性改革'，并指出'结构性'三个字十分重要，简称'供给侧改革'也可以，但不能忘了'结构性'三个字"②。

我国经济当前处于的新常态阶段，主要的问题表现在经济结构上，包括产业结构、区域结构、分配结构、动力结构等方面。结构改革是实现经济转型升级的重点，是供给侧改革的主攻方向。中国当前的现实问题并非是单纯的提高供给，在整个改革进程中，应更注重经济的结构，使投资结构实现转变，着力提高供给质量。在推进改革的同时，政府的作用应与经济结构的变革相互匹配，市场和政府不能被割裂，政府被供给侧改革赋予了更高要求的职能，应在改革过程中积极优化经济结构，促进形成有效供给。经济结构问题的核心是产业结构，供给侧改革应通过产业结构来调整金融结构、区域结构等问题，解放和发展社会生产力，进一步优化资源的配置，推进经济发展的高质量进程。

2.5 供给侧改革的理论体系和政策选择

2.5.1 理论体系

我国提出供给侧结构性改革，其理论渊源是马克思主义政治经济学，因此，

---

① 胡志平. 供给侧结构性改革的中国特征及创新路径［J］. 社会科学，2017（1）：40 - 52.
② 习近平. 在省部级主要领导干部学习贯彻党的十八届五中全会精神专题研讨班上的讲话［N］. 人民日报，2016 - 05 - 10（2）.

我国在经济发展实践中以马克思主义理论为指导，同时我们在改革和实践中还要创新和发展马克思主义政治经济学。马克思主义政治经济学认为生产力决定生产关系，二者相辅相成，对立统一。因此，中国在实行供给侧结构性改革中不能只强调生产力对生产关系的决定作用，还要强调生产关系的能动作用。马克思主义政治经济学还认为，社会再生产的生产、消费、分配和交换四个环节紧密联系，相互影响。生产决定消费、交换和分配，同时消费、交换和分配反作用于生产，所以在经济发展中不能忽视任何一个环节，尤其要重视生产的重要地位。因此，对供给侧改革的正确认识和理解必须以马克思政治经济学的理论和方法为出发点。其思想理论指导供给侧改革主要体现在以下两个方面：

（1）商品二因素理论。供给侧结构性改革的根本目的是优化供给结构，加强有效供给，减少无效供给，使得供需之间达到最优状态。因此，研究供给侧改革，必须首先聚焦于马克思主义政治经济学的商品二因素，商品二因素即是使用价值和价值的统一。价值是一切商品所具有的共同属性。需求和供给缺一不可，需求刺激商品供给的增量，供给支撑并满足各种需求，需求的针对性和多层次性决定了供给侧结构性改革的必要性。供给提供的所有商品和劳务并不都是有效的，有效的供给取决于商品使用价值。因此，供给侧结构性改革是要实现产品供给质量的提升，以满足消费者多样化和高层次的需求，从而使供给和需求双方达到一种平衡状态，使人们真正做到"各取所需"。如何提升劳动力的生产效率和创新性成为我国供给侧结构性改革的切入点，以此释放供给商品的内在价值，进而提升供给商品的使用价值品质①。

（2）劳动二重性理论。劳动二重性理论是"政治经济学的枢纽"。此理论认为，从劳动形态来看，人类的劳动包括抽象劳动和具体劳动。首先，具体的劳动生产的是商品的使用价值；其次，抽象的劳动是无差别的一般的人类劳动，它创造商品的价值。马克思主义政治经济学认为，人类财富不管以何种方式产生，归根结底都是人类劳动的付出即物质资料的生产。供给侧是一定条件下物质资料的生产和劳务的供给。马克思主义政治经济学作为供给侧结构性改革最根本的理论渊源，从根本上说明了物质资料生产理论与供给侧结构性改革的内在逻辑。目前，在我国经济发展进入新常态的大背景下，当需求侧带来的经济效应出现问题时，供给侧就成为我们进行经济改革的重点内容。

---

① 林威，董德福. 马克思主义政治经济学视域下的供给侧结构性改革［J］. 改革与战略，2018（4）：17－23.

2.5.2 政策选择

随着我国经济的快速发展，我国经济发展已迈入一个全新的时代，改革开放40多年以来，我国经济在经历高速发展的奇迹后，经济增长的方式发生了巨大的变化，原有的经济发展理念也随之发生改变。因此，以供给侧结构性改革为主线的新的经济体系构建成为我国当前经济建设的重点内容。总之，我国供给侧改革依然要把马克思主义政治经济学基本原理与我国现代化经济体系建设现实情况紧密结合，目的是提高供给体系质量和满足新的消费需求同时实现，又不背离马克思主义政治经济学的原则性。

马克思主义是我国经济社会发展的重要指导思想方针，供给侧结构性改革必然要在马克思主义的指导思想下完成。我国经济自推行供给侧结构性改革以后，努力实现我国经济结构调整和产业结构调整，目的是更好地满足广大人民日益增长的美好生活的需要。供给侧结构性改革主要是生产和消费的两个方面的调整和改革，生产的目的是消费，消费由生产决定，只有协调好两者的关系，才能更好地构建新常态下我国的现代经济体系。当前，我国人民整体的生活水平大幅度提升，人们对于产品质量的要求也随之提高，原有的供给已经难以满足人们的全部需求，高质量、高科技的产品已经成为部分人的追求与需要。因此，企业不合理的供给结构必须要进行调整和改变，创新、绿色、科技等也因而成为目前供给侧结构性改革的重点内容。我国在供给侧结构性改革的推行过程中，只有抓住重点，才能实现经济的平稳快速发展。

我国深化供给侧结构性改革，不能照搬西方供给学派的一套理论与实践，而是应结合我国经济发展新常态这一实际情况，对西方供给学派理论的实践与创新的借鉴，借鉴其确实有效的政策方式和手段，同时完善其有缺陷的方面，进行理论创新与实践探索，找到一条符合我国实际的改革路径。主要体现在以下几个方面：

（1）理论创新。在中国供给侧结构性改革中既强调供给，也要关注需求，使得整个生产力得到发展的同时也在不断完善。理论创新体现在思想、内容、目标上的创新。第一，思想的创新。中国的供给侧结构性改革的理论基础是结合我国特有的社会主义市场经济提出的，其核心是市场与政府相结合的新型的供给侧管理思想。第二，内容的创新。中国的供给侧结构性改革内容要对供给结构全方位地改革，也就是"三去一降一补"，即去产能、去库存、去杠杆、降成本、补短板以减少无效供给，提高有效供给，进而提高整个社会的生产效率。第三，目标的创新。我国供给侧结构性改革的最终目标是长期增长和繁荣，不仅是整个供给体系提高，同时还要带动整个社会生产力水平的提升。

（2）政策创新。我国的供给管理创新必将打破传统的管理体系的束缚，形成全新的供给管理的政策体系，这种政策体系的创新能更好地为经济结构和产业结构调整提供有利的帮助。

（3）实践创新。我国供给侧结构性改革的本质就是调整我国传统的产业结构，调整产能过剩产业，为我国产业结构提供新的经济发展能量，带动整体经济的发展①。

2.6　本章小结

本章对供给管理理论的思想脉络进行了梳理，对中国政府提出的供给侧结构性改革的背景、理论及政策创新进行了分析，并在此基础上对比了供给侧结构性改革与供给管理在相应的理论基础与政策主张上的差异。

供给学派强调供给端单独作用，相信市场有效论，回归萨伊定律，否定凯恩斯主义，核心政策是减税，最典型的实践就是撒切尔政府和里根经济学。其一，中国的供给侧结构性改革是基于中国特有的经济发展背景——经济发展新常态，是中国处在社会主义初级阶段的必然发展阶段，是中国发展的阶段性特征；其二，供给侧结构性改革并非是需求与供给端的选择，我们不是要从一个极端走向另一个极端，而是在充分考虑需求侧的前提之下，着力提高供给端的质效；其三，供给侧结构性改革的重点在于"结构性"，改革的发力点应主要针对经济结构的问题，优化结构，实行改革，通过"去库存、去杠杆、去产能、降成本、补短板"的办法深入改革，这与供给学派的实行国企私有化、削减社会福利支出等政策相背而行。

供给侧结构性改革是具有鲜明特点的"中国式经济理论"，依照中国具体经济问题的供给侧改革在中国实施，会有相当大的有效空间。中国政府提出的供给侧结构性改革，目的是要解决中国自己的发展问题，是源于结合中国特色社会主义的马克思主义政治经济学，也是在中国改革发展的过程中摸索出的经验教训的总结与应用，有着自己适合中国国情的创新之处，是在中国经济换挡发展时期的关键制胜法宝，是适合经济高质量发展的国家战略。

---

① 潘佳琦.供给侧结构性改革与供给管理创新——以辽宁省为例［J］.江汉石油职工大学学报，2018，31（2）：91-94.

3   流通供给侧改革的问题实质、重点和基本方向

3.1   传统流通与新时代流通辨析

3.1.1   传统流通与新时代流通概念

3.1.1.1   传统流通概念

流通理论研究最早出现在西方主流学术中，我国的流通理论的研究主要是基于马克思流通理论，日本、美国流通理论，尤其马克思流通理论是我国流通理论最重要的理论指导和基本出发点。著名经济学家孙冶方是研究流通理论的重要先行者，其以马克思劳动价值论为基础提出社会主义流通理论研究框架的基本构想。在此之后，越来越多学者的研究使得流通理论逐渐演变成为一门经济学科。

"流通"一词在中国由来已久，古时主要有三层意思：流转通行，《资治通鉴·汉光武帝建武二年》中的"三郡清静，边路流通"。商品、货币流转，《盐铁论·通有》中的"山居泽处，蓬蒿硗埆，财物流通，有以均之"。畅通，《十地义记》卷一中的"传布名流，无壅曰通"。经济学中传统流通的概念是指商品流通或资本流通。分为广义流通和狭义流通。广义的流通是商品买卖行为以及相互联系、相互交错的各个商品形态变化所形成的循环的总过程，它使社会生产过程永不停息周而复始地运动。狭义的流通是商品从生产领域向消费领域的运动过程，由售卖过程和购买过程构成，它是社会再生产的前提和条件。

流通是由社会分工和生产社会化引起的。原始社会末期，由于社会生产力的发展，出现了农业和畜牧业的分工，从而产生了以物易物的商品交换。然后，出现了手工业和农业的分工，产生了直接以交换为目的的商品生产，使得商品交换经常化，进而产生了货币，商品交换就变成了以货币为媒介的交换，即商品流

通。商品流通将交换过程分解为两个独立的阶段：售卖过程和购买过程，从而将交换过程分解为卖和买两个独立的行为。商品流通两个阶段的任何一个环节中断或受阻，都会使经济活动之间的联系无法实现，从而潜藏了经济危机的可能性。在商品流通的进一步发展过程中，当社会上出现了独立的社会经济部门——商业部门时，商品售卖的业务开始由商业部门承担。这时，商品流通发展到了新的阶段。流通不直接创造价值，却是创造和实现价值必要的条件。经过流通领域，货币资金才能转化为生产资金，商品资金才能转化为货币资金；流通反映了资金形态转化和资金不断循环的总过程。

3.1.1.2　新时代流通概念

习近平提出，中国全面进入新时代以后，给我们提出了更高的要求，我们必须进行伟大斗争、建设伟大工程、推进伟大事业，不断发展经济。流通是决定经济效率和效益的引导性力量，也是连接生产和消费的桥梁和纽带。在中央财经委员会第八次会议关于统筹推进现代流通体系建设中指出：党的十八大以来，我国流通体系建设取得明显进展，国家骨干流通网络逐步健全，流通领域新业态新模式不断涌现，全国统一大市场加快建设，商品和要素流通制度环境显著改善，现代流通体系给经济发展注入强大活力。

伴随着经济的发展，工业化、城市化、信息化时代随之而来，商品流通领域出现了商品变革、服务创新、技术升级，形成低成本、高效率的流通体系。因此，现代流通是指能够与我国经济规模和结构相适应，与高质量发展要求相匹配，拥有现代化技术和与之相配软硬件设施的商品流通或资本流通。软件设施包括推进数字化、智能化改造和跨界融合、完善社会信用体系、加强标准化建设和绿色发展、建设重要产品追溯体系等；硬件设施是指建设现代综合运输体系、形成统一开放的交通运输市场、优化完善综合运输通道布局、加强高铁货运和国际航空货运能力建设、强化支付结算等金融基础设施建设等。目前，学术界对流通现代化内容的概括颇多，但基本观点大同小异。归纳起来，流通现代化的内容包括很多，但主要是指流通制度现代化、流通组织现代化、流通方式现代化、流通技术现代化、流通管理现代化和流通观念现代化等。参照现代化的划分角度，可以对流通现代化的内容进行分层，将流通现代化可以简单概括为三个方面：流通主体、流通方式以及流通布局的现代化。

3.1.2　流通的功能与地位

流通已经成为国民经济基础性和先导性的产业，流通是连接生产和消费的纽带及桥梁，也是决定经济效率和效益的先导性力量。

3.1.2.1 引导生产性消费服务前置

流通业的媒介性职能引导生产性消费服务起始于生产活动发生以前，并伴随生产的进行而不断深入。伴随着网络技术的不断发展，以及互联网在商品流通领域应用的逐步加深，流通的媒介职能实现了对单纯商品买卖职能的超越，流通的商业资本和货币资本越来越多地对生产资本发挥反向的主导作用。例如：零售电商平台借助消费者大数据协同品牌制造商实现反向定制生产；垂直电商及零售实体借助零售大数据开发自有品牌，并逐步扩大其销售占比；新型互联网快时尚品牌依托大型电商平台，根据消费者不断变化的异质性需求开发自有品牌产品，组织产业链上下游形成柔性生产机制。通过发挥流通过程对生产质量和供给结构的引领作用，有效降低了生产的盲目性和市场的不确定性，进一步加深了流通对生产和消费的媒介性职能。

3.1.2.2 提高国民经济运行效率

流通是国民经济的命脉，消费通过流通决定生产，生产通过流通与消费相联系，现代流通方式能带动现代化生产，现代化流通可以构建国内大循环，而畅通国内大循环没有现代流通就没有真正意义上的社会主义市场经济，国民经济的运行的整体素质和运行效率也不可能提高。现代流通是提高国民经济运行速度、质量和效益的重要因素，对于扩大内需、活跃市场和提高人民群众生活质量，发展乡村振兴战略，扩大就业，提高收入与居民幸福水平至关重要。

马克思指出，在"商品—货币—商品"的流通过程中，"商品—货币"阶段的变化"是商品的惊险的跳跃"。这个跳跃如果不成功，摔坏的不是商品，而是商品所有者。社会再生产过程决定了流通在资本生产中的能动作用。只有实现顺畅的商品流通、货币流通、资本流通，社会化大生产才能完成有效的闭合，才能成功实现这一"惊险的跳跃"。市场经济越发展，越需要顺畅的流通，任何商品被生产出来后，如果不进入售卖过程，资金就会在商品形式上积压起来，生产部门就不能继续进行生产；任何生产部门在开工之前，如果不进入生产资料的购买过程，生产就无法进行。商业部门专门从事流通领域的活动，有助于生产部门腾出更多的时间和精力从事生产和组织生产，从而节省劳动力和劳动时间，使生产过程不断拉大，也有助于节省流通中的劳动耗费和劳动时间，提高社会经济效益。

3.1.2.3 提供就业岗位吸纳就业

流通的发展推动了技术进步，有利于产生新的消费分化，在流通业态链的前端生产、制造、种植端因为有了更多的需求而产生了新的生意订单，这为很多从事劳动密集型产业的劳动人员提供了就业机会，这些岗位往往吸纳的工种范围广、门槛低、弹性大，妇女、残疾人等弱势群体也可参与到工作中，在业态链的中间运输环节以及末端线下实体零售或电商平台均很直接地创造了就业岗位。商务部发言人在新闻发布会上提到：据初步测算 2018 年末国内贸易就业人数达 2.08 亿人，首破两亿人大关，占全国就业人员比重超 1/4。其中，批发零售业就业人员 1.53 亿人。换言之，流通业态在稳就业、惠民生方面作用明显。

百姓通过流通业态直接获取生活物资、娱乐享受，是获得幸福感、满足感的最直接消费渠道。近年来，互联网技术让消费者变成可以拥有海量信息及话语权的群体，这部分群体拥有消费市场主动权，消费者消费观早已不是原来只要降价甩卖就一定能销售出去的旧时代，在新时代，消费者变得越来越理性，对品质要求越来越高。人们手里不断增长的收入变成了驱动消费升级的最大助燃剂。消费升级助推新的流通业态产生，进而带来更多的就业岗位。

3.1.2.4　促进产业链整合①

产业链整合是产业链环节中的某个主导企业通过调整、优化相关企业关系使其协同行动，提高整个产业链的运作效能，最终提升企业竞争优势的过程。需要指出的是，流通是以商品流通为主，同时兼顾其他生产要素的流通。涉及的产业链是以流通产业为主导的产业链，是以流通产业为核心，各个产业部门之间基于一定的技术经济关联，并依据特定的逻辑关系和时空布局关系客观形成的链条式关联关系状态。

流通在产业链中功能的重新定位，依据对产业链的界定，一条比较完整的产业链应该由若干产品链构成。这个产品的"链条"是由研发、原材料、零部件供应商、生产商、批发经销商、零售商、运输商、消费者等一系列环节组成。在这个产业链的构成体系中，流通环节是产业链中最能够反映消费者消费意愿的环节。因此在需求拉动型的经济模式下，根据产业链基本流程，流通无疑处于主导的"链主"地位，流通几乎贯穿于产业链的所有环节。因此，流通在产业链中的功能有了新的定位，如图 3 - 1 所示，①~③的路径反映了新形势下流通在产业链中的重新定位以及对产业链价值提升的积极作用。

---

① 上创利，赵德海，仲深. 基于产业链整合视角的流通产业发展方式转变研究［J］. 中国软科学，2013（1）：175 - 183.

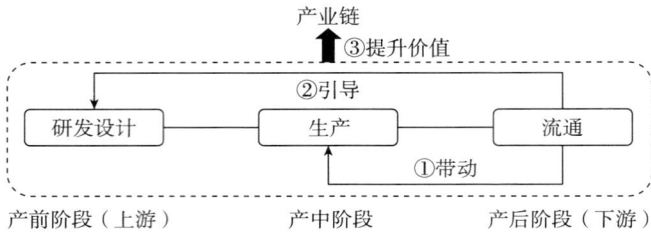

图 3-1 流通在产业链中重新定位

3.1.3 流通的组织形式与业态

3.1.3.1 流通的组织形式

我国流通组织形式的现状，可归结为传统与现代并行、先进与落后并存。大力发展新型业态，同时对传统业态进行更新改造，更好地弥合供给与需求之间的距离，并在此基础上实现流通组织的良性竞争和发展，是流通组织形式现代化转型的方向。随着数字化技术、条形码技术、供应链系统、配送信息技术及设施等众多的科学技术的大量引入和投资建设，以价值链管理为理念，以连锁化、集团化管理为特征的流通管理体制的变革，除了原有的百货商店外，连锁超市、便利店、大卖场、专卖店、购物中心品牌直销店等一系列的新型业态不断涌现。进入21世纪以来，互联网技术逐步趋于成熟，互联网络的普及及流通管理技术的逐渐进步，电商、移动网络客户端等新型流通组织形式不断更新，并显现出迅猛发展的势头，而传统流通组织则面临着业绩下滑、减少开店数量和范围，甚至关店的困境，转型迫在眉睫，这意味着流通组织群体的生存机制和生存环境正在发生着巨大变化。"互联网＋"战略的推进，为流通组织形式现代化提供了全新的转型思路。电商、移动网络客户销售组织等新兴流通组织将不断提升市场占有率，在销售前端、中端和支付端运用更先进的技术手段使顾客拥有更完美的网上购物体验。

3.1.3.2 流通的业态形式

（1）零售业态。随着零售业态领域的不断变革，零售业态的形式逐步朝着多样化、多元化方向发展，零售业态之间的模式越来越模糊，在经营过程中，公司往往会根据盈利优先原则，灵活性选择零售业态的模式，况且零售业态本身之间就存在着相互渗透、相互影响、相互学习的情况，但是，这并不意味着零售业态模式概念模糊，无法准确清晰分辨。根据2004年商务部发布的公告，国家质量监督检验检疫总局、国家标准化管理委员会联合颁布新国家标准《零售业态分类》（GB/T 18106—2004）（国标委标批函〔2004〕102号）按照零售店铺的结构特点，根据其经营方式、商品结构、服务功能，以及选址、商圈、规模、店堂设施、目标顾客和有无固定营业场所等因素将零售业分为食杂店、便利店、折扣店、超市、大型超市、仓储式会员店、百货店、专业店、专卖店、家居建材商店、购物中心、厂家直销中心、电视购物、邮购、网上商店、自动售货亭、电话购物 17 种业态（见表 3 - 1、表 3 - 2）。

表 3 - 1　有店铺零售业态分类和基本特点

业态	基本特点						
	选址	商圈与目标顾客	规模	商品（经营）结构	商品售卖方式	服务功能	管理信息系统
食杂店	位于居民区内或传统商业区内	辐射半径 0.3 千米，目标顾客以相对固定的居民为主	营业面积一般在 100 平方米以内	以香烟、饮料、酒、休闲食品为主	柜台式和自选式相结合	营业时间 12 小时以上	初级或不设立
便利店	商业中心区、交通要道以及车站、医院、学校、娱乐场所、办公楼、加油站等公共活动区	商圈范围小，顾客步行 5 分钟内到达，目标顾客主要为单身者、年轻人。顾客多为有目的地购买	营业面积 100 平方米左右，利用率高	以即时食品、日用小百货为主，有即时消费性、小容量、应急性等特点，商品品种在 3000 种左右，售价高于市场平均水平	以开架自选为主，结算在收银处统一进行	营业时间 16 小时以上，提供即时性食品的辅助设施，开设多项服务项目	程度较高
折扣店	居民区、交通要道等租金相对便宜的地区	辐射半径 2 千米左右，目标顾客主要为商圈内的居民	营业面积300 ~ 500 平方米	商品平均价格低于市场平均水平，自有品牌占有较大的比例	开架自选，统一结算	用工精简，为顾客提供有限的服务	一般
超市	市、区商业中心、居住区	辐射半径 2 千米左右，目标顾客以居民为主	营业面积在 6000 平方米以下	经营包装食品、生鲜食品和日用品。食品超市与综合超市商品结构不同	自选销售，出入口分设，在收银台统一结算	营业时间 12 小时以上	程度较高

业态	基本特点						
	选址	商圈与目标顾客	规模	商品（经营）结构	商品售卖方式	服务功能	管理信息系统
大型超市	市、区商业中心、城郊接合部、交通要道及大型居住区	辐射半径2千米以上，目标顾客以居民、流动顾客为主	实际营业面积6000平方米以上	大众化衣、食、日用品齐全，一次性购齐，注重自有品牌开发	自选销售，出入口分设，在收银台统一结算	设不低于营业面积40%的停车场	程度较高
仓储式会员店	城乡接合部的交通要道	辐射半径5千米以上，目标顾客以中小零售店、餐饮店、集团购买和流动顾客为主	营业面积6000平方米以上	以大众化衣、食、用品为主，自有品牌占相当部分，商品在4000种左右，实行低价、批量销售	自选销售，出入口分设，在收银台统一结算	设相当于营业面积的停车场	程度较高并对顾客实行会员制管理
百货店	市、区级商业中心、历史形成的商业集聚地	目标顾客以追求时尚和品位的流动顾客为主	营业面积6000～20000平方米	综合性，门类齐全，以服饰、鞋类、箱包、化妆品、家庭用品、家用电器为主	采取柜台销售和开架面售相结合方式	注重服务，设餐饮、娱乐等服务项目和设施	程度较高
专业店	市、区级商业中心以及百货店、购物中心内	目标顾客以有目的地选购某类商品的流动顾客为主	根据商品特点而定	以销售某类商品为主，体现专业性、深度性，品种丰富，选择余地大	采取柜台销售或开架面售方式	从业人员具有丰富的专业知识	程度较高
专卖店	市、区级商业中心、专业街以及百货店、购物中心内	目标顾客以中高档消费者和追求时尚的年轻人为主	根据商品特点而定	以销售某一品牌系列商品为主，销售量少、质优、高毛利	采取柜台销售或开架面售方式，商店陈列、照明、包装、广告讲究	注重品牌声誉，从业人员具备丰富的专业知识，提供专业性服务	一般

业态		基本特点						
		选址	商圈与目标顾客	规模	商品（经营）结构	商品售卖方式	服务功能	管理信息系统
家居建材商店		城乡接合部、交通要道或消费者自有房产比较高的地区	目标顾客以拥有自有房产的顾客为主	营业面积6000平方米以上	商品以改善、建设家庭居住环境有关的装饰、装修等用品、日用杂品、技术及服务为主	采取开架自选方式	提供一站式购足和一条龙服务，停车位300个以上	较高
购物中心	社区购物中心	市、区级商业中心	商圈半径为5～10千米	建筑面积为5万平方米以内	20～40个租赁店，包括大型综合超市、专业店、专卖店、饮食服务及其他店	各个租赁店独立开展经营活动	停车位300～500个	各个租赁店使用各自的信息系统
	市区购物中心	市级商业中心	商圈半径为10～20千米	建筑面积10万平方米以内	40～100个租赁店，包括百货店、大型综合超市、各种专业店、专卖店、饮食店、杂品店以及娱乐服务设施等	各个租赁店独立开展经营活动	停车位500个以上	各个租赁店使用各自的信息系统
	城郊购物中心	城乡接合部的交通要道	商圈半径为30～50千米	建筑面积10万平方米以上	200个租赁店以上，包括百货店、大型综合超市、各种专业店、专卖店、饮食店、杂品店及娱乐服务设施等	各个租赁店独立开展经营活动	停车位1000个以上	各个租赁店使用各自的信息系统

业态	基本特点						
	选址	商圈与目标顾客	规模	商品（经营）结构	商品售卖方式	服务功能	管理信息系统
工厂直销中心	一般远离市区	目标顾客多为重视品牌的有目的地购买商品的顾客	单个建筑面积100~200平方米	为品牌商品生产商直接设立，商品均为本企业的品牌	采用自选式售货方式	多家店共有500个以上停车位	各个租赁店使用各自的信息系统

表 3-2   无店铺零售业态分类和基本特点

业态	基本特点			
	目标顾客	商品（经营）结构	商品售卖方式	服务功能
电视购物	以电视观众为主	商品具有某种特点，与市场上同类商品相比，同质性不强	以电视作为向消费者进行商品宣传展示的渠道	送货到指定地点或自提
邮购	以地理上相隔较远的消费者为主	商品包装具有规则性，适宜储存和运输	以邮寄商品目录为主向消费者进行商品宣传展示的渠道，并取得定单	送货到指定地点
网上商店	有上网能力，追求快捷性的消费者	与市场上同类商品相比，同质性强	通过互联网络进行买卖活动	送货到指定地点
自动售货亭	以流动顾客为主	以香烟和碳酸饮料为主，商品品种在30种以内	由自动售货机器完成售卖活动	没有服务
电话购物	根据不同的产品特点，目标顾客不同	商品单一，以某类品种为主	主要通过电话完成销售或购买活动	送货到指定地点或自提

（2）批发业态。与零售业相比，批发业偏资本密集型行业，其交易额较大、数量多、商圈比较大。中小批发商业一般集中在地方性的中小城市，但经营范围会辐射到周围地区；大型批发商业往往分布于全国性的大城市，其经营范围可以涵盖整个国内市场，有些还可以开展进出口业务，其商业圈还可以突破国界。服务项目相对较少。由于批发商业的服务对象主要是组织购买者而非个人消费者，相对而言，批发业的服务项目要较零售业少，但随着如拼多多等购物平台的兴

起，厂商直接发货到消费者的模式可在平台直接实现，且操作简单。因此，批零一体化逐渐代替单纯批发。现代商品流通中的批发不仅仅包括过去线下的批发，现在很多批发通过网络平台比价、竞价等方式完成批发资金交易环节，双方不需要减免，厂商直接向批发商发运货物即可。

3.1.4　流通业发展阶段划分①

将"市场化程度"作为商贸流通业发展阶段的划分依据，商贸流通业大致可以分为三个阶段：市场体系形成阶段，扩张、完善阶段和后市场化阶段。三个阶段时间上呈现出递进趋势，前一阶段为向后一阶段发展积累条件，从性质上来看后一阶段不仅仅是量的累计，更是质的突破，是向高级阶段发展的必然过程。

第一阶段，市场体系形成阶段。产品更多以商品的身份参与商品流通，大众化的服务消费逐渐产生。人们消费的欲望被大大激活，各类商品和服务交易市场逐渐兴起，并渐渐形成体系。这个阶段物流行业仍然被邮政和供销社等国有物流企业垄断，基本能够满足流通行业发展需要。

第二阶段，扩张、完善阶段。商贸流通业发展最为迅速的阶段，行业内市场配置资源的作用日益凸显，逐渐取代原有计划经济职能，原有供销社、配货站、批发市场大量倒闭。大量社会资源纷纷涌入商贸流通业，竞争激烈，市场竞争以价格竞争为主，流通的商品和服务差异化程度低，流通环境不规范，缺乏法制约束。这个阶段仓储物流和邮电业成为制约流通业发展的关键因素，物流行业和电子商务协同发展，传统流通方式和新兴信息化流通矛盾突出，传统流通行业失去大量市场份额，处在转型阶段。

第三阶段，后市场化阶段。"后市场化"概念由来已久，但迄今为止仍未形成系统的理论体系。虽然对于"后市场化"的概念尚未达成统一明确的概念界定，但学术界普遍认为后市场化阶段是经济社会和行业发展经历了初级的市场化阶段，已经形成了完整市场体系和完善的市场经济制度，市场和政府机制在资源配置过程中界限逐渐明晰，是对更高级的市场化发展阶段的综合概括。

在后市场化阶段，商品和服务差异化竞争逐渐取代价格竞争成为市场竞争的最显著特征。连锁经营和品牌化建设成为商贸流通业日常经营的工作重心，标准化建设和信息化建设成为商贸流通业进步最显著的标志，流通行业服务标准日趋完善，标准流通服务和多样化、个性化流通服务并存，流通行业引导生

---

① 杨守德，赵德海．农村商贸流通业市场化发展阶段研究［J］．经济与管理研究，2015（7）：7-8.

产和消费的基础性和先导性作用更加显著，对所流通的商品和服务生产加工行业标准制定发挥监督和倒逼作用。国内市场和国际市场全面接轨，国际大流通与国内区域流通关系更加密切。线上流通成为消费的先导，实现流通交易额比重趋于稳定，线上和线下流通关系融洽而紧密，营商环境的规范化和法制化也是一大特征。

3.2　流通供给侧改革的背景回顾

3.2.1　流通业发展现状与政策支持

当前，我国国民经济不断发展，居民消费能力不断提升，但流通业的发展速度明显滞后于居民消费能力，这主要是因为流通业存在着效率低、有效供给不足等问题。与此同时，我国新型零售业态是伴随着互联网、云计算、大数据和物联网等技术蓬勃发展不断涌现的，传统的实体零售已不能更好地满足当前市场经济发展的需要。为此，国家多次出台相关政策支持零售业创新发展：无店铺零售业态正式被国家承认应该以国家于 2004 年开始公布《零售业态分类》标准并实施为重要标志；2015 年 11 月，《发挥新消费引领作用，加快培育形成新供给新兴动力》的意见由国务院发布实施，明确强调"我国已进入消费需求持续增长、消费结构加快升级、消费拉动经济作用明显增强的重要阶段"，将消费升级以及全面改善优化消费环境作为重要内容加以阐述。另外，党的十九大指出，质量变革、效率变革、动力变革是经济发展的重要途径，提高全要素生产率是经济发展的重要目标，必须以供给侧结构性改革为主线，为零售业变革创造新的机遇与挑战。供给侧结构性改革的提出，要求加速转型升级流通产业，构建社会主义市场经济体制下的现代商品流通体系。供给侧结构性改革从流通方式、产品属性、技术、政策等多方面对我国零售业产生了深远的影响。在当前大数据形势下，电子商务冲击着当前的商业模式，零售业态结构也在消费能力不断提高和线上零售的影响下，呈现出多样化的发展趋势，呈现出百花齐放的态势。这种情况下，城市商业综合体、购物中心、仓储会员店、折扣店等多种经营业态迅速发展起来。在电子商务冲击下，传统零售实体的转型已初见端倪。

3.2.2 消费市场与消费理念变革

在供给侧结构性改革下，随着人民生活水平的提高，我国消费市场消费结构不断变化，零售业首先是商品和服务的价值主张升级。消费市场的变化成为供给侧结构性改革影响价值主张的主要因素。居民收入的大幅提升、消费群体年轻化的消费导向以及购物方式数字化加速促进了消费理念的变革。下面主要从三个层面进行阐述：

（1）居民收入层面。居民收入的大幅提升，促进了消费者购买力的不断增强。而购买力又成为刺激购物需求的强大动力。过去主要的消费需求主要集中在生活必需品方面，在强大购买力的推进下，高质量、品牌化的优质商品和服务成为有消费能力的高端消费者的主要需求目标。2017 年，我国二三线城市人均收入已经跨越了被称为消费拐点的 5000 美元。根据预测，2020 年，我国中产以上阶层能够以 17% 的消费增长速度增长，形成 1.5 万亿美元的消费增量，成为我国城镇消费主要的贡献群体。居民消费由于人均收入的大幅增加，正在形成由满足温饱的生活必需品需求转向更加注重品牌的需要，更加注重体验、服务和健康的需要。由此，消费转型升级的趋势日渐明显。

（2）年轻消费群体层面。年龄化消费群体的引领示范作用直接影响消费模式、消费理念和消费环境不断更新，进而成为消费主流和趋势。根据预测，在消费市场上，在我国城镇 15～70 岁人口中，15～18 岁的消费者已经达到了 40%。在供给侧结构性改革背景下，年轻消费者的变化，对零售业提出了新的要求。年轻人对品牌的平均认知数量更多。

（3）技术层面。价值主张随着购物方式、购物渠道的数字化进程不断变化，呈现出转型升级的渐进发展过程。2017 年 4 月，马云提出"新零售"的概念，指出服务商利用互联网、大数据、云计算等创新技术，促进线下与线上零售深度有机结合，再加上智慧物流，便构成未来"新零售"的概念。截至 2019 年 6 月，中国网民规模达 8.54 亿，互联网普及率为 61.2%，较 2018 年底提升 1.6 个百分点。城镇网民规模为 6.3 亿，占比达 73.7%。以消费者需求为导向，线上与线下零售相融合，成为新型零售方式与传统零售相比最主要的特征。供给侧结构性改革对价值链的影响体现在多个方面，如从价值链的构成到品牌和个性、价值链利益的质量等。更加强调顾客体验感也成为消费者在购物过程中的重要需求内容。因此，购物环境和服务水平必然构成实体零售经营的核心内容之一。对实体零售企业和消费者来说，在购物全过程中的需求内容，例如，消费者能够到达实体店的交通便捷度情况、实体零售店的购物环境和服务水平，以及消费者购买到商品的使用体验感等因素，都成为消费者价值主张的重要体现。消费者的购物需求和购物体验，对于网络零售商来说，就构成了价值主张的最关键因素。调整商品供应结构，提供顾客更满意的商品，更好地使消费者的购物体验需求得到最大限度的满足。就是要求从供给端出发，就是供给侧结构性改革的核心。因此，零售商的价值主张也体现在交易平台优化、商品信息展示、数据信息处理以及物流配送等方面。着力解决流通过程中供需错配、物流成本高、流通效率低等问题，从供给端发力，在注重需求侧的买方市场的同时，不断调整与优化供给端，混合发展多种零售业态。

3.3　流通供给侧结构性改革的问题实质

3.3.1　顾客满意度

流通供给侧结构性改革的问题实质在于零售业态为消费者提供高效满意舒适的服务，无论是网络零售还是实体零售，都仅仅是零售业态的一种表现方式。零售业态，必须回归到用户体验、供应链效率以及运营成本方面来。从 2015 年开始，网络零售逐渐进入平稳发展期，"互联网 + 流通" 及 O2O 等实践模式兴起，2016 年，零售业态经历了较大的动荡，实体零售关店潮来势汹涌，愈演愈烈，保持 19 年"零关店"记录的大润发也出现了首次关店。与此同时，纯电商流量的红利逐步消失，线上线下零售业态同时面临增长压力，线上线下同心合力回归用户体验、供应链效率以及运营成本的零售本质成为众多企业的发展共识，最直接、最现实的表现是网络零售企业纷纷布局线下，开启"新零售"之路，线上线下的边界日益变得模糊。京东、阿里、国美在线、苏宁易购、当当等有影响力的网络零售企业纷纷布局线下，而他们的基本战略除了与传统实体零售企业实施战略合作外，还以开设实体店方式在线下布局。

（1）发挥大数据作用，促进零售制造商调整供给结构。在目前情况下，零售市场简单通过增加人口因素来获得商业利润增加的时代已经一去不复返了。在人口不增加甚至减少的状况下，如何发挥自身优势，更加便捷顺畅流通渠道，不断缩短流通周期，不断调整生产品种，达到最大限度地满足市场需求，已成为业界的不二选择。制造商应该对零售商销售情况以及消费者的需求不断进行信息处理，了解消费者的购买偏好，注重提高零售商品的服务水平，已经成为重要的选项。第一，根据消费者的购买偏好，推送消费者更满意的相关商品，让网上购买商品变得更加快捷便利。第二，从供给侧出发，满足消费者更多的需求选择，促进线上与线下有机结合。第三，让消费者能够利用客户端更好地参与销售活动，进而能够提出更多符合消费者需求的商品导引目录，增加有效供给。

（2）构建新型供应链要充分利用大数据。零售供给侧转型升级必须充分利用大数据来实现。首先，加强供应链由销售环节向上下两个方向延伸，尽量减少向上的采购环节和向下的消费环节。其次，共享各企业间能够共享的资源，促进流通环节的企业数量适量增加。最后，依托大数据和互联网，有效分析消费者行为，梳理消费者需求，确定消费者选择，形成精准销售信息和消费行为导向，进而节约成本，推动零售企业更加高效、顺畅的发展，促进柔性供应链体系的建立。

（3）提高流通产业纯技术效率——技术革新方面。第一，鼓励商业模式创新，搭建流通网络信息平台，大力发展境内境外电子商务，减少流通服务供求对接的信息损耗；大力推动第三方物流发展，发展专业化流通企业，降低流通成本，实现产业结构合理化和高级化调整；建立和完善行业协会，加强自律管理，完善流通服务监督体系，发挥政府与流通企业间的桥梁和纽带作用；大力发展经济合作组织，提高合作组织议价能力，形成规模性流通渠道。第二，鼓励管理方式创新，推进实施流通企业品牌战略，提升流通企业辨识度和竞争力。第三，鼓励物流手段更新，提高物流方式科学化、信息化水平，推动流通追溯系统、冷链物流系统、消费者评价反馈系统等现代物流体系的建立和完善①。

3.3.2 流通效率

流通效率指标用社会物流总费用占 GDP 总额的比重表示，反映了一个国家流通体系的供给侧质量。发达国家的流通效率一般是 8% ~ 9%，我国 2009 ~ 2019 年流通效率如表 3 - 3 所示。根据表 3 - 3，我国流通效率 2009 ~ 2019 年大体上不断增强，最高达到 12.92%，但较发达国家还是具有明显差距。因此，流通供给侧改革的问题实质是增强流通效率，其具体目标是降低物流成本费用。

---

① 杨守德，赵德海. 流通节点城市流通效率对经济发展牵动作用的实证研究——以黑龙江省为例［J］. 中国流通经济，2016，30（4）：11 - 18.

表 3 - 3   2009 ~ 2019 年流通效率   单位：万亿元，%

年份	社会物流总费用	GDP	流通效率
2009	6.1	34.85	17.50
2010	7.1	41.21	17.23
2011	8.4	48.79	17.22
2012	9.4	53.86	17.45
2013	10.2	59.30	17.20
2014	10.6	64.36	16.47
2015	10.8	68.89	15.68
2016	11.1	74.64	14.87
2017	12.1	83.20	14.54
2018	13.3	91.93	14.47
2019	12.8	99.09	12.92

数据来源：《中国统计年鉴》、中国物流与采购联合会。

（1）加快流通体系建设。加快流通体系建设，可以减少产品附加物流价格。在供给侧结构性改革的大背景下，消费者消费需求升级，其有效需求在国内市场上无法得到满足，这需要提高流通供给水平，从供给侧发力，降低时间、空间及成本。因此，首先，应加大物流基础设施建设，降低流通时间与流通空间上的无谓成本。其次，利用大数据互联网技术控制物流成本。同时，提升物流供给效率。可以有效推动居民消费水平，帮助居民进行消费升级。最后，必须根据居民消费升级的需求，根据新需求制定新供给策略，同时注意区域的差异性，比如城镇居民与农村居民的消费能力有较大差别。要依据不同区域的需求内容进行定向供给，进而有利于流通供给体系管理，全方位拉动内需，减少无效供给。

（2）构建区块链物流服务平台。在供给侧深化改革的大背景下，区块链作为一种新型技术，可以解决目前物流业存在的物流服务供需结构冗杂、服务信息不完全共享、服务供应链故障级联化和分配机制不健全四大问题，从而降低中间环节费用和时间成本，更好地提供物流服务。具体解决措施分为四个方面：第一，应用区块链技术可以使链上各节点企业及时了解客户需求，同时，快速传播的数据信息，可以使各企业及时沟通，制定更好的服务计划，促进供需结构升级；第二，借助区块链技术，利用 P2P 网络模型，使链上各节点企业实现信息共享和交换；第三，借助区块链技术，使节点各企业拥有完整服务能力，此外，区块链的验证机制及时间戳技术也保证了数据信息不被篡改，部分节点企业的异常不会影响服务的可用性和持续性，从而保障了物流服务供应链系统的稳定；第四，区块链技术中的共识机制通过一系列的数学原理和程序算法，使分配规则透明化，实现交易双方在不需要中心参与的条件下达成共识，推动健全、公平的分配机制的建立。另外，时间戳技术也为分配过程的可追溯、可验证提供了技术支撑，有利于深化企业间的信任关系。

3.4 流通供给侧结构性改革重点

在供给侧结构性改革下，流通业供给侧结构性改革主要体现在增加商品有效供给、创新流通模式，营造安全消费环境等领域，通过关键点改革达到补短板、降成本和提效率的目的。

3.4.1 增加商品有效供给

（1）细分消费市场，满足不同消费阶级的差异化消费需求。当前市场的消费主力是青少年，厂商应更加注重青少年顾客的差异化需求，增加个性化设计的产品供给；与此同时，商家要给顾客提供更为安全、舒适和有文化内涵的产品及服务。此外，厂家还要针对境外消费顾客，鼓励支持设立进口商品专区和柜台。

（2）提高生活服务业的供给质量。例如：教育行业，更加注重职业技能教育、文化艺术培训和远程教育的供给；医疗行业，更加注重社区健康服务、生物医药的供给，同时增强医护人员的服务意识；养老行业，更加注重家政服务、高质量养老社区、健康护理的供给；旅游行业，更加注重健康休闲旅游、自驾旅游和当地"特色小镇"旅游的供给；文化领域，更加注重动漫游戏、影视艺术和创新设计的供给。

（3）增加农村商品和服务的供给。农村的经济条件落后，如交通条件，农村应更加注重小卖部的服务功能，小卖部作为连接城市和农村的中间环节，促进城市消费效应向农村扩散，帮助农村居民改变消费意识和转换消费方式。此外，农机设备、教育支出和耐用消费品在农村具有较大的市场潜力。

（4）增加绿色产品的供给。如无污染有机食品的供给。此外，善于利用废旧物品，简化商品包装，从而促进绿色经济发展，培育生态农业、环境保护、新能源等产业形成供给新动力。

3.4.2　创新流通模式

（1）推动电子商务企业与传统实体零售企业开展战略合作。电子商务企业借助实体零售优势开辟线下渠道，既可节约资源，又可以较快的速度和较低的成本迅速获得线下网点，达到线上线下功能完备的目的。二者的有机结合是"新零售"的主攻方向。因此，借助零售实体企业资源，尽可能地获得更多的资源、降低经营风险，促进电子商务企业与传统零售企业进行战略合作。

（2）推动电子商务企业尝试在线下布局实体企业。"新零售"发展的新模式是融合"线上＋线下＋物流"，同时特别重视数据的开发与应用。而传统实体零售企业即便开设网络销售平台，也只是将电子商务作为实体零售的辅助和补充。"新零售"要求打通线上线下，创造全渠道的购物新体验。依托线上品牌，阿里淘宝品牌线下实体店布局，其本质上是线上品牌渠道的拓展和延伸，线上与线下的深度协同有机结合。银泰家居集合店、茵曼等淘品牌线下实体店的典型案例，十分醒目地展示了电子商务企业在线下布局实体企业与传统实体零售的区别，同时，京东开设的京东空间也同样是线下体验实体，展示出新零售的特征。

（3）构建以消费者体验为中心的购物、娱乐、社交多维消费空间。按照"价格低、速度快、体验强"的经营理念，促进物流与线上线下的协同发展、密切合作，也是"新零售"的关键所在。在几年前电商企业遭遇物流短板效应时，以阿里和京东为首的电商企业开启了整合物流的历程，取得实质性效果，更加凸显零售业高效、快捷地满足消费者需求的商业本质要求。以苏宁和国美为代表的传统实体零售企业，本来属于地地道道的实体零售企业，在后天发展过程中，注入了大数据基因，成为具有线上线下协同优势的运营商。在注重数据开发应用的同时，苏宁不断尝试苏宁超市店、苏宁云店、苏宁小店、苏宁母婴店等丰富多彩的实体零售业态。大数据的开发应用，决定了网络零售企业比传统实体零售企业更具优势和潜力，实践中也将成为主导"新零售"的主力军。

3.4.3　营造安全消费环境

（1）提高产品质量监管。在食品药品、妇女儿童用品和日用品等领域，建立全程质量安全监督体系。同时，借助随机抽查的调查方法，利用信息技术和大数据，要求各企业公开产品质量监察结果，强制召回不合格产品，强制失信企业退出市场。此外，对制造销售假冒伪劣产品等侵害消费者权益等违法行为予以严厉打击。积极发挥各级商会、行业协会、中间机构和消费者权益组织的监督作用。

（2）加强信息披露。要求各地商务部门建立信息共享平台。在该平台上，定期公示失信企业名单和行政处罚信息。政府机构、行业协会、企业和消费者都有权限查询信用信息。

（3）健全消费者维权机制。鼓励各商会以及消费者协会向消费者推广消费维权知识和消费维权流程。同时，拓宽消费者维权渠道，如利用互联网以及各地咨询投诉平台。提高维权效率，减少消费者等待时间①。如增加电话咨询接听人员数量，以解答消费者的困惑、告知消费者消费单投诉的调查过程及处理结果。

3.5　流通供给侧结构性改革的基本方向

流通供给侧结构性改革的基本方向应该是"新零售"。同时，"新零售"也是零售业未来发展的方向，其基本理念是深度融合"线上＋线下＋物流"，利用大数据和各类技术，增强顾客购物体验。简言之，就是从质量和效率两方面入手，提高零售主体的供给能力。

3.5.1　"新零售"内涵

2017年3月，《C时代新零售——阿里研究院新零售研究报告》中明确提出了"新零售"的定义，2017年4月，在IT领袖峰会上，马云再次对"新零售"进行了详细的解释和阐述，我们认为"新零售"的概念尽管还需要不断完善，但可以代表流通供给侧结构性改革的基本方向。以消费者体验为中心，以重构全新商业业态和提高流通效率为目的，同时利用互联网、云计算和大数据等创新技术和智慧物流，进而促进"线下与线上"零售深度有机结合，便构成了"新零售"的基本概念。"新零售"被业界认为是1852年百货商店、1859年连锁商店以及1830年超级市场诞生后零售业的第四次革命。"新零售"将国民经济的生产、交换、消费和分配等环节结合，进而将各个行业结合，使资金流、物流、信息流一体化。其主要特征从四个方面进行阐述：第一，在商品流通过程中，"新零售"中零售的本质、功能、地位和作用没有改变，只是内容更加丰富，如和传统零售相比，"新零售"可以精准分析消费者需求，满足消费者个性化、即时化

---

① 姜菲菲. 找准流通领域供给侧改革关键点［J］. 国际商报，2018（3）.

需求。第二，电子商务成为新零售的起点。互联网的发展以及电子商务的出现，促进第四次零售业变革。信息传递速度的增强，促进了零售业的快速变革发展。第三，数字化、网络化带动流通及其他环节不断转型升级。协同化、一体化和平台化演变成为流通的各个环节融合发展的显著特征。第四，新零售的发展方向最终是从"＋互联网"走向"互联网＋"。电商行业和零售业最终将走向新的融合方式，形成以互联网为主、线上线下相结合的新零售模式。互联网、云计算和大数据的使用，要求商业基础设施越来越完备，功能越来越强。在信息技术、竞争态势、消费升级等多重因素驱动下，零售业迎来新的转变时机，即"线上＋线下＋物流"深度有机融合的"新零售"，以消费者为中心，依托大数据开发应用，更好地满足消费者购物、娱乐、社交等多种需求，具有巨大的发展潜力和发展前景。

但是，"新零售"不同于 O2O（Online To Offline），如一家企业兼备网上商城及线下实体店两者功能，并且网上商城与线下实体店所有商品类别价格相同，就可以称为 O2O。O2O 的最大优势在于把网上和网下的优势完美有机地结合，通过网上导购，将互联网与地面实体店无缝对接，实现互联网落地实体店，让消费者同时享受线上优惠价格和线下贴心的服务。O2O 可以更好地维护并拓展客户，降低商家对店铺地理位置的依赖性，减少租金支出，争取到更多的商家资源，为商家提供其他的增值服务。

3.5.2 "新零售"发展面临的挑战

据统计，线上零售占零售业的 20%，线下零售占比 80%，这说明，新零售业发展潜力巨大，上网环境会影响线上销售，实体零售会增加顾客体验感，线上线下融合已成为必然。但是，目前新零售还处于萌芽阶段，新零售市场份额还相对较小。

（1）线上线下融合难度大。大数据和新技术的出现改变了传统零售商的零售模式。目前，大部分零售商没有充分了解网络营销的特性，线下营销渠道结构复杂，所以整合线下资源难度变大。此外，传统零售行业中的第三方电子商务平台存在时间长达 10 年，短期很难改变，同时，第三方电子商务平台阻碍了商家与消费者的接触，削弱了商家和消费者的关系，线上线下融合面临挑战。

（2）线上产品质量难辨。线上零售最大的特点之一是缺乏实体门店，虽然消费者可以通过消费者评价来判断商家产品质量高低，但是，一部分商家通过刷好评等手段提高他们的销售额和好评数量，这传递了虚假信息给其他消费者。此外，大部分消费评价是消费者的主观感受，缺乏客观性。同时，"卖家秀"所显示的产品样式和颜色与实际产品也有差别，因此，消费者退货等维权行为很常见。

（3）物流体系不完善，服务水平滞后。目前，中国零售业的物流资源难以整合，主要体现在以下几个方面：一是物流基础设施不健全，尤其是在农村；二是缺乏通信设备、物流中心及其他硬件设备；三是第三方物流企业更多地考虑如何以低成本低价格去占领市场，导致物流车辆调度效率低、物流配送线路规划不合理，进而使消费者对零售企业失去信任；四是线下零售企业的物流管理与仓储管理，多以劳动力为主，缺少现代化的设施设备，降低了零售企业效率。

3.5.3 "新零售"下，传统零售何去何从

在"新零售"时代，百货商店、超市、大卖场等传统零售模式已经跟不上消费市场的变化，因此，商家应该积极寻找传统零售走出困境的途径，紧跟时代发展，进行自我改革与创新，才能不被淘汰。

（1）转换零售理念。近几年，实体店"关门潮"现象愈演愈烈，说明传统零售陷入困境，亟须转型。2016年，国务院发布《关于推动实体零售创新转型的意见》，提出消费者需求是实体零售转型的出发点，零售业必须转换零售理念，时刻关注市场需求变化，满足消费者个性化需求。

（2）采用以数据为核心的线上线下融合模式。传统的零售技术不能准确地把握消费者个性化需求。以数据为核心的线上线下融合模式，其最大的特点：可以提供给商家庞大的消费数据，便于商家准确把握消费者个性化需求，进而提供个性化服务。如零售业创新前沿的代表——王府井百货，通过线上线下的融合，将分布在全国的54家门店数字化、场景化、体验化，使客户不受时间、空间和形式的约束愉快完成消费的整个过程①。

（3）重构供应链，实现多赢。传统零售利用多级代理的销售模式，导致部分产品积压仓库。"新零售"借助大数据、云计算等技术手段，分析庞大的消费数据，并以此为依据引导厂商供给。如2018年8月，新零售代表盒马鲜生宣布与供应商一起，打造长期共荣的生态型"新零供"关系。该关系通过减少中间诸多环节的流通费、买断经营、定牌定制等各种方法，与供应商一起将商品成本降到最低，使供应商、消费者和中间商实现多赢。

---

① 韩春艳. 新零售状态下传统零售业如何走出困境［J］. 现代营销（信息版），2019（10）.

（4）鼓励消费者参与企业经营。目前消费者在市场中扮演着越来越重要的角色，比如企业在产品构思、创意设计和确定销售人群等阶段，都会邀请消费者进行市场调研，了解不同消费者的兴趣爱好、身份和标识等标签，进而确定产品规划书。如海尔的大顺逛平台根据几千万用户的意见，确定了一款洗衣机，在没有产出品时，已经预定了 25 万台洗衣机。产品下线后，直接到达消费者家中，不入仓，更不用走传统的渠道模式。

总之，在"新零售"时代，传统零售商只有坚持以顾客需求为零售理念，不断改革技术和营销模式。同时，积极了解消费市场变化，才能在激烈的市场竞争中取得优势。

3.6 流通供给侧结构性改革的样本：零售业态

零售业态——零售企业根据不同的消费形式形成的不同经营形态。从零售业态影响因素、零售业态发展现状和新零售业态模式代表三方面进行如下阐述。

3.6.1 零售业态影响因素

随着时代的进步，零售业态呈现出不同的形态，如购物中心、百货商店、便利店、超级市场、折扣店等。影响零售业态发展的因素，主要包括以下几种：

（1）经济发展。经济发展促进零售业态发展。其作用机理是一国经济发展水平越高，人们的消费水平和生活质量越高，就会促进零售业态发展。此外，经济发展，可以为零售业态的发展提供技术支持，进而更好地服务于用户，推动零售业态发展。

（2）需求变化。人们消费需求变化，会促进零售业态发生变化。主要从需求增加和需求减少两方面分别进行阐述。当需求增加时，零售业态规模变大，如：在百货商店里，顾客可以根据自身需求选择商品，百货商店几乎可以满足顾客的所有需求。当需求减少时，零售业态规模会相应发生变化，会在原有状态下调整。应该以消费者消费需求为方向，制定相应的销售策略，以促进零售业态发展。

（3）科学管理。有效的管理，可以促进零售业态发展。企业管理——企业重要组成部分，是企业做大做强的重要影响因素。因此，在零售业态发展过程中，应该更加重视企业管理，进而解决零售业态发展中遇到的问题。

3.6.2 零售业态发展现状

近年来，在供应链中，零售商运用买方势力能够使零售商在采购活动中占据明显优势。当零售商成为该模式的核心时，以零售商为主导的供应链模式便形成了。零售商主要通过控制或影响供应商的批量价格和交易条件等来形成买方势力，供应商和零售商本是分销渠道的上游和下游。

零售业包含三个方面。首先，商品和服务是零售业的销售对象。其次，服务体验已成为零售业态的重要因素。最后，零售是商品流通的最终环节。新的供给侧表现出极大的供给潜能和市场活力。商品和服务经过零售环节到达最终消费，完成了流通的过程。海量中小生产企业和零售企业通过加入第三方网上购物平台，形成了新的庞大供给侧。生产—批发—零售的层级制流通体制被电子商务破除殆尽。商品流通的地方保护壁垒逐步被电子商务冲垮，地方政府已无法阻止居民通过日益盛行的网购来购买域外商品，全国的消费者均可进入所有的网店进行消费，按行政区划分割的社会消费品零售总额的商业地区格局被网上销售彻底打破，国内统一的大市场已经形成。

当前，我国零售业态面临巨大的挑战，分三个方面进行阐述。第一，网络技术发展。传统零售市场根据繁华程度选择店铺地址。连锁商店的出现，改变了以前的单体商店经营模式，扩大了商业经营圈，占领了更多的市场份额。信息技术的出现，商家实现无店铺经营，可以通过互联网销售产品，降低了产品成本。第二，销售方式变化。传统零售商主要通过店铺实现销售。在互联网的背景下，在网上销售商品，可以减少零售商销售压力。第三，销售内部重组。零售商需要以不同途径获取信息，要有专业的技术人员维护和销售产品。

3.6.3 新零售业态模式代表——盒马鲜生

随着零售市场竞争激烈，传统零售业态也发生了改变，市场上出现了新零售业态，如盒马鲜生。通过分析盒马鲜生现状、物流模式和优势，可以给其他新零售业态模式的诞生提供借鉴意义。

（1）盒马鲜生现状。盒马目标客户是 80 后、90 后消费能力较强的人群。从三个方面阐述盒马鲜生现状：第一，运营模式。盒马的运营模式是 OAO 模式（Online And Offline），线上线下融合的经营模式：可以吸引线上消费者到线下实体店参看，同时可以吸引线下消费者到线上购买，此外，可以实现 Online, Offline 智能拼单、共同配送。第二，发展规模。盒马鲜生 2016 年 1 月成立，截至

2018 年 7 月 31 日，盒马在全国 14 座城市里设立了 64 家门店，总计服务于 1000 万消费者。据统计，盒马门店平均日销售额超过 80 万元，线上销售额占比超 60%。此外，2018 年 9 月底，盒马总计开出了 18 家门店，分布在 14 个城市。这些数据说明，盒马经营业绩优良，突破了传统模式的禁锢。第三，订购方式。盒马鲜生有专门的 APP——"盒马鲜生"，仅认准支付宝或 APP 支付，不接受现金，这样做是为了方便记录消费者的消费数据，形成数据库，进而指导供应链，减少无效供给。

（2）盒马鲜生物流模式。盒马鲜生——阿里巴巴对网上超市完全重构的产物。它是超市、餐饮店。其最大特点就是快速配送，以门店为中心，3 千米为半径的圆形区域内的用户，30 分钟内就可收到货。从供应、仓储到配送，盒马都有自己的完整物流体系。具体来说，盒马有两套不同的门店前端和门店后端物流体系：门店前端是大仓（DC）对店仓内（FDC）的 B2B（Business to Business）物流模式；门店后端为外卖物流配送体系。此外，盒马还必须借助第三方物流平台。因为，在新零售背景下，消费者对物流要求会提高，且订单量也会增加。如，当盒马鲜生出现配送订单太多以至于部分订单会超出配送时间等问题，这就需要将部分订单交付给第三方物流平台，进而提高配送效率，更好地服务于顾客。

（3）盒马鲜生优势。盒马鲜生在短时间内取得巨大成功，主要是它有两大优势。优势一，注重消费体验。与传统零售相比，它是线上线下融合的盈利模式。完整的物体配送体系，提高了配送效率，降低了时间成本，使线下实体门店保证了客户体验。同时，盒马没有收取供应商的进店费，使得盒马产品的价格比其他地方的便宜。优势二，线下门店引流线上。线上购物的缺陷之一是"看得见摸不着"，盒马提出的解决措施是：消费者可以去盒马设立的实体门店考察，可以在门店内挑选生鲜食物，甚至可以在现场进行加工，直接在店就餐。这提升了顾客对商家的信任度。据 2018 年 2 月数据调查，得出线上订单量超过线下，这说明引流效果获得了成功。

3.7　供给侧结构性改革对零售业态的客观要求

目前，实体商业过剩，从而导致实体零售业越来越不景气。在相当长一段时期内需要逐步消化存量，而不是继续增加商业面积。现在，每年网上销售量超过了当年社会消费品零售总额的增加额，并且，电商占社会消费品零售比重越来大。零售业作为"供给侧"的产业，也存在着"利润下降、成本高企、优质有效供给不足"等问题，供给侧结构性改革对零售业态提出了客观要求。

在房地产热的影响下，商业规模和设施的猛增，很多城市的零售物业空置率越来越高，已经超过了6%的警戒线。居民人数和购买力被政府主导的城市商业规划越做越大。百货商店等部分商业业态，生意清淡，经营成本居高不下，入不敷出，濒于歇业，已经偏离了居民的消费需求，只好关门大吉。由于我国零售业正面临着严重的挑战，零售业转型升级已经成为必然。

（1）随着消费结构的不断升级，要求从供给侧结构性改革的角度对零售业态优化与创新。当前我国需求市场的消费结构升级。从 2014 年起，人均 GDP 在我国突破了 7500 美元，中产阶层迅速崛起由此带来了消费行为的转变。当整体经济发展步入小康阶段时，消费的主要特征表现为"高端需求不断显现，消费能力及意愿大幅度提高"，消费结构明显升级。大批富裕的中产阶层成为引领我国消费趋势的主体力量。移动购物消费生力军快速崛起，并以 80 后、90 后为主要代表，消费行为也开始转变。表现为注重消费体验，追求方便、快捷、情感体验等，购物更加体现为移动网络化、高频化，碎片化。

（2）有效供给不足，要求从供给侧结构性改革的角度对零售业态优化与创新。目前，我国零售在结构性过剩的同时，也存在"优质有效供给不足、低端产能过剩"问题。具体表现为两个方面：第一，就传统实体零售而论，由于一味地注重规模性扩张以及严重依赖于通道费等盈利模式，零售技术不足、连锁技术过剩，商品品类管理、供应链建设、服务创新建设滞后，传统实体零售的商品、服务、环境等零售核心价值逐渐偏离了轨道。第二，就线上零售（电子商务）而论，由于严重依赖于以收取扣点和广告费为盈利模式，平台电商对电子商务监控滞后，电商零售越来越关注商品销售量，忽视商品质量，专注于价格竞争。

3.7.1 供给侧结构性改革对零售业的要求——消费市场层面

随着居民消费能力的不断变化，消费市场的需求也在不断调整。互联网、云计算、大数据和物联网等技术，催生了新型零售业态。自 2004 年起，《零售业态分类》国家标准公布实施，标志着无店铺零售业态正式被国家承认。2015 年 11 月，国务院发布《发挥新消费引领作用，加快培育形成新供给新兴动力》，明确强调"我国已进入消费需求持续增长、消费结构加快升级、消费拉动经济作用明显增强的重要阶段"，提出要全面改善优化消费环境，以及消费升级重点领域和方向。党的十九大指出，要以供给侧结构性改革为主线，推动经济发展质量变革、效率变革、动力变革，提高全要素生产率。供给侧结构性改革要求流通产业加速转型升级，着力构建现代商品流通体系，为零售业变革带来新的机遇与挑战。供给侧结构性改革从流通方式、产品属性、技术、政策等多方面对我国零售业产生了深远的影响。随着消费者需求的不断变化，在信息化网络零售的冲击下，零售业态结构不断呈现出多样化的发展趋势。新兴的城市商业综合体、购物中心、大型超市、家居建材店、专卖店、仓储会员店、折扣店等多种经营业态迅速发展。在电子商务冲击下，传统零售实体的转型已初见端倪。

在供给侧结构性改革下，随着人民生活水平的提高，我国消费市场消费结构不断变化，零售业首先是商品和服务的价值主张升级，供给侧结构性改革对价值主张的影响主要源于消费市场的变化，主要体现在居民收入大幅提升、年轻的消费群体促进消费理念变化、购物方式和渠道数字化变革。

首先，居民收入的大幅提升，不断增强消费者的购买力，刺激购物需求，由过去对生活必需品的满足性追求转向对高质量、品牌化的优质商品的更高需求。国家统计局数据显示，2017 年，全国居民人均可支配收入达 25974 元，比上年名义增长了 9%。二三线城市人均收入逐步跨越了 5000 美元的消费拐点。阿里研究院的研究数据显示：到 2020 年，上层中产及富裕阶层的消费能够达到 17% 的增长速度，将为我国城镇消费贡献 1.5 万亿美元的增量。人均收入增加大大促进了消费的转型升级，使居民消费更加注重品牌，更加注重体验、服务和健康。

其次，年轻的消费群体促进了消费理念的变化。阿里研究院调研数据显示，消费市场的年龄在 15～18 岁的消费者占我国城镇 15～70 岁人口的 40%。在供给侧结构性改革背景下，年轻消费者的变化，对零售业提出了新的要求。年轻人对品牌的平均认知数量更多。

最后，购物方式和渠道的数字化变革不断驱动价值主张的升级。互联网技术的不断发展，促进了零售业态数字化转型。截至 2017 年 12 月，我国网民规模达 7.7 亿，普及率达到 56%。其中，手机网民规模达 7.5 亿，网民中使用手机上网人群由 2016 年的 95% 提升至 97.5%。2017 年 4 月，马云在 IT 领袖峰会上对"新零售"再次进行了详细的解析和阐述，指出服务商利用互联网、大数据、云计算等创新技术，促进线下与线上零售深度有机结合，再加上智慧物流，便构成未来"新零售"的概念。随着互联网普及率的提升和技术水平的不断提高，新型零售方式随之诞生。新型零售方式与传统零售相比，最主要的特征是以消费者需求为导向，进行新业态和新技术的有机融合，实现线上与线下零售相融合。新型零售方式丰富了购物渠道，促进消费者购物方式更加多样化。例如，以盒马鲜生为代表的新型生鲜类零售业态、以亚马逊无人超市为代表的连锁型零售业态。

3.7.2 供给侧结构性改革对零售业的要求——价值层面

供给侧结构性改革对价值链的影响体现在多个方面，包括从价值链的构成到品牌和个性、价值链利益的质量等因素的追求。同时，在购物过程中也更加强调顾客体验感。为了迎合消费者的需求，传统的线下零售企业逐步将销售的重点由商品转向服务，更加强调零售商提供的购物环境和服务水平。对实体零售企业来说，价值主张体现在消费者购物的全过程中，从消费者来到实体店的交通便捷度，到零售实体的购物环境和服务能力，再到商品的使用体验感等，都充分体现了实体零售企业的价值主张。对于网络零售商来说，消费者的购物需求和购物体验就是价值主张的最关键因素。供给侧结构性改革的核心是从供给端出发，调整商品供应结构，更好地满足消费者的市场需求。通过交易平台的搜索优化、商品信息的充分展示、数据信息的超强处理能力、物流配送便捷水平等都能够体现零售商的价值主张。因此，供给侧结构性改革也促进了多种零售业态的混合发展，以及零售业态与其他业态间的混合发展。供给侧结构性改革强调从供给端发力，着力解决流通过程中供需错配、物流成本高、流通效率低等问题，推动原有只注重需求侧的买方市场，融入了对供给端因素并不断调整与优化，更好地满足消费需求，放大消费对国民经济的引领作用。

3.7.3 供给侧结构性改革对零售业的要求——创新层面

（1）重新定位实体零售业。由于运营成本和电商数目的增加，实体零售缺乏增长动力，难以保障收支平衡，所以需要重新定位实体零售业，主要在人力资源、货品资源两方面改进实体零售业。具体来说，分为六个方面：第一，交换传统组织、实现价值转变，进而促进消费；第二，实体零售业改革重点应放在顾客体验上，进而提升消费者的消费热情；第三，将表单式的运营监督体系转变为"运营服务体系"；第四，根据市场调查，研发出高质量产品；第五，利用各种手段销售积压产品，同时引进新产品；第六，利用会员管理等方式吸引顾客。

（2）打造完整的产品供应链。首先，完善产品系列、培养专业的销售人员以及提供优质的售后服务（如送货上门、维修服务）。其次，实体零售业之间应该避免同质化，因为在"新零售"背景下，实体零售业不仅是进行简单的商品买卖交易，而且是为了吸引"回头客"。如日本的三越等商业企业给其 VIP 客户提供定制化服务，吸引了大量客户进行多次消费，这些客户对企业利润的贡献率高达80％。又如天津市政府商业委员会共同提出了提高产品服务质量的建议措施：由第三方监督机构对线下实体零售业的产品以及服务质量进行监督，增强了用户对受监督企业的信任，促进顾客在该企业多次消费。

（3）零售业商业管理模式的创新。现行的零售业管理模式抑制了零售业的发展，主要体现在市场监管和税收两方面。行政分割使得连锁零售企业整合困难，使得零售企业中间费用与经营成本不断增加①。为此，政府需出面调整：第一，需建立全国性的零售市场来突破零售业在区域上的限制，此外，政府借助结构性减税、简政放权等途径，达到减轻区域间零售企业流通成本和税负的目的；第二，以市场调控行业为主，如在电价方面，零售企业可以自行决定是采用平均电价还是分时段电价；第三，政府也需采用财政、货币和行政等调节手段，帮助实体零售业优化自身经营管理模式，更好地完成供给侧结构性改革中降成本的目标。

（4）电商推动零售业供给侧改革。中小型生产企业和商品零售企业加入电商平台，不但能扩大线上供给侧的规模，而且能够促进厂商直销。电商模式的出现，打破了线下实体零售受到地方行政制约的格局，也打破了从生产到批发的运营体系，形成了多元化的线上营销模式。借助电商平台，生产者可以直接接触消费者，更好地了解消费需求。同时，利用数字化和大数据技术，充分激发消费市场的活力。新型零售业供给侧由电商与线上销售平台构成，打破了传统零售模式下的地域性零售格局，借助互联网平台重塑了零售业地区格局，进而提升了市场竞争的强度。依托电商平台形成的线上线下融合的新型供给侧，通过淘汰传统零售业中存在的积压产品，改变了零售业的业态结构，进而实现了供给侧结构性改革的去库存目标。

3.8　本章小结

本章主要介绍了流通供给侧改革的背景回顾、问题实质、改革重点、改革方向、改革样本和流通供给侧改革对零售业的客观要求六方面内容。但概括来讲，本章主要从流通业和零售业两方面进行阐述。

第一，流通业。供给侧结构性改革的提出，目前消费需求的提升，使得流通

---

① 武平.供给侧改革背景下我国实体零售业的改革与创新［J］.商业经济研究，2017（9）.

业必须进行改革。流通业改革重点主要集中在增加商品有效供给、创新流通模式、营造安全消费环境等领域,达到提升顾客满意度和流通效率的目的。其中,通过细分消费市场、提升服务质量等手段,提升顾客满意度,进而促进有效供给;创新流通模式的重点是实现线上线下融合;在营造安全环境领域,用法律制度约束效率最高。

第二,零售业。分析了"新零售"是零售业的未来发展方向,"新零售"是企业利用互联网和大数据等先进技术,根据消费者需求,对商品的生产、流通和销售过程进行升级,深度融合线上线下体验及现代物流的零售新模式。介绍了新零售业态的代表——盒马鲜生。最后从价值层面和消费市场层面对零售业改革提出要求,进而提出供给侧结构性改革零售业创新发展的对策建议。

4 供给侧改革下中国流通产业发展现状及经营模式

在供给侧结构性改革背景下，流通企业如何提高流通效率、转变流通模式、降低流通成本、结合区域特点实现转型升级等问题成为流通业发展的关键。由此可见，供给侧结构性改革下流通模式的创新研究不仅是对流通理论的丰富与完善，也是新经济形势下流通产业创新发展的重要依据，同时还将进一步推进新型商品流通体系的构建与完善。

4.1 新时代流通产业发展的规律变化

4.1.1 商品需求规律的变化

随着居民消费水平的不断提升和互联网的迅速发展，消费者对商品的偏好呈现出新的特点。基于传统的"以产定销"模式下的商品流通过程，消费者对商品的选择是以生产能力和信息能力为前提，偏好集中于少部分产品，同时伴有大量的库存。新时期下，基于互联网和电子商务的迅速发展，消费者不仅搜索成本大幅降低，还可以决定或参与生产。结合消费者偏好的差异性和对个性化商品的偏好，互联网情境下商品的供求双方都更追求品类的多样化。经典的二八定律和长尾理论总结了商品交易过程中商品种类变化的特点，前者认为，利润的主要来源是当年热销品，集中于少数几种商品种类；后者认为，互联网经济的发展使得需求曲线更趋向平缓，消费不再仅仅集中于热销品，处于"长尾"部分的产品也会创造大额利润。

长尾商品的产生和发展缘于交易过程中商品种类的增加，而商品种类的增加又受供需双方和流通过程的影响。首先，消费需求向个性化和高端化转变。我国消费市场由计划经济向市场经济转变的过程中，商品种类选择权也转向需求侧，商品种类已经呈现出多元化发展特点。电子商务平台产生后，消费者依据数量和要求的不同而影响生产。在部分行业，消费者还可以通过提出需求来决定生产。因而在消费市场中，已经从过去消费者依据个人需求选择商品，变为生产者依据消费者需求生产商品。在国内生产能力受限的情况下，消费者还通过代购、海淘等形式将消费市场转向国外。传统百货商店闭店潮的兴起，不仅由于营销能力的不足和服务的缺失，更是因为商品难以满足消费者需求。商业的本质归根结底是商品交换，核心要素是商品和消费者，商品供给无法满足消费者需求，商品就无法进入消费环节，也就无法完成价值的实现，因而商品属性随之消失，最终导致零售企业退出市场。传统零售的衰退、"私人定制"的发展以及海淘购物的兴起足以说明，当前我国流通市场已经难以满足消费者需求，消费需求已经转向个性化和高端化。

其次，商品信息易于获取，消费市场相对容量扩大。在传统流通市场中，商品需要依次通过生产、分配、交换环节，最终进入消费领域，商品和信息传递相对较慢，消费者对商品信息的获取主要来自于零售企业，对商品的选择仅限于供应方所提供的范围。随着信息化发展，商品信息更易于获取，消费者可以随时随地获取商品的原材料、加工过程、最低售价等信息，甚至可以估算生产成本。电商平台可以依据消费者的消费习惯和浏览记录，提供有针对性的商品信息推送服务。因而对消费者而言，可供选择的商品种类、流通渠道、流通方式有所增加。与此同时，消费者对流通过程的参与程度也有所提高。在传统流通过程中，消费者只有在商品进入销售环节后，才参与商品选择与购买；在新的流通过程中，消费者由于需求多样化，可以直接主导生产，同时由于商品特性和信息流通速率的提高，流通环节也依据商品特性和消费者而减少或升级。因此在新形势下，消费者不仅可以参与商品流通全过程，甚至可以决定商品销售的方式和环节。综上所述，消费者对已有消费市场的深入了解，使得消费者对"二八定律"中，占据80%的非畅销商品的认知增加，因此增加了非畅销品消费。消费者的定制化生产同时增加了商品种类，使得原有消费市场容量相对扩大，因而畅销品占比减少，"长尾"商品随即增加。

最后，商品成本降低且更易于获取。商品成本分为生产成本和交易成本，生产环节决定商品生产成本，而交易成本则取决于流通环节。从生产成本看，生产资料的可获取性增强和生产技术的更新，有助于减少生产成本。另外，消费者对生产环节参与度的提高，会减少由于供需不匹配所造成的损失，进而降低机会成本。从交易成本看，生产环节减少有助于生产性流通成本的降低，商品在流通过程中的附加值减少。同时，物流技术的增强提高了商品流通效率，也降低了非生产性流通成本。因此，对消费者而言，获取利基产品并不需要比购买畅销品花费更多，这也是消费流向"长尾"的原因之一。

综上所述，消费者需求的转变、市场信息流动性的增强以及商品生产成本和流通成本的降低，都促进了消费市场的扩充。消费者可选择范围扩大，对流通环节的主导作用增强，商品选择从集中消费转向个性化定制，由对商品数量的要求转向对品质的追求。

4.1.2　商品竞争规律的变化

信息化水平的不断提升，促进了产业链的发展动力由过去的生产者驱动转向以市场为核心的采购者驱动，流通环节也因此凭借消费信息的优势成为产业链主要环节。依据时基竞争理论，流通企业的时基竞争力取决于信息流的组织，而仓储、配送、响应时间等环节成为流通企业获得时基竞争优势的关键。因此，流通环节为获取竞争优势，要从内部因素和外部因素两方面改进零售生产方式，对外加强产业链上游的合作与信息共享，充分发挥其主导作用；对内提高零售组织内部信息流的传递和整合能力以及商品流通效率。随着专业化的进一步提升，流通产业对产业链的主导作用主要体现为两种形式，即产业链的纵向联盟和流通企业直接参与生产环节。

流通组织通过供应链管理的方式共享消费信息，从而形成纵向联盟。从全产业链角度看，分工深化与流通组织规模相互影响。首先，分工深化促进了流通组织专业化以及规模经济的实现。劳动分工使得产业链各个环节专业化程度加深，流通过程中批发、零售等环节逐步升级，职能更加清晰。随着批发组织商品整合能力的提高，在新型流通过程中，逐渐形成农贸产品集散中心、小商品集散中心等新型批发组织。流通企业也通过对消费信息的有效整合以及信息化的库存管理方式，增强销售能力，实现市场规模扩张。其次，流通组织市场规模的扩大促进了劳动分工。流通组织处于产业链末端，利用其直接面向消费者的优势，即时获取消费者需求信息。因而流通组织规模的扩大更有利于消费信息的获取，更好地主导上游产品生产及供应。供应链管理的不断优化，实现了订单生产、即时补货、信息收集等动态整合，进一步促进了产业链专业化分工。最后，各环节的分工深化与零售组织的市场规模相互影响。劳动分工增大了流通组织市场规模，加深了专业化程度，进而使得流通环节更好地满足消费者需求，提高了流通效率。而流通能力的提升又进一步增进了流通组织对消费者信息的获取和整合，更加了解市场需求，从而为产业链上游设计和生产环节提供更精准的市场信息，使得各环节专业化程度加深，因此，劳动分工深化与流通组织规模扩张相互促进。

流通组织由于市场规模扩大以及获取信息的优势，增强了产业链主导能力，通过与上游生产和供应等环节共享消费信息，有效指导商品设计和生产。因而从产业链角度看，流通环节市场优势显著，供应商出于获取最大收益、提高配送效率、减少生产成本等目的，与流通组织建立产业链纵向联盟，进而使得流通组织对产业链的控制作用进一步增强。

流通环节内部效率提高，促进流通组织参与产品设计加工。根据时基竞争理论，流通企业为获取市场竞争优势，在现有生产能力下应提高商品销售效率，增强信息流整合能力。流通企业对需求信息的获取、处理、整合等时间越短，其竞争优势越明显。与此同时，流通组织与市场需求呈现交互式响应关系，流通企业不仅收集市场需求信息，对于市场需求还要给予回应。因此，在市场规模和技术水平一定的情况下，流通环节内部效率的提升主要体现在流通组织对市场需求的响应速度。

商品通过研发、设计、生产等多个环节，最终进入流通领域完成价值实现，流通企业再依据市场信息反馈给上游生产环节，形成新一轮的生产与流通。对于农副产品和可模块化加工的商品而言，市场对商品数量的要求较高，流通环节可以通过信息即时共享，实现市场信息的逆向传递，进行即时生产及补货。但对于电子产品、生活消费品等商品而言，市场对商品种类、功能、质量等需求变化较大，流通企业可以直接参与产品设计研发，提高供给端对市场的响应速度。

从市场需求角度看，流通企业参与商品研发和设计，一方面，可以缩短商品由生产到流入市场的时间，提高供给效率；另一方面，由于流通企业直接面向消费市场，在商品研发和设计过程中可以减少信息传递所产生的长鞭效应，提高商品与市场需求的匹配程度，提高供给能力。从流通企业收益角度看，商品对市场需求的满足以及响应速度的提升，使得"微笑曲线"整体上移；产品生命周期的缩短，促进"微笑曲线"呈现扁平化发展；对产业链两端环节的控制，使流通企业占据了产业链附加值最大的关键环节。与此同时，流通组织在完成流通职能的基础上，增加对商品本身的设计，还有利于规模经济和范围经济的实现。因此，无论是市场需求还是流通企业自身，都促进了流通环节纵向一体化的加深。

4.1.3 商品价值实现规律的变化

在传统的商品流通过程中，商品从生产到消费，要经过多级批发和零售环节，最终完成商品价值的实现。中间的每一次交换过程，都要依托商业主体自身的运营能力，借助专有的商业资本完成所有权的转移，与之相伴随的是风险和利润的层级传递，各个环节之间的相互联系较弱。商品流通的速度完全取决于流通组织自身的效率和对资源合理调控的能力。这一时期，当然也伴有厂商直接销售的情况，但由于信息化能力的相对滞后，产业资本进入流通过程对厂商利润的实现和扩大再生产存在一定的影响，因此，这一比重相对较小。

随着买方市场的逐步形成，流通企业市场规模的扩大和主导能力的增强，大型流通主体逐步转变为双边平台，对上游供应商收取通道费、上架费、入场费等流通费用，对消费者通过"贱买贵卖"赚取差价。在这一趋势下，商品进入消费领域仍需要直接流通渠道和间接流通渠道并存的多种渠道形式，但随着流通主体的平台化发展，间接流通渠道的比重逐步减少，同时商业资本的投入相对减少。经营风险部分向产业链上游转移，经营利润由层级间流通组织共享。商品的流通速度和价值实现的能力对流通组织的依赖程度降低，更多地取决于商品自身和消费者信息的不对称。

电子商务的兴起更大程度上推进了产业资本向流通过程的转移，网络零售将离散的消费者个性化偏好借助互联网形成集聚，将小批量的"按需定制"通过网络形成"规模生产"，进一步降低了对流通组织运营能力的要求，因此平台式网络零售引发了大量的厂商直营现象。因而，流通过程通过减少交易成本和中间环节来降低商品价格，使网络交易与传统零售企业相比更具价格优势。实体流通企业则借助其在产业链中的主导作用，逐渐增加对上游企业的利益获取，进而维持自身盈利。这一时期，商业资本独立运营的比重进一步减少。网络零售市场借助消费者网络集聚的优势，总体上减少了经营风险，实体零售则进一步转移风险，增大联营比重。商品价值的实现则更多地依赖于商品本身，同时，消费者主动搜寻商品的比重增加，商品流通的起点向消费者端转移。

随着传统流通组织的转型升级，以及流通过程的多渠道发展，流通组织逐渐向生产领域扩张，初步形成零售制造商、流通制造商等兼顾生产职能的流通主体。同时，流通过程的分销渠道也从单一渠道向多渠道、跨渠道和全渠道发展，网络零售和实体零售由冲突转向协同，打破渠道壁垒，形成多渠道交互网络，进一步促进了流通过程的渠道融合。这一过程，可以看作是流通组织向全产业链布局的转型，渠道的长度取决于流通组织自身需要。从社会再生产角度看，是生产、交换和消费环节间的深度融合。此时，商品价值实现的主要影响因素则再一次回归到流通主体，数字化的发展也促进了消费者偏好对商品价值形成和实现的决定作用。

网络交易虽然在一定程度上减弱了传统零售企业的市场势力，但无法完全取代线下传统零售组织。对于同类产品的销售，前者凭借物流技术的提升和交易成本的下降具有价格优势，而后者则凭借即时服务有利于顾客价值的实现与创新。顾客价值的实现分别体现为商品价值的实现和服务体验，因而流通组织为提高竞争力，也要通过商品和服务两方面提高顾客价值。首先，在商品质量和种类相同的情况下，供给速度的提高有助于提高服务质量。供应链管理系统正逐步取代传统的逐级传递式商品供应，零售企业、供应商和配送中心共同分享商品库存和销售信息，即时响应市场需求。流通环节相互协同，共同实现商品的供应和信息管理，价值的实现也由过去的零和博弈变为多重博弈，流通组织间无法仅通过自身利益最大化完成商品的价值实现。其次，顾客对服务的需求逐步升级，不仅对商品质量、产地、品牌等要求增多，对购买过程中的消费体验也提出了新要求。流通企业不仅要通过销售商品获取价值，还要通过服务创新完成价值的实现。由此可见，当前传统流通过程中的流通环节各自实现其价值的盈利模式难以获取竞争优势，供应商、零售组织、顾客等多环节构成的价值网络正在逐步形成，商品价值的实现需要多环节协同发展。

4.2　影响现代流通体系构建的因素

建设现代流通体系，需要夯实基础设施建设。经过多年发展，我国物流费用占 GDP 比重不断下降，但仍高于世界平均水平。据测算，社会物流总费用占 GDP 比重降低一个百分点，就可节约 7500 亿元，可以有效拉动消费，促进国内大循环和国内国际双循环。因此，在流通体系硬件建设上，要加快形成内外联通、安全高效的物流网络。特别是在畅通"大动脉"的同时，要下功夫疏通"毛细血管"，打通"最后一公里"。当前，数字经济在我国蓬勃发展，数字经济既依靠线下的流通体系，也可以为建设现代流通体系插上智能翅膀。实现流通体系数字化，有利于打通"大动脉"，畅通"微循环"。

建设现代流通体系，需要优化政策环境。实现大范围的供需匹配，需要加快完善国内统一大市场，形成供需互促、产销并进的良性循环，塑造市场化、法治化、国际化营商环境，强化竞争政策作用。这要进一步打破区域间产品和要素流动的藩篱，保障各类市场主体公平获得要素资源、市场准入和产权保护；还要通过社会信用体系建设，加快建设重要产品追溯体系，降低流通环节中的交易成本，给市场交易带来稳定预期和信心，提高交易效率，促进经济循环。

供给侧结构性改革，助力现代流通体系建设①。目前，我国流通业虽然发展迅速，但仍然面临许多问题。伴随宏观经济下行压力，流通业也呈现出增长缓慢、流通主体利润下滑、企业转型困难、"闭店潮"兴起、流通效率低、商品供需结构不匹配等问题。供给侧结构性改革的提出，着力从提高全要素生产率的角度，完成去产能、去库存、去杠杆、降成本、补短板五大任务。就当前发展中出现的问题，供给侧结构性改革对流通业发展产生了重要影响。

4.2.1 供给侧结构性改革促进传统零售向新零售转变

与传统零售相比，新零售指零售主体通过线上和线下的深度融合以及消费者大数据的有效利用，从而利用数据把控生产，同时通过使用各类技术，提升顾客购物体验。总的来说，就是从质量和效率两方面，提高零售主体供给能力。供给侧结构性改革的主要目的，是调整商品的供给和消费者需求的匹配程度。零售环节位于流通过程的末端，将商品传递给消费者，是商品流通的最终环节，也是实现商品价值的关键环节。受收入、消费环境、经济形式等多重因素的影响，消费者购买行为和购买意愿发生了变化，伴随而来的是商品需求的变化。受需求引导，商品供给也要随着消费者需求的改变而不断调整。

首先，零售主体提高消费体验，转向多业态经营。随着居民购买能力的不断提升，传统零售业态已经难以满足消费者的新型购物需求，以百货店为代表的零售企业正面临转型危机。与之相对应，购物中心以其注重客户消费体验为优势，取得了较好的成长业绩。

其次，传统零售企业搭建线上平台，拓宽销售渠道。传统零售企业作为流通领域的重要经营主体，虽然在网络销售的冲击下面临闭店或利润减弱的可能，但仍然不会被完全取代。因此在物联网快速发展的背景下，利用网络平台实现多渠道经营，有利于传统零售企业实现利润和服务质量的提升。

---

① 王嘉玮，赵德海. 供给侧结构性改革下流通模式创新研究［J］. 商业经济研究，2018（3）：5－11.

4.2.2　流通业主体由线性关系转向平台式一体化

传统产业链中制造企业、批发和零售主体职能明确，各个环节呈线性关系逐级传递。随着技术发展，不同产业内部各流通主体影响作用的转变，以及信息传递的高效率和低成本的特点，使得流通过程中不同流通主体间并购趋势明显。与 2013 年比，2014 年我国零售业并购总规模增长了 4.5 倍，国内企业间并购交易规模增长了 4.73 倍，外资企业并购中国企业交易规模增长了 4.97 倍。为在激烈的竞争中取得优势，许多零售企业采取并购、整合的方式实现资源优化配置，进而提高市场占有率。与通过扩展自身经营业态相比，企业间的兼并重组可以更好地节约转型成本，通过实体与电商的并购、不同零售业态间的并购、流通主体向上游或下游的并购等，可以更快地实现多元化发展，增强流通企业持续盈利能力。另外，为提高流通效率，流通过程中不同环节数据共享，各流通主体间信息即时传递，因而不同流通主体间的关系也由线性转变为平台式一体化。

4.2.3　技术要求提升且数据分析日益重要

从产业链构成看，流通环节决定生产。在传统流通过程中，商品生产的种类和数量依据流通企业反馈的信息而制定。大数据的发展使得消费者信息的收集和挖掘更为简便，因而生产环节的信息获取也更为即时和便捷。

近年来，网络销售和移动支付增长迅猛，2014 年网络购物市场交易规模达 2.81 万亿元，同比增长 48.7%，增速同比放缓 10.7 个百分点，近年来首次跌破 50%。其中，移动网购交易规模达到 9285 亿元，同比增长 240%，占网购整体市场的 47.8%。网络交易的迅速增长除了源于其便捷的购物和支付手段外，其对数据的收集和整理能力使得销售更具针对性。供给侧结构性改革要求生产环节可以有效地收集并利用数据，合理安排商品生产，实现资源的更有效配置。因此在新的流通形势下，企业对技术的支持和对数据的处理能力，决定了流通主体竞争力。与此同时，通过对大数据平台的构建，还可以使不同流通主体实现数据共享，从供应链整合的角度实现流通效率的提升与优化。

4.2.4　流通模式呈现区域性发展趋势

消费者是商品流通的最终参与者，从商品空间位移的角度看，消费者处于商品流通的需求侧，对供给方式起到了决定性作用。而商品的需求与消费者的收入、年龄构成、购买能力等因素密切相关，流通企业对商品的供给方式除了受自身供给能力影响，还受限于消费者的人口分布、区域内人口密度、消费意愿以及消费频率等多重因素。不同城市的空间规模与人口规模制约了区域内的商品流通能力，同样也影响流通企业和整个流通过程的供给方式。

首先，批发职能区域性转型。在商品流通整个过程中，传统批发环节层级式分布，实现了商品的逐级传递，同时伴有商品附加值的增加。随着物流配送能力的发展以及电子商务的兴起，批发层级减弱，产业链呈现出扁平化发展的特点，而批发环节在整个流通过程的职能也发生变化。电子商务尽可能地减少了商品流通中间环节，因而在电子商务广泛应用的区域，批发企业的职能逐渐弱化，有的直接退出流通过程。另外，批发主体转型为平台式配送中心。信息的即时传递和物流效率的提升，使得商品的空间转移不再需要批发作为中介，但零售企业连锁化经营、商品品类的增多以及配送方式的转变，使得零售企业与制造企业间需要高效的信息集成和物流组织平台，因而部分传统批发主体转型升级为新型配送中心。因此，批发环节在整个流通过程中的作用不能一概而论，既不能简单地认为批发环节可以全面省略，也不能要求所有批发主体转型升级，而要依据不同区域发展的特点，有选择性地去掉中间环节，或者依据商品和消费者的特点，有针对性地转变其职能。

其次，零售主体的选址和职能出现区域化差异。对传统零售主体而言，选址是其盈利的关键因素之一，但随着消费者线上购物的便捷化，部分零售主体对选址的依赖程度有所降低，有的企业则只选择在线上销售。零售主体选址的决定性因素也是消费者，很大程度上受人口密度、可达性、收入水平等因素的影响。对于人口密集且居民闲暇时间较少的区域，消费者购物倾向于方便快捷的渠道，因而对实际到店的感受要求偏低，零售主体的配送能力则更为重要，而线下实体店的职能更倾向于商品的展示和服务体验。对于人口较为密集且居民闲暇时间相对较多的区域，零售主体更倾向于选择人口集中的街区，其职能更侧重于休闲娱乐。对于人口稀少的地区，则更适合小型连锁零售主体，其职能也应以商品供应为主。因此，伴随电子商务的发展，实体零售企业的选址并非不再重要，而是受区域人口分布和消费特点的变化呈现不同趋势。

因此，从商品流通供给端看，随着流通主体职能和影响因素的转变，流通模式也随之变化，有的区域可以直接去掉中间环节，有的则需要各环节转变其流通主体职能，由此，流通模式的发展也呈现区域性特点。而在以城市群为主体的发展中，新型区域内商品流通模式必然会随之形成。

4.3 中国流通业发展现状

4.3.1 流通产业规模

流通产业作为市场经济运行过程的重要环节，随着国民经济的快速发展，流通业规模不断壮大。2019 年，我国 GDP 总值实现 990865 亿元，与 2018 年相比增长 6.1%，第三产业增加值 534233 亿元，同比增长 9.09%，社会消费品零售总额 411649 亿元，同比增长 8.0%。流通业增加值实现 95846 亿元，与 2018 年相比增长 7.81%，分别占 GDP 总值、第三产业增加值和社会消费品零售总额的 9.67%、17.94% 和 23.28%[①]。截止到 2018 年，流通业法人企业单位数 211515 个，与 2017 年相比增长 5.67%，年末从业人数 1184.5 人，增速仅为 0.06%，与 2017 年末基本持平，流通业商品销售额实现 691162.1 亿元，同比增长 9.68%，亿元以上商品交易市场成交额 109373.31 亿元，同比增长 1.04%。

纵观 2010 ~ 2018 年流通业的发展情况（见表 4 - 1），以 2014 年为界大体可以分为两个阶段。2014 年以前，流通业总体呈现高速增长趋势，企业数量和商品销售额增速均保持在 10% 以上，从业人员增速保持在 5% 以上。自 2014 年以来，流通业增长速度放缓，值得注意的是，2015 年流通企业数量仅增长 0.81%，从业人员和商品销售额均出现减少的情况。2016 年以后，流通业恢复正向增长，但从业人员数量趋于平稳。由此可以看出，一方面，流通业规模仍然保持不断增长的趋势，互联网对流通业的冲击已经逐步减少；另一方面，随着数字化水平的不断提升，流通业的增长对从业人员数量的依赖程度逐步降低。

表 4 - 1 2010 ~ 2018 年中国流通业经营情况

年份	法人企业 单位数（个）	法人企业单位 数增速（%）	年末从业人数 （万人）	年末从业人数 增速（%）	商品销售额 （亿元）	商品销售额 增速（%）
2010	111770	17.08	852.2	13.78	276635.7	37.52
2011	125223	12.04	901.1	5.74	360525.9	30.33

---

① 本书主要研究商品流通领域，因此流通业增加值依据批发业和零售业统计数据核算。

年份	法人企业 单位数（个）	法人企业单位 数增速（%）	年末从业人数 （万人）	年末从业人数 增速（%）	商品销售额 （亿元）	商品销售额 增速（%）
2012	138865	10.89	985.6	9.38	410532.7	13.87
2013	171973	23.84	1139.6	15.63	496603.8	20.97
2014	181612	5.60	1182	3.72	541319.8	9.00
2015	183077	0.81	1173.6	-0.71	515567.5	-4.76
2016	193371	5.62	1193.6	1.70	558877.6	8.40
2017	200170	3.53	1183.8	-0.82	630181.3	12.76
2018	211515	5.67	1184.5	0.06	691162.1	9.68

从商品交易市场经营情况来看（见表4-2），2018年亿元以上商品交易市场数量为4296个，营业面积29190.63万平方米，摊位数3178423个，交易市场效率和坪效分别实现25.46亿元/个和3.75万元/平方米。2010～2018年，商品交易市场坪效和市场效率保持平稳增长的趋势。进一步地，由图4-1可以看出，除2015年外，2010～2018年，商品交易市场成交额保持正向增长，但增速总体

表4-2　亿元以上商品交易市场经营情况

年份	成交额 （亿元）	商品交易市场 数量（个）	营业面积 （万平方米）	摊位数 （个）	坪效 （万元/平方米）	交易市场效率 （亿元/个）
2010	72703.53	4940	24832.31	3193365	2.93	14.72
2011	82017.27	5075	26234.5	3334787	3.13	16.16
2012	93023.77	5194	27899.37	3494122	3.33	17.91
2013	98365.1	5089	28868.33	3488170	3.41	19.33
2014	100309.9	5023	29567.92	3534757	3.39	19.97
2015	100133.8	4952	30065.73	3468638	3.33	20.22
2016	102139.7	4861	30023.37	3457899	3.40	21.01
2017	108247.6	4617	29691.77	3347936	3.65	23.45
2018	109373.3	4296	29190.63	3178423	3.75	25.46

注：交易市场效率=市场成交额/交易市场数量。

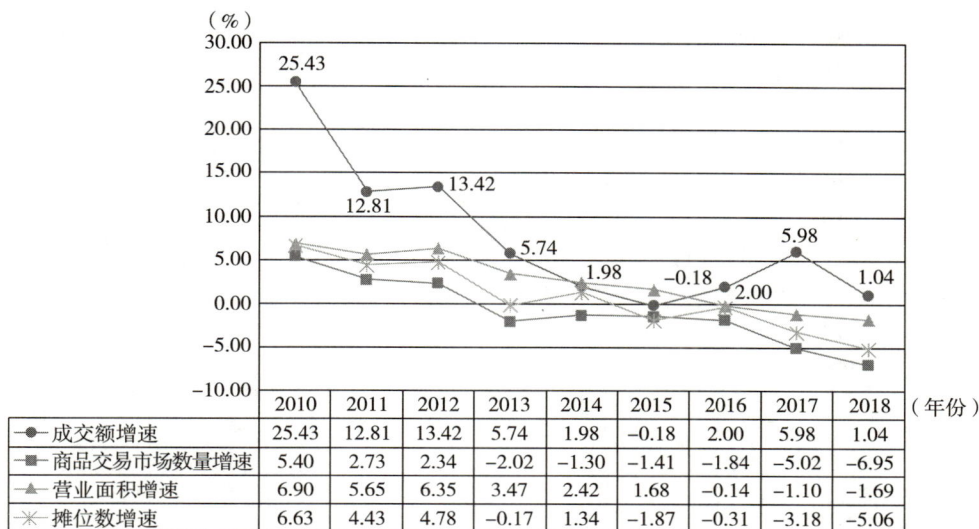

（%）	2010	2011	2012	2013	2014	2015	2016	2017	2018
●— 成交额增速	25.43	12.81	13.42	5.74	1.98	-0.18	2.00	5.98	1.04
■— 商品交易市场数量增速	5.40	2.73	2.34	-2.02	-1.30	-1.41	-1.84	-5.02	-6.95
▲— 营业面积增速	6.90	5.65	6.35	3.47	2.42	1.68	-0.14	-1.10	-1.69
✻— 摊位数增速	6.63	4.43	4.78	-0.17	1.34	-1.87	-0.31	-3.18	-5.06

图 4 - 1　2010～2018 年亿元以上商品交易市场发展变化趋势

放缓。商品交易市场数量、营业面积和摊位数的增长率也逐步减小，进入 2016 年以后，三者均进入负增长阶段。由此可见，商品交易市场的经营规模正在逐步精简，成交额和经营效率的持续增长说明流通组织已经逐步适应新时期的发展特点并初步实现转型升级。

从流通业总产值角度，由图 4 - 2 可以看出，流通业增加值总体保持增长趋势，但增速逐步减缓。2011 年以前，流通业增速保持在 20% 以上；2012～2014 年，增速减少至 13% 左右；2015 年以后流通业增速进一步放缓，最高值为 2017 年的 10.08%。与第三产业增速相比，2011 年以前，流通业增速明显高于第三产业，2012～2014 年，流通业与第三产业增速基本持平，在 2015～2018 年，流通业增速介于 GDP 增速和第三产业增速之间。

从流通业占国民经济比重的角度，依据图 4 - 2 可以得到，与 GDP 总额相比，2010～2013 年，流通业产值占 GDP 总额的比重不断增加；2014～2016 年，该比重基本保持在 9.8% 左右；2017 年以后，流通业占比趋于减少。与第三产业相比，2015 年以后，流通业占第三产业增加值的比重总体上低于 2010～2014 年，且保持减少的趋势，2018 年该比重减少至 18.15%。就社会消费品零售总额而言，流通业占比保持在 22%～24%，虽然 2015～2017 年有下降趋势，但 2018 年再次上升至 23.34%。

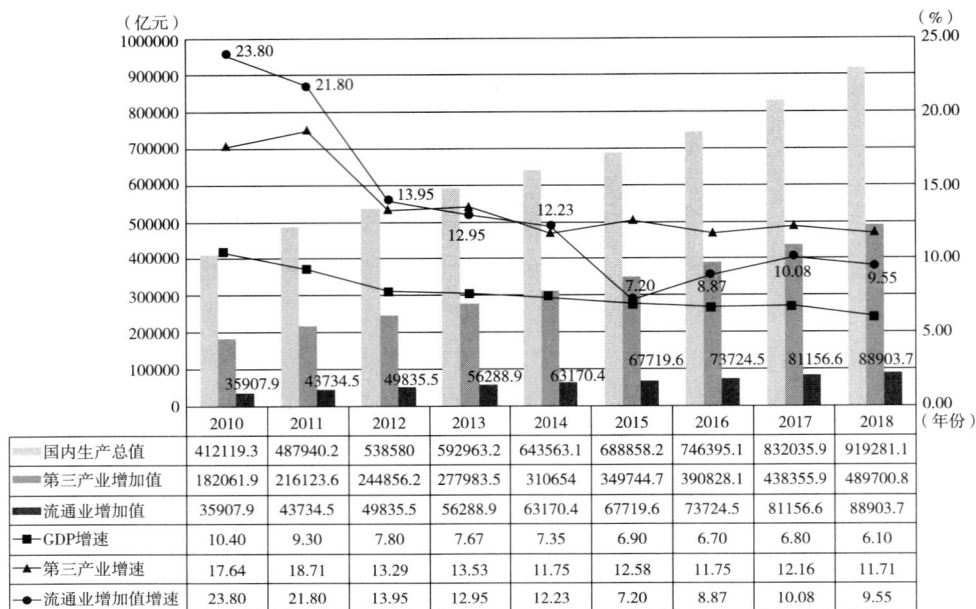

	2010	2011	2012	2013	2014	2015	2016	2017	2018
国内生产总值	412119.3	487940.2	538580	592963.2	643563.1	688858.2	746395.1	832035.9	919281.1
第三产业增加值	182061.9	216123.6	244856.2	277983.5	310654	349744.7	390828.1	438355.9	489700.8
流通业增加值	35907.9	43734.5	49835.5	56288.9	63170.4	67719.6	73724.5	81156.6	88903.7
GDP增速	10.40	9.30	7.80	7.67	7.35	6.90	6.70	6.80	6.10
第三产业增速	17.64	18.71	13.29	13.53	11.75	12.58	11.75	12.16	11.71
流通业增加值增速	23.80	21.80	13.95	12.95	12.23	7.20	8.87	10.08	9.55

图 4－2　2010～2018 年流通业发展变化趋势

数据来源：根据国家统计局各年份《国民经济和社会发展统计公报》整理。

从流通业对国民经济增长的贡献来看，根据图 4－3，就 GDP 总额而言，流通业对 GDP 增长的贡献率波动较小，总体上呈平稳趋势。分阶段看，2015 年以后流通对国民生产总值的贡献率基本低于 2010～2014 年，且 2017 年和 2018 年的贡献率也低于 2015 年和 2016 年。就第三产业而言，同样以 2015 年为转折点。2014 年以前，流通业对第三产业增长的贡献率基本保持在 20% 以上，2015 年减少至 11.64%，约为 2014 年的一半，此后流通业贡献率有所回升，但总体上低于 2010～2014 年的平均水平。就社会消费品零售总额而言，流通业对社零额增长的贡献率波动最为明显。2010～2011 年，流通业贡献率保持在 26% 以上；2012～2014 年，这一贡献率由 22.41% 小幅增长至 23.69%；2015 年大幅减少至 15.67%，2017 年该贡献率回升至 21.89%，但仍低于 2014 年以前的平均水平。而 2018 年流通业对社零额增长的贡献率迅速增加至 52.61%，远高于此前任何时期（见图 4－4）。由此可以看出，基于社会再生产视角，流通业对消费的影响逐步加深，并且借助互联网的发展，流通业的发展已经成为促进消费的主要力量。

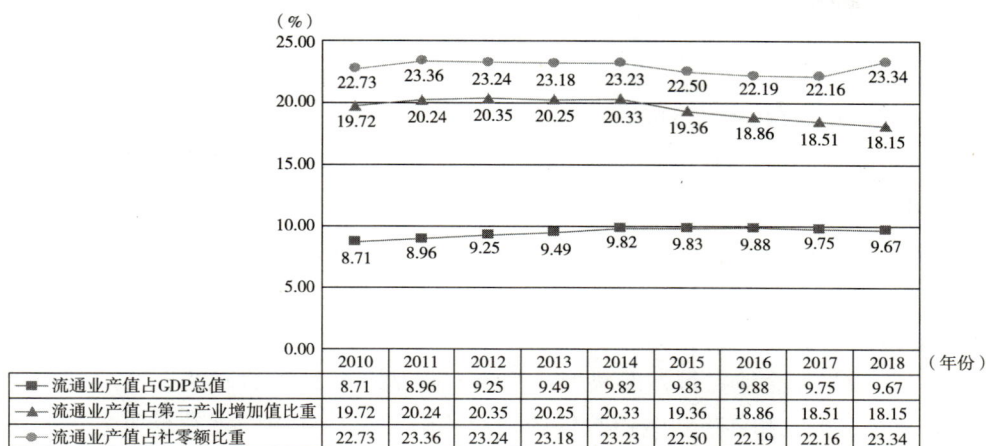

图 4-3 2010~2018 年流通业规模变化趋势

数据来源：根据国家统计局各年份《国民经济和社会发展统计公报》整理。

	2010	2011	2012	2013	2014	2015	2016	2017	2018
流通业产值占GDP总值	8.71	8.96	9.25	9.49	9.82	9.83	9.88	9.75	9.67
流通业产值占第三产业增加值比重	19.72	20.24	20.35	20.25	20.33	19.36	18.86	18.51	18.15
流通业产值占社零额比重	22.73	23.36	23.24	23.18	23.23	22.50	22.19	22.16	23.34

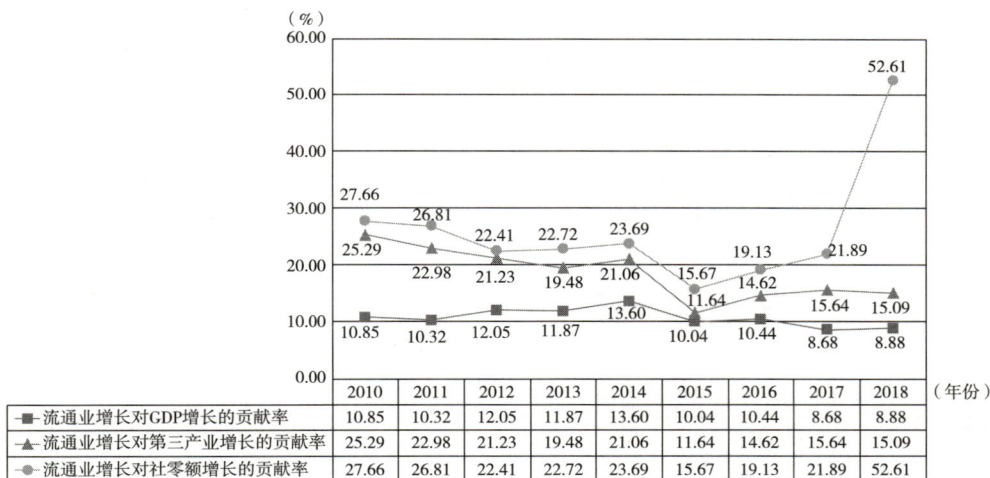

	2010	2011	2012	2013	2014	2015	2016	2017	2018
流通业增长对GDP增长的贡献率	10.85	10.32	12.05	11.87	13.60	10.04	10.44	8.68	8.88
流通业增长对第三产业增长的贡献率	25.29	22.98	21.23	19.48	21.06	11.64	14.62	15.64	15.09
流通业增长对社零额增长的贡献率	27.66	26.81	22.41	22.72	23.69	15.67	19.13	21.89	52.61

图 4-4 2010~2018 年流通业增长贡献率趋势

注：流通业增长对 GDP 增长的贡献率＝第 i 期流通业增加值增量/第 i 期 GDP 增量×100%；流通业对第三产业增长的贡献率＝第 i 期流通业增加值增量/第 i 期第三产业增加值增量×100%；流通业对社零额增长的贡献率＝第 i 期流通业增加值增量/第 i 期社会消费品零售总额增量×100%。

数据来源：根据国家统计局各年份《国民经济和社会发展统计公报》整理。

4.3.2 流通产业结构

随着互联网和数字经济的迅速发展，消费市场和流通方式都发生了巨大的变化，批发业和零售业呈现出不同的特点和变化趋势，流通产业结构也随之变化。

2018 年，流通企业法人单位数 211515 个，其中批发业 113696 个，同比增长 12.58%，零售业 97819 个，同比减少 1.37%，各自占流通企业总数的 53.75% 和 46.25%。2010 ~ 2018 年，流通组织结构变化波动明显。2015 年以前，批发业和零售业企业数量均保持正向增长（见图 4 - 5），且增长速度变化趋势较为一致。2015 年，批发业企业数量首次减少，而零售业保持 4.11% 的速度增长。2016 年到 2018 年，批发和零售业企业数量的增速趋势相反，其中，批发企业数量增速不断提高，由 3.54% 提升至 2018 年的 12.58%，而零售企业数量增速下滑，且于 2018 年出现负增长。就批发业和零售业企业数量各自占流通企业总数的比重来看，2016 年，零售企业数量占比首次超过批发企业，其余年份，批发业比重均保持在 50% 以上，且 2018 年批发企业数量占比最高，为 53.75%。

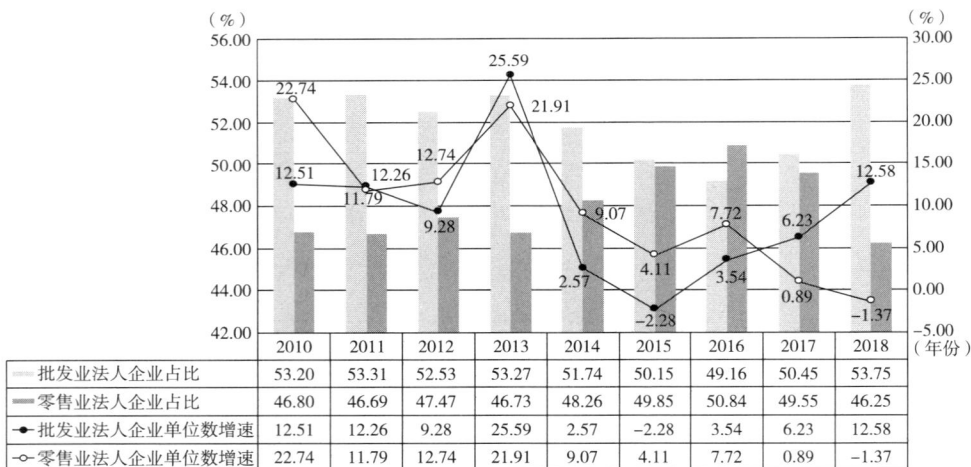

	2010	2011	2012	2013	2014	2015	2016	2017	2018
批发业法人企业占比	53.20	53.31	52.53	53.27	51.74	50.15	49.16	50.45	53.75
零售业法人企业占比	46.80	46.69	47.47	46.73	48.26	49.85	50.84	49.55	46.25
批发业法人企业单位数增速	12.51	12.26	9.28	25.59	2.57	-2.28	3.54	6.23	12.58
零售业法人企业单位数增速	22.74	11.79	12.74	21.91	9.07	4.11	7.72	0.89	-1.37

图 4 - 5 2010 ~ 2018 年流通业法人企业结构变化趋势

截至 2018 年末，流通业从业人员共计 1184.5 万人，与 2017 年末相比增长 0.06%。其中批发业从业人数 526.89 万人，同比增长 4.06%，占流通业从业人员总数的 44.48%；零售业从业人数 657.63 万人，同比减少 2.93%，占流通业

总人数的 55.52%。流通业从业人员增速的变化趋势与流通企业增速的变化基本
保持一致，均呈现波动性变化的特点，且 2015 年以前，批发业和零售业增速的
变化趋势基本相同。区别之处在于，零售业从业人数从 2017 年起就出现了减少
的情况，且 2018 年继续保持负增长的趋势（见图 4-6）。与之相对应地，流通
业从业人员结构在 2016 年以前基本保持稳定，2017 年和 2018 年，批发人员比重
持续增加。总体上，零售业从业人员占比始终高于批发业。

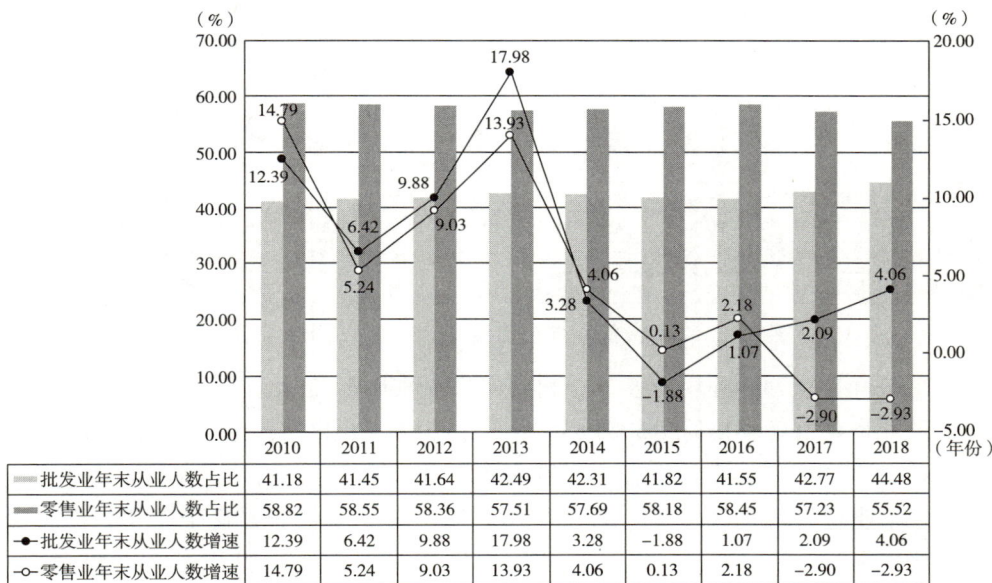

	2010	2011	2012	2013	2014	2015	2016	2017	2018
批发业年末从业人数占比	41.18	41.45	41.64	42.49	42.31	41.82	41.55	42.77	44.48
零售业年末从业人数占比	58.82	58.55	58.36	57.51	57.69	58.18	58.45	57.23	55.52
批发业年末从业人数增速	12.39	6.42	9.88	17.98	3.28	-1.88	1.07	2.09	4.06
零售业年末从业人数增速	14.79	5.24	9.03	13.93	4.06	0.13	2.18	-2.90	-2.93

图 4-6 2010～2018 年流通业从业人员结构变化趋势

　　流通业商品销售额增速总体上呈现减缓趋势，部分年份出现波动情况，且批
发业的波动幅度高于零售业。2018 年，流通业实现商品销售额共 691162.1 亿元，
同比增长 9.68%。其中批发业商品销售额 566174.2 亿元，与 2017 年相比增长
11.65%，占流通业总商品销售额的 81.92%；零售业实现商品销售额 124987.9
亿元，同比增长 1.55%，占比 18.08%。由图 4-7 可以看出，批发业商品销售
额的增速与零售业相比变化较为明显，且 2015 年以前，二者变化趋势基本保持
一致。2015 年，批发业商品销售额出现大幅下滑，但 2016～2018 年增速明显。
同时，批发业商品销售额占流通业总数的比重也波动明显，2018 年，批发业商
品销售额占比最高，为 81.92%。

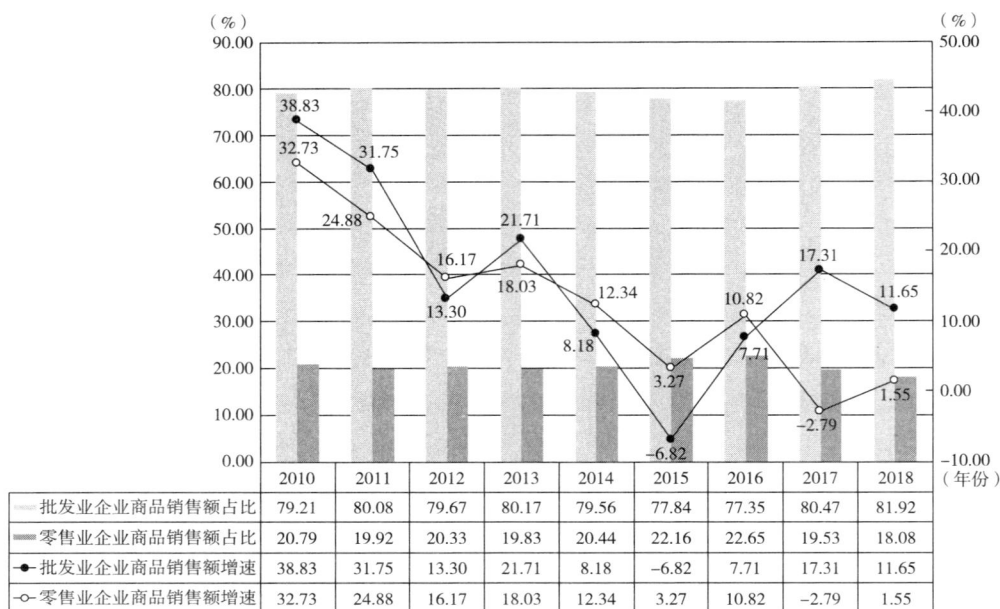

	2010	2011	2012	2013	2014	2015	2016	2017	2018
批发业企业商品销售额占比	79.21	80.08	79.67	80.17	79.56	77.84	77.35	80.47	81.92
零售业企业商品销售额占比	20.79	19.92	20.33	19.83	20.44	22.16	22.65	19.53	18.08
批发业企业商品销售额增速	38.83	31.75	13.30	21.71	8.18	-6.82	7.71	17.31	11.65
零售业企业商品销售额增速	32.73	24.88	16.17	18.03	12.34	3.27	10.82	-2.79	1.55

图 4 - 7　2010～2018 年流通业商品销售额结构变化趋势

2018 年，流通企业主营业务总利润实现 43840.57 亿元，同比增长 12.31%。其中批发企业主营业务利润 30559 亿元，与 2017 年相比增长 15.73%，占流通企业总利润的 69.7%；零售企业主营业务利润 13281.57 亿元，同比增长 5.15%，占流通企业总利润的 30.3%。纵观 2010～2018 年，批发和零售企业利润增速变化趋势基本一致，2017 年和 2018 年，批发企业利润增速明显高于零售企业。2016 年以前，批发企业利润占比逐年降低，进入 2017 年以后该比重有上升趋势。

流通业商品交易市场成交额的变化趋势有所不同，批发与零售商品交易市场成交额增速的变化趋势呈现出明显的差异性。2018 年，流通业亿元以上商品交易市场成交额共 109373.31 亿元，同比增长 1.04%，其中，批发市场成交额 95323.22 亿元，增速 1.41%，占流通交易市场总成交额的 87.15%，零售市场成交额 14050.09 亿元，同比减少 1.41%，占总成交额的 12.85%。总的来说，2010～2018 年，批发和零售商品交易市场成交额增速均呈减少趋势（见图 4 - 9），2016 年起，批发市场成交额低速增长，而零售市场成交额保持减少趋势。从占流通业总成交额比重的角度，批发交易市场自 2011 年起，占比保持在 85% 以上，2015 年占比最低，2016 年以后批发市场成交额比重逐年增加，2018 年占比最高，为 87.15%。与之相对应的是零售市场成交额，自 2016 年起，经历三年的负增长，2018 年零售市场成交额占比仅为 12.85%。

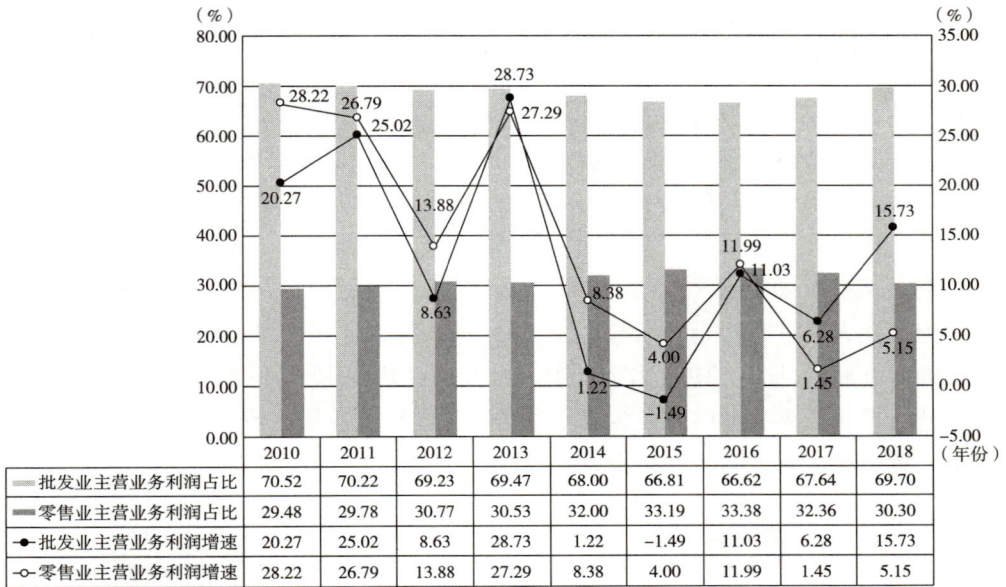

	2010	2011	2012	2013	2014	2015	2016	2017	2018
批发业主营业务利润占比	70.52	70.22	69.23	69.47	68.00	66.81	66.62	67.64	69.70
零售业主营业务利润占比	29.48	29.78	30.77	30.53	32.00	33.19	33.38	32.36	30.30
批发业主营业务利润增速	20.27	25.02	8.63	28.73	1.22	-1.49	11.03	6.28	15.73
零售业主营业务利润增速	28.22	26.79	13.88	27.29	8.38	4.00	11.99	1.45	5.15

图 4 - 8 2010 ~ 2018 年流通业主营业务利润结构变化趋势

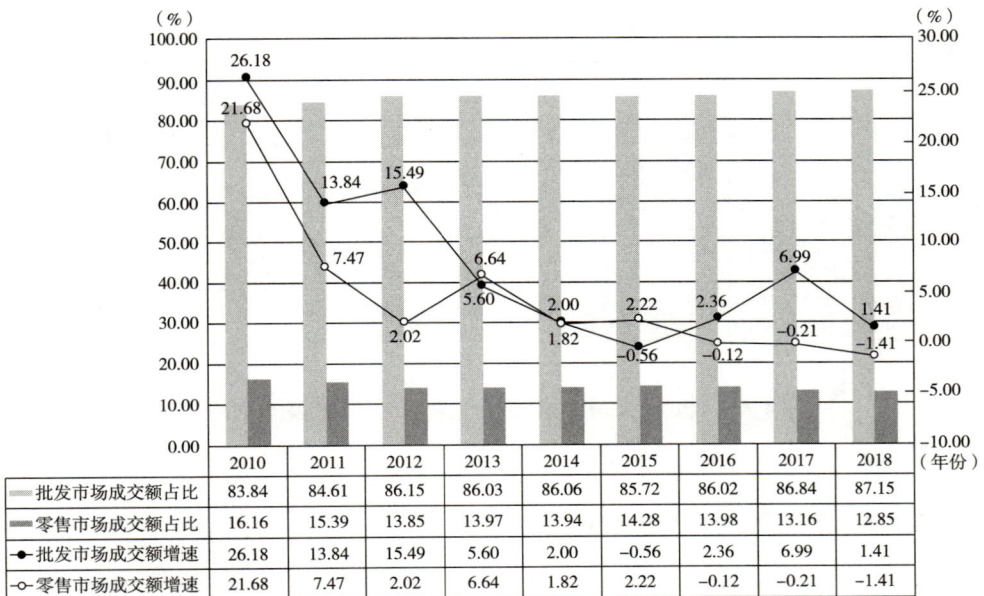

	2010	2011	2012	2013	2014	2015	2016	2017	2018
批发市场成交额占比	83.84	84.61	86.15	86.03	86.06	85.72	86.02	86.84	87.15
零售市场成交额占比	16.16	15.39	13.85	13.97	13.94	14.28	13.98	13.16	12.85
批发市场成交额增速	26.18	13.84	15.49	5.60	2.00	-0.56	2.36	6.99	1.41
零售市场成交额增速	21.68	7.47	2.02	6.64	1.82	2.22	-0.12	-0.21	-1.41

图 4 - 9 2010 ~ 2018 年亿元以上商品交易市场成交额变化趋势

综合 2010～2018 年流通业发展的以上特点，并结合图 4 - 10 中各指标的批零结构，可以看出，第一，批发业和零售业的增长均呈现出波动性的特点。与零售业相比，批发业的波动幅度较为明显，其中商品销售额增速起伏最大。第二，2015 年，流通业总体上出现萎缩的情况，其中批发业影响更为严重，所有指标增速均为负。第三，2017 年以后，流通业总体保持增长，但零售业总体规模开始减小，批发业增速回升。2017 年，零售业年末从业人数、商品销售额和亿元以上商品交易市场成交额均为负增长。2018 年，零售业商品销售额增速虽然回升，但从业人数、零售企业数和商品交易市场成交额仍呈现减少的趋势。由此可见，面对互联网的去"中间化"冲击，批发业经历 2015 年的低谷期后，已经恢复并持续增长。零售业的发展也趋于平缓，且零售企业和从业人员的数量进入调整期，逐步转向对经营效率的提升。

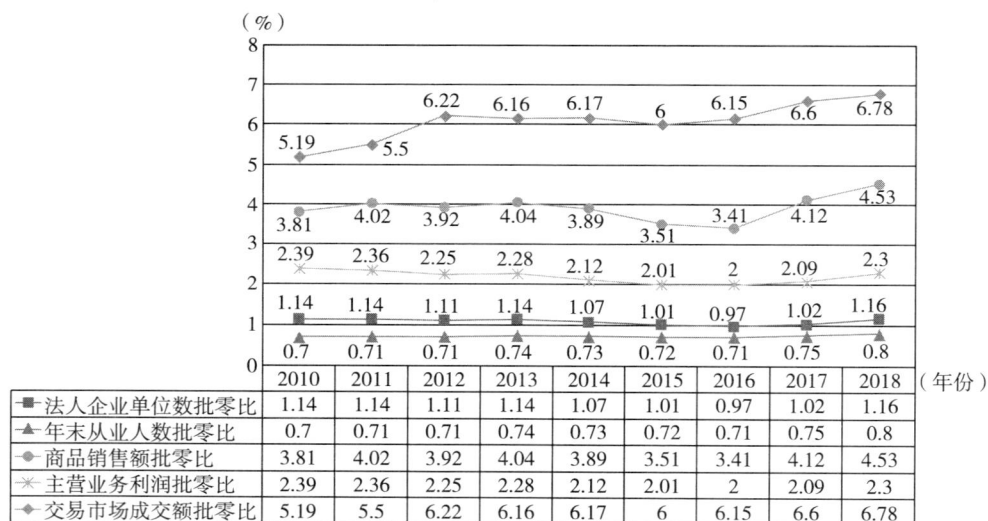

（%）

	2010	2011	2012	2013	2014	2015	2016	2017	2018
■法人企业单位数批零比	1.14	1.14	1.11	1.14	1.07	1.01	0.97	1.02	1.16
▲年末从业人数批零比	0.7	0.71	0.71	0.74	0.73	0.72	0.71	0.75	0.8
●商品销售额批零比	3.81	4.02	3.92	4.04	3.89	3.51	3.41	4.12	4.53
✳主营业务利润批零比	2.39	2.36	2.25	2.28	2.12	2.01	2	2.09	2.3
◆交易市场成交额批零比	5.19	5.5	6.22	6.16	6.17	6	6.15	6.6	6.78

图 4 - 10　2010～2018 年流通业主要指标批零结构变化趋势

4.3.3　流通产业业态所有制结构

2014 年《国务院办公厅关于促进内贸流通健康发展的若干意见》明确指出，"推进流通企业股权多元化改革，鼓励各类投资者参与国有流通企业改制重组，鼓励和吸引民间资本进入，进一步提高利用外资的质量和水平，推进混合所有制发展"。随着改革的不断深入，流通业所有制结构变化特征明显。内资企业占比保持稳定，批发业内资企业数量占比保持在95%左右，零售业内资企业占比高于批发业，维持在97%左右。同时，国有企业和集体企业比重不断降低，私营企业数量占比逐步提升。

2018年，我国批发企业总数共113696个，其中国有企业1495个，与2017年相比减少20.77%，占批发企业总数的1.31%；集体企业343个，同比减少20.42%，占比0.3%；私营企业76261个，同比增长24.95%，占批发企业总数的67.07%。与此同时，我国零售企业总数97819个，其中国有零售企业839个，同比减少25.02%，占零售企业总数的0.86%；集体零售企业1002个，同比减少19.26%，占比1.02%；私营企业64537个，同比增长10.86%，占比65.98%。可以看出，第一，批发和零售业各自的国有和集体成分占比不足2%，私营企业占各自比重的65%以上。第二，批发业的国有企业和私营企业占比均高于零售业。

2010～2018年，批发和零售业国有企业比重大幅度减少。国有零售企业数量自2011年起开始缩减（见图4-11），国有批发企业数量也从2013年开始进入负增长阶段。2013～2018年，批发和零售企业中的国有成分均大幅度降低，且零售业国有成分比重减少的速度高于批发业。同时，批发业的国有企业占比总体上高于零售业。与国有企业数量变化相类似的是集体所有制企业（见图4-12），虽然集体企业数量的减少幅度低于国有企业，但总体上仍保持减少的趋势。批发业和零售业的集体企业数量同时于2011年开始减少，且批发业减少的幅度高于零售业。2017年批发和零售集体企业数量减少速度达到最大，分别为27.20%和27.30%（见图4-13）。与国有和集体企业相区别的是私营企业，随着市场经济的不断发展，私营企业数量逐年增加，2013年，私营批发和零售企业数量增速达到最大值，分别为30.74%和29.91%。私营批发企业数量虽然在2015年有所减少，但此后增速迅速回升，且于2018年实现24.95%的快速增长。2012～2016年，私营零售企业数量增速高于批发企业，2017～2018年，私营批发企业数量增长速度明显高于零售企业。同时，批发业和零售业私营企业比重也各自增长了近10%。

从企业经营利润角度，2018年批发业主营业务利润30559亿元，其中国有批发企业利润2301.80亿元，同比减少1.55%，占批发业总利润的7.53%；集体批发企业利润38.40亿元，同比减少24.28%，占批发业总利润的比重为0.13%；私营批发企业利润8188.30亿元，同比增长34.06%，占比26.8%。同

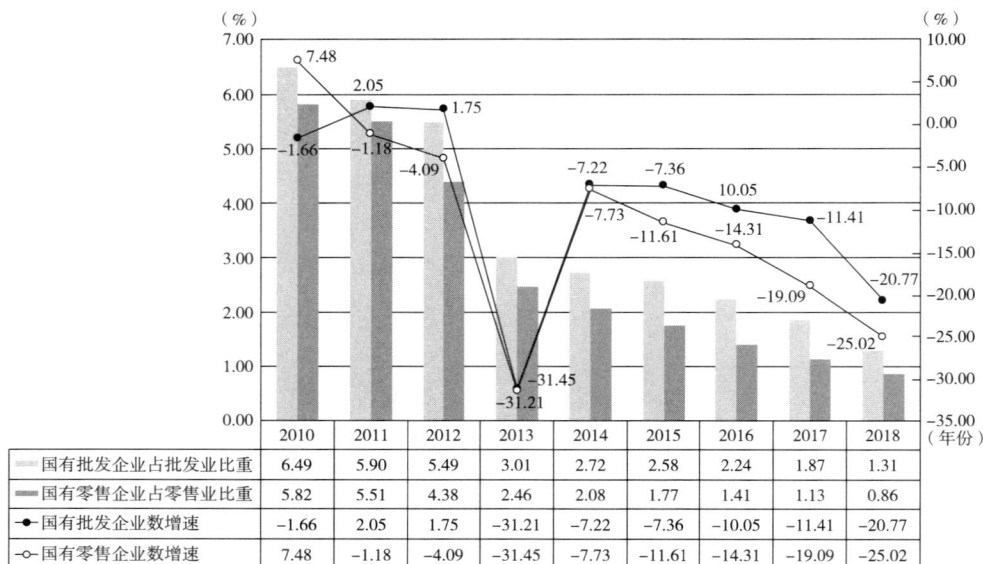

	2010	2011	2012	2013	2014	2015	2016	2017	2018
国有批发企业占批发业比重	6.49	5.90	5.49	3.01	2.72	2.58	2.24	1.87	1.31
国有零售企业占零售业比重	5.82	5.51	4.38	2.46	2.08	1.77	1.41	1.13	0.86
国有批发企业数增速	-1.66	2.05	1.75	-31.21	-7.22	-7.36	-10.05	-11.41	-20.77
国有零售企业数增速	7.48	-1.18	-4.09	-31.45	-7.73	-11.61	-14.31	-19.09	-25.02

图 4-11　2010~2018 年流通业国有企业数变化趋势

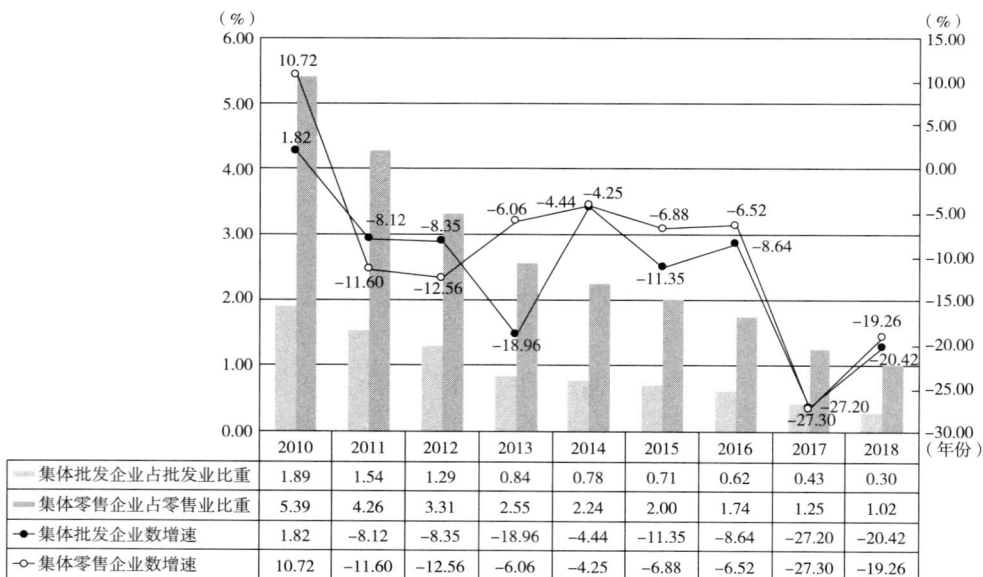

	2010	2011	2012	2013	2014	2015	2016	2017	2018
集体批发企业占批发业比重	1.89	1.54	1.29	0.84	0.78	0.71	0.62	0.43	0.30
集体零售企业占零售业比重	5.39	4.26	3.31	2.55	2.24	2.00	1.74	1.25	1.02
集体批发企业数增速	1.82	-8.12	-8.35	-18.96	-4.44	-11.35	-8.64	-27.20	-20.42
集体零售企业数增速	10.72	-11.60	-12.56	-6.06	-4.25	-6.88	-6.52	-27.30	-19.26

图 4-12　2010~2018 年流通业集体企业数变化趋势

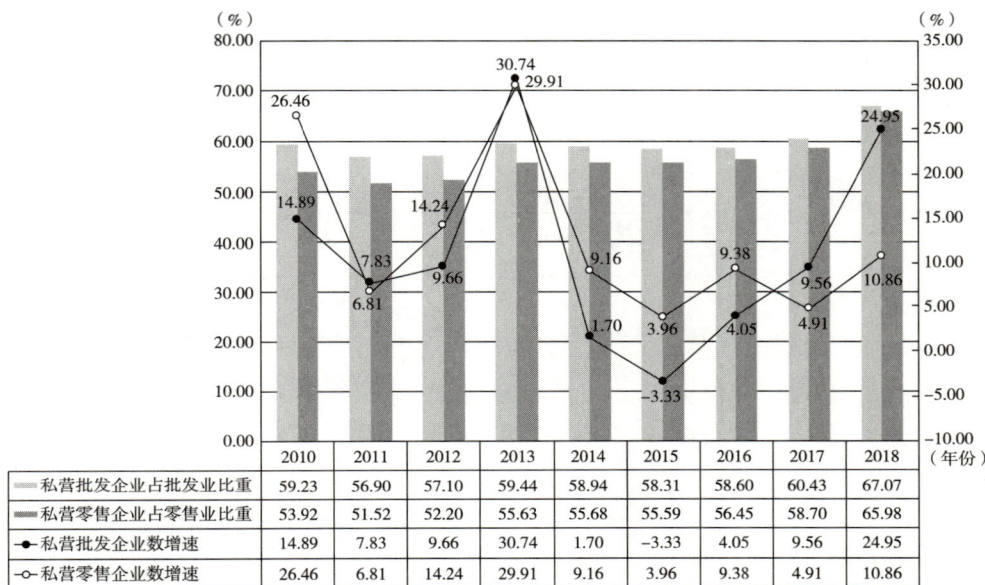

图 4 - 13 2010～2018 年流通业私营企业数变化趋势

	2010	2011	2012	2013	2014	2015	2016	2017	2018
私营批发企业占批发业比重	59.23	56.90	57.10	59.44	58.94	58.31	58.60	60.43	67.07
私营零售企业占零售业比重	53.92	51.52	52.20	55.63	55.68	55.59	56.45	58.70	65.98
私营批发企业数增速	14.89	7.83	9.66	30.74	1.70	-3.33	4.05	9.56	24.95
私营零售企业数增速	26.46	6.81	14.24	29.91	9.16	3.96	9.38	4.91	10.86

时，零售企业主营业务利润为 13281.57 亿元，其中国有零售企业利润 148.09 亿元，与 2017 年相比增长 18.89%，占零售业总利润的比重为 1.12%；集体零售企业利润 68.47 亿元，同比减少 26.34%，占零售业总利润的 0.52%；私营零售企业利润为 4543.92 亿元，同比增长 18.12%，占零售业总利润的 34.21%。2010 ～2018 年，与国有批发企业相比，国有零售企业盈利情况波动较为明显（见图 4 -14）。2013 年以来，国有批发和零售企业利润均为负增长，2018 年，国有零售企业率先实现 18.89% 的利润增长。同时，批发业和零售业中的国有企业利润占比也各自降低，2018 年，国有批发企业利润占批发业总利润的比重仅为 2010 年的 1/3，而国有零售企业利润占零售业总利润的比重仅为 2010 年的 1/6。与国有企业相类似，集体企业利润下降也很明显。集体批发企业自 2013 年起利润开始减少（见图 4 -15），集体零售企业则在 2014 年开始进入负增长。总体上，2011 年到 2015 年，集体批发企业利润减少的速度明显高于集体零售企业，2016 年以后，二者变化趋势和幅度基本一致。私营企业的经营情况明显好于国有和集体所有制企业（见图 4 -16），私营批发企业在 2014 年和 2015 年经历了两年的负增长后，盈利水平明显提升，2018 年利润增幅实现 34.06%；私营零售企业除了在 2017 年利润有所减少外，其余年份均保持正向增长。总体上，2016 年以前，批发和零售

业中私营企业利润增速变化趋势较为一致，且私营零售企业利润增速略高于私营批发企业；2017 年和 2018 年，私营批发企业利润增速明显高于零售企业。

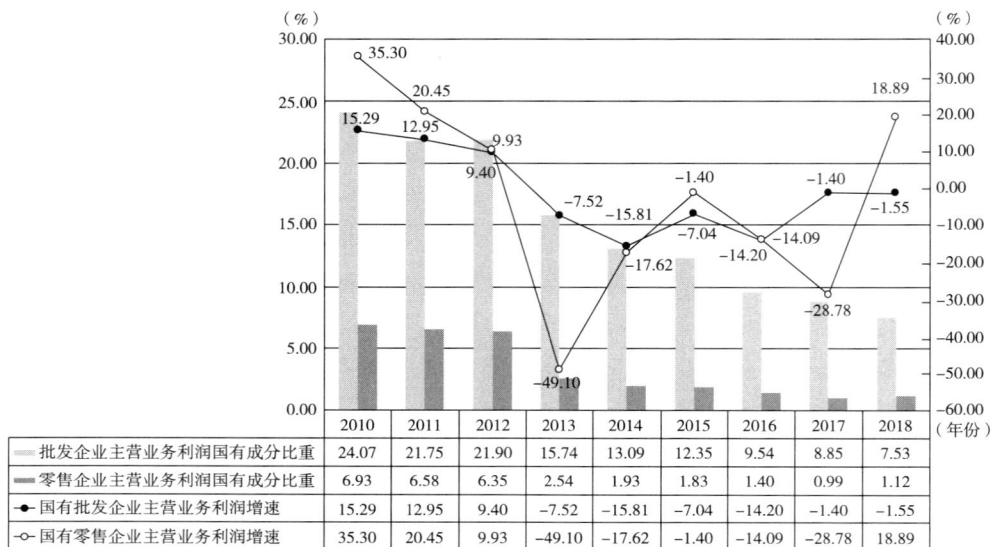

	2010	2011	2012	2013	2014	2015	2016	2017	2018
批发企业主营业务利润国有成分比重	24.07	21.75	21.90	15.74	13.09	12.35	9.54	8.85	7.53
零售企业主营业务利润国有成分比重	6.93	6.58	6.35	2.54	1.93	1.83	1.40	0.99	1.12
国有批发企业主营业务利润增速	15.29	12.95	9.40	-7.52	-15.81	-7.04	-14.20	-1.40	-1.55
国有零售企业主营业务利润增速	35.30	20.45	9.93	-49.10	-17.62	-1.40	-14.09	-28.78	18.89

图 4 - 14   2010 ~ 2018 年流通业国有企业主营业务利润变化趋势

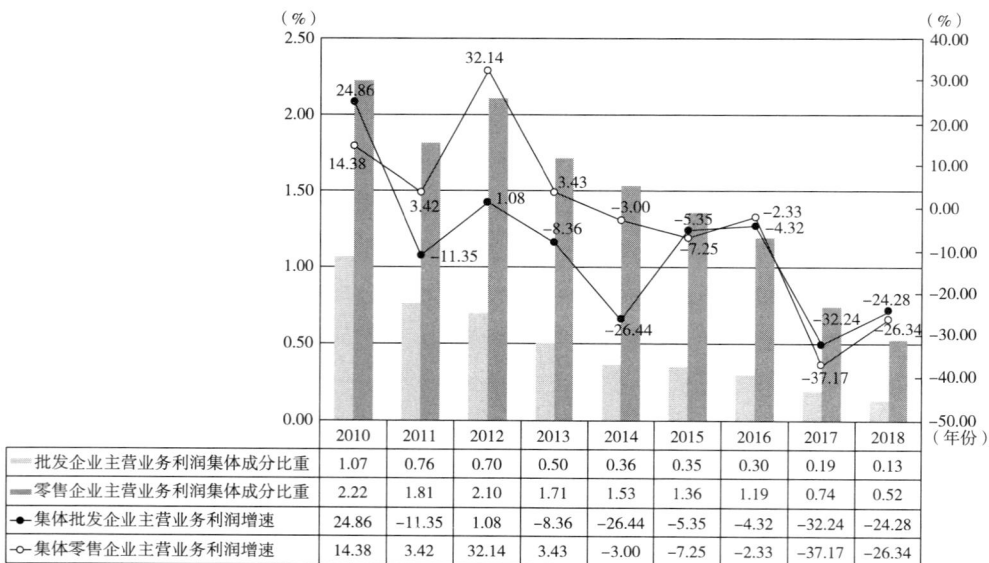

	2010	2011	2012	2013	2014	2015	2016	2017	2018
批发企业主营业务利润集体成分比重	1.07	0.76	0.70	0.50	0.36	0.35	0.30	0.19	0.13
零售企业主营业务利润集体成分比重	2.22	1.81	2.10	1.71	1.53	1.36	1.19	0.74	0.52
集体批发企业主营业务利润增速	24.86	-11.35	1.08	-8.36	-26.44	-5.35	-4.32	-32.24	-24.28
集体零售企业主营业务利润增速	14.38	3.42	32.14	3.43	-3.00	-7.25	-2.33	-37.17	-26.34

图 4 - 15   2010 ~ 2018 年流通业集体企业主营业务利润变化趋势

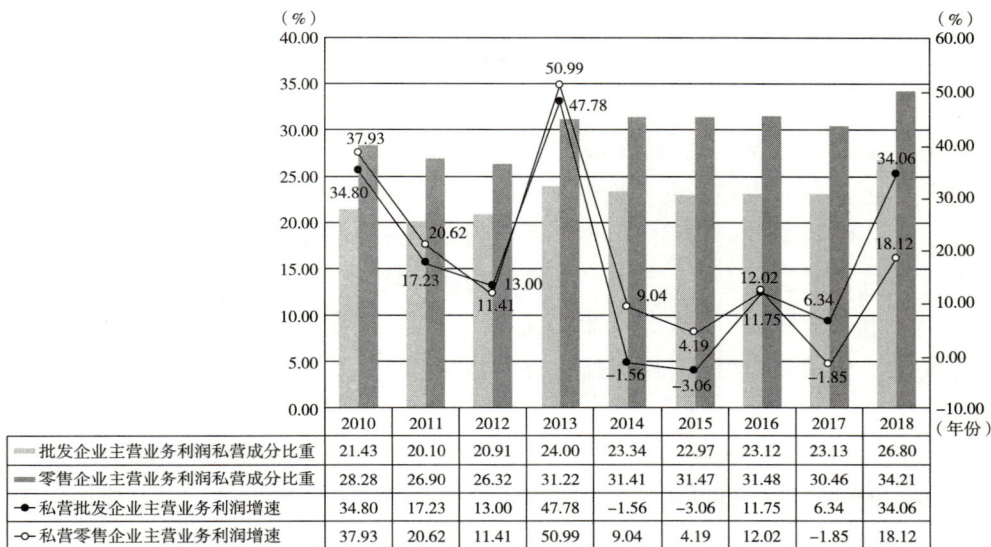

	2010	2011	2012	2013	2014	2015	2016	2017	2018
批发企业主营业务利润私营成分比重	21.43	20.10	20.91	24.00	23.34	22.97	23.12	23.13	26.80
零售企业主营业务利润私营成分比重	28.28	26.90	26.32	31.22	31.41	31.47	31.48	30.46	34.21
私营批发企业主营业务利润增速	34.80	17.23	13.00	47.78	-1.56	-3.06	11.75	6.34	34.06
私营零售企业主营业务利润增速	37.93	20.62	11.41	50.99	9.04	4.19	12.02	-1.85	18.12

图 4 – 16　2010 ~ 2018 年流通业私营企业主营业务利润变化趋势

　　综合来看，流通企业所有制结构变化特点明显：第一，国有和集体所有制企业比重大幅降低，私营企业比重明显增加。且零售业国有企业比重减速明显高于批发业，而批发业私营企业占比增幅明显高于零售业。第二，国有零售企业转型较为迅速，先于国有批发企业实现利润的增长。可以看出，与国有批发企业相比，国有零售企业更快地适应了市场竞争，并实现自身盈利。而与私营零售企业相比，私营批发企业则调整更为迅速，不仅规模上有所扩张，而且盈利水平增速明显。私营批发企业的增长也从侧面说明了批发业在流通过程中的重要性，虽然网络零售促进了流通环节的"去中间化"发展，但批发商职能仍难以替代，更不可盲目地减少批发环节。批发企业应结合自身优势，借助互联网的发展，有效提升集散水平和运营能力，更快地实现转型升级。

4.4　供给侧改革下中国流通业创新模式

4.4.1　渠道成员主导的制造商、流通组织、消费者模式

针对当前已经具有一定市场势力和组织规模的流通渠道成员，可以结合自身

的市场竞争优势向产业链两端延伸。

首先，对于大型的流通批发组织，既可以借助互联网技术向零售端延伸，也可以凭借规模优势参与生产环节。长久以来，流通批发组织兼顾一定的零售职能，在对商品大批量集散的同时，也有小部分"批兼零"的比重。基于网络平台中消费者集聚的优势，批发组织可以借助互联网增加零售比重。通过电子商务的形式拓展零售渠道，与网络电商合作增强商品的集散能力，搭载新型网络社交媒体丰富商品的营销方式。另外，批发组织还具有一定空间上的约束，可以结合区位特点和物流优势，逐步转向生产领域，进而向批发制造商转型。通过纵向延伸的方式，形成规模经济和范围经济，同时有助于进一步增强其在产业链中的作用。

其次，对于大型连锁品牌以及部分奢侈品零售商而言，为缩短商品从设计、生产到流通的周期，可以通过与制造企业合作或自主生产的方式，借助供应链等数字化的流通手段，提高商品供给速度。特别是国际连锁品牌零售商，通过与零售主体所在区域的制造商合作，利用当地原材料供应，商品直接流入市场，面向所在区域的消费者销售。产业链由流通组织主导，借助直接面向消费者的优势，通过分析消费者需求，生成产品信息或者完成自主品牌设计，以订单形式主导上游生产环节（见图4-17）。这种模式缩短了流通周期，但要求流通组织具备很强的自主经营能力。这种模式也为大型批发和零售企业在新经济形势下转型升级提供了思路，特别是零售企业应尽快摆脱传统联营模式，培育自有品牌，增强对上游产业链的主导作用，加强产品与消费者需求的匹配程度，从而形成竞争优势，增加盈利空间。

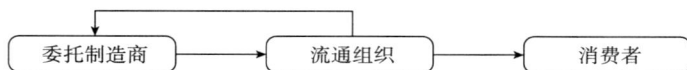

图4-17 渠道成员主导的制造商、流通组织、消费者模式

4.4.2 信息主导的供应链协同模式

2020年4月，国家发改委在《关于推进"上云用数赋智"行动培育新经济发展实施方案》中明确提出"协同推进供应链要素数据化和数据要素供应链化，支持打造研发+生产+供应链的数字化产业链，支持产业以数字供应链打造生态

圈"。互联网条件下，传统流通过程转型升级关键在于组织间的协调和商贸信息的数字化。因此，商品流通过程应实现由点及线的数字化转型，并且流通组织间也应进一步加深信息的共享。

首先，加强流通组织的数字化转型，批发和零售企业要进一步提升数字化水平。以互联网和供应链技术为依托，传统批发企业可以逐步转向区域配送中心。零售企业通过提高商品信息和消费者偏好信息的数字化，加强商品和服务的管理，从而提升自身的运营水平。其次，通过供应链协同的方式将已有的流通过程数字化，将流通组织和商品信息网络化，进一步降低上下游企业和消费者的搜索成本，提高组织间的衔接效率。最后，流通组织间加深信息的共享，建立数据层面的供应链体系，从而加深组织间的关联和协同。以商品流通过程的转型为基础，结合生产领域的数字化升级，突破产业链各环节间的数据壁垒，有助于推进以数字供应链为核心打造产业生态圈的进程。

如图4-18所示，供应链协同模式的主要特点是供应商、配送中心与零售组织即时共享商品交易信息，当消费者在零售企业完成交易时，供应链各方同时获取商品销售情况、地理位置、库存数量等信息，流通组织即时依据信息进行补货、统计、订单管理、设计生产等。供应链协同模式的优势在于信息的迅速传递，零售组织不需要单独统计库存信息和消费者购买偏好，而通过信息共享的方式，由配送中心整合供应商和零售商信息，减少了商品物流成本，并且提高供给速度，但对物流技术和信息处理能力的要求较高。这一模式需要供应商、配送中心、零售商相互合作，不仅要实现信息的时间协同、商品供给的空间协同，还要实现利益分配的网络协同。

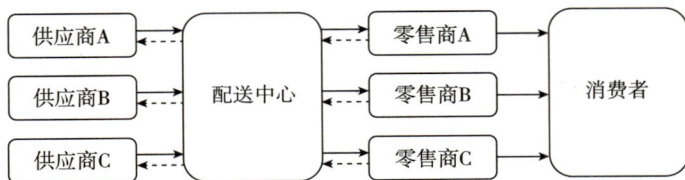

图4-18 信息主导的供应链协同模式

4.4.3 消费者需求主导型 B2C 模式向 C2B 模式转变

当前，商品的流通过程仍然以 B2C 模式为主，由制造企业通过信息收集和处理，制定生产决策，最终将商品投放消费市场，并传递给消费者。2019 年 11 月，《中共中央　国务院关于推进贸易高质量发展的指导意见》提出："形成以数据驱动为核心、以平台为支撑、以商产融合为主线的数字化、网络化、智能化发展模式。推动企业提升贸易数字化和智能化管理能力。"商业和产业的深度融合是提高供给能力的基础，而产业链优化和流通主体升级的最终目的都是更好地满足市场需求，因此消费者需求是商品从生产到流通过程最核心的因素，以消费者为驱动的产业链也将由此形成。如图 4 - 19 所示。

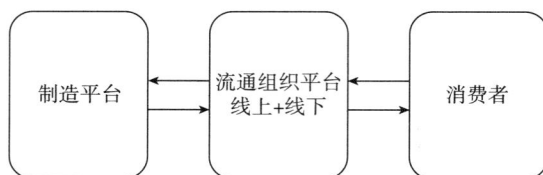

图 4 - 19　消费者需求主导模式

社会再生产过程中，消费领域对生产环节的作用日益加深，因此，以消费者为起点的商品流通也是产业链转型的方向。与传统流通模式相比，C2B 模式下的商品流通过程以需求端为起始。首先，由消费者根据个人偏好通过包含电商平台或社交媒体在内的多种信息平台，以及线下实体零售渠道了解商品信息。进而明确并制定商品的个性化需求，通过指定产品相关系数形成概念性商品。其次，由流通组织平台将产品订单传递至制造平台，由制造平台选择与消费者需求相匹配的制造商、原材料、模块化组件等。最后，对产品进行加工生产，有针对性地提供产品及服务。制造平台借助对制造商和原材料整合的优势降低生产成本，流通平台则通过对商品信息的整合降低了流通成本，最终再流向消费者。这一流通模式适用于数字化能力较高的流通组织和制造企业，不仅可以更好地满足消费者需求，实现顾客价值，还可以减少库存，降低传统生产者驱动型产业链带来的供需错配风险。

4.4.4　多平台融合的社交化协作模式

近年来，无论网络零售商、传统实体零售商还是制造商，逐渐开始选择借助社交网络进行商品信息的推广。社交网络与商业的结合有效地提高了信息流在零售商和消费者、消费者和消费者之间的流转，基于平台属性的不同，社交化零售主要呈现为两种类型。一类是以意见领袖为核心的集聚模式，通过社交平台或社交媒体进行商品的展示和推广，具有相似偏好的客户群体在平台中迅速形成集聚，进而在很短的时间实现大批量的成交额；另一类是离散分布于社交网络之中的分散模式，社交电商通过价格歧视的方式为基于社交网络进行商品信息传播的客户提供差异化定价，从而以近似于零的成本借助消费者实现商品信息的迅速扩散。以上两种形式均是基于消费者社交网络进行的商品营销，消费者直接参与到商品的流通过程。由此可见，商品的流通过程已经显现出"社交化"的趋势，流通模式的发展可以此为基础，逐步形成多平台融合的社交化协作模式。

多平台融合的基础是产业链各个环节的数字化升级，形成各环节内部的平台化组织。进一步地，要通过互联网技术实现平台间的互通，从而推进各环节、各平台、各组织间的信息共享。在协作模式下，流通过程的起始端既可以是基于制造平台的制造商、基于流通平台的批发或零售组织，也可以是基于社交平台的消费者。以始于消费端的流通过程为例，消费者基于社交平台通过自主形成的社交网络形成线上社群，偏好信息通过平台间的共享向流通平台和制造平台传递，制造商和流通组织则以此为依据提供生产和销售，平台间和组织间通过信息共享和资源的调配为消费者提供即时响应，从而提高商品的供给效率。

多平台融合具有开放性特点，能够从两方面提高供给有效性。一方面，消费者之间可以通过平台实现购物社交化。借助基于平台的社交网络，消费者可以依据其社交网络成员的影响制定购买决策，同时由于个人购买行为产生反向的影响，有可能会带动与其相关的社交网络成员形成购买意愿。平台也可以通过对消费者及其相关好友的数据整合，有效分析相关人群的消费偏好。另一方面，不仅零售主体可以完成销售环节，制造商和供应商都可以通过搭载社交平台，实现资源和产能的整合。因此，传统流通模式中自上而下的渠道供应，也将发展为包含多个流通组织、生产组织和消费者的多平台融合，不同流通环节通过同一平台的资源整合、订单整合及物流管理，实现从设计到生产，再到销售的合理供需匹配。这一流通模式的优势在于消费信息易于获取，交易成本和进入壁垒较低。打破了固有的供应链线性模式，变为网络化、动态化的协同模式。如图 4－20所示。

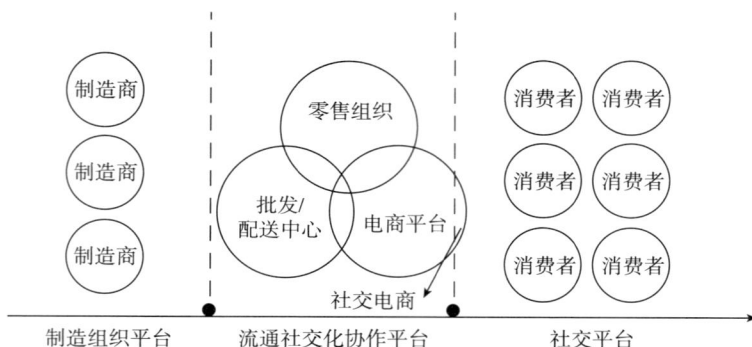

图 4－20　多平台融合的社交化协作模式

4.5　本章小结

供给侧结构性改革是"十三五"期间重要的发展策略，同时也是经济进一步发展的主线，党的十九大的召开为供给侧结构性改革的落实提供了指导方针。其并非是将原有对需求的调控完全转移到供给一方，而是在现有需求拉动下结合供给侧调整，使得供给与需求更好地衔接。因而，供给侧结构性改革对流通业的影响，也是改变传统渠道供应模式，变为以需求为前提，通过供应链整合，使得生产更具针对性，进而实现资源的有效利用，并且将互联网、大数据、人工智能等技术和流通实体相结合，进一步引导生产智能化，发挥商品质量优势，引领中高端消费，打造新型供应体系，进而形成新型商品流通体系。

因此，在新的经济形势下，流通主体的转型升级成为关键，不仅影响自身经营能力和盈利空间，对流通效率以及整个流通产业发展也至关重要。对于处于上游的制造商和供应商而言，不能仅依靠传统下游企业提供的订单生存，应适应市场需求，注意资源整合以及模块化生产和销售方式，积极主动收集市场信息，参与平台建设，加强对供应链各环节的参与程度。对于传统批发主体而言，在区域性差异化发展趋势中，要加强对资源和信息的收集和整理，通过建立大型批发主体或搭载批发平台，对下游零售商提供更有效的产品和服务。对于传统零售主体而言，在转型升级过程中要加强自身经营能力，尽快实现"联营"向"自营"的转变，打造自主品牌，进而提高竞争力，减弱网络销售对实体店的冲击，借助电子商务的发展，与网络销售由竞争转向合作，同时增强对价值链的主导作用。另外，各个流通环节还可实现平台共享，通过社交化新型流通模式，更快形成订单处理和供需匹配，使资源实现快速整合和有效利用。

与此同时，通过对新形势下流通规律特征的探索以及对流通模式的整理，可以发现，流通领域技术创新和新技术的应用也非常重要。流通主体如何在信息化快速发展的条件下，尽快适应新的流通模式，快速实现转型升级对流通业发展具有重要作用。一方面，流通领域各个环节也应注重新技术的研发和探索，另一方面，应加强对流通领域专业人才的培养。

最后，供给侧结构性改革过程中，市场开放程度进一步加深，为更好地实现市场在经济运行中的决定性作用，政府部门应减少对市场的干预，同时减少审批环节。应进一步完善法律法规，为市场的健康运行提供良好的法制化环境。针对流通领域新兴流通主体以及流通模式，要尽可能地避免不正当竞争等问题。特别是对网络销售，对产品质量和信息安全等方面应加大监管力度提升技术水平，进而为商品流通提供更加有力的法制保障。

5 零售业态的内涵、类型、功能作用和模式创新

5.1 零售业态的内涵和演进

5.1.1 基本内涵

"零售业态"一词由两个名词即"零售"与"业态"构成。"零售"在《现代汉语词典》中有两层解释，分别是直接售给消费者以及做零卖或分发的生意。"业态"在《现代汉语词典》中的解释：业务的经营形式。从《现代汉语词典》的解释中我们很容易知道零售业态词语组合的释义，而在经济学研究领域，不同的学者对零售业态有着不同的定义，有些学者认为，零售业态是指零售企业为满足不同的消费需求而形成的不同的经营形态；有些学者认为上述零售业态的定义过于表象化，很难真正地界定其科学内涵，无法准确界定内涵，实际工作中界定零售业态种类时也就很难有清晰标准。事实上，要突破零售业态不能仅根据零售企业经营形态上的定义，而要研究其售卖方式、目标顾客、组织形态等多种要素，才能全面准确界定零售业态。2004 年颁布的《零售业态分类标准》明确指出，零售业态是指零售企业为满足不同的消费需求进行相应的要素组合而形成的不同的经营形态。

5.1.2 演进过程

1872 年，法国 BONMARCHE 百货公司成立，1910 年美国开始出现超级市场，之后便出现了购物中心等不同业态的零售店。1900 年，中国百货业态店出现，南方代表是香港先施百货公司，北方代表是哈尔滨秋林百货公司。百货公司的出现将更多的商品集中采购、集中陈列，人们自由选购，将商品流、资金流集

中在百货店所在固定的场所中。这一形态其实和古代的选购商品的形式最大的区别为百货店是在固定的场所里室内发生的，可以大量选购商品的场所，相比于集市、店铺具有集中优势，让人们在同一栋楼就能选到所想选择的商品，这是"一条龙"服务的最初模型。

顺着"一条龙"服务的思维，零售业态慢慢出现了满足吃、喝、购组合需求的形式，后继又出现了满足吃、喝、玩、购组合形式，现阶段开始出现满足吃、喝、玩、游、购；吃、喝、玩、游（旅游）、运（运动）、购；吃、喝、玩、游、运、文（文化）、购的形式，这些都是"一条龙＋"思维的延展形式，尽可能地站在消费者角度思考，最大限度地满足消费者的需求。未来的业态形式依然会随着人们需求的改变而变化。

从古至今的零售阶段划分最根本的标准就是产能能否与人们需要平衡，当产能短缺时，也就是传统粗放型生产的条件下，人们购物形式单一，商家获取利润的方式主要通过买入和卖出之间的差价获得。这种阶段人们往往对商品价格极其敏感，只要降低单价，商品就能卖出去。随着网络的普及，生产工艺的改进，产能提升，商家借助第三方平台将货品展示出来，人们开始有了更多选择商品的余地，在时间充裕的情况下，往往进行线下和线上全线同款的比较而获取最优商品。不仅商家可以通过线上和线下多个渠道展示商品，消费者也可以更全面比较商品。这阶段我们可以看到，线上销售的很多商家愿意营造"爆款"商品，商家通过集约化经营，规模化生产压缩成本，获取利润。当产能提升得越来越多，慢慢地开始超过了人们的需求时，就出现了产能过剩，市场开始出现产品剩余，这个阶段就需要从供给侧进行改革。商家根据消费者需求进行提质供应，不再单纯地依靠商品数量，商家能够通过单个商品的附加价值获得利润。产能过剩就意味着要对过剩部分、不符市场要求的产能进行淘汰，商品优者胜、劣者汰，人们可以通过电商平台、短视频、直播等多渠道获得丰富的商品信息，商家会凭借着被顾客积累起来的口碑获得用户青睐。优质商家凭借商业信用预售、用户凭借自己的信用（如芝麻信用）预用商品。当科技再度发展，互联网、云计算、区块链、智慧支付等技术的广泛应用，精准计算可以提前获知用户购买力、购买方向，商家根据获取的数据进行商品配置，通过社交、电商、短视频、直播等众多平台销售商品，人们能够更加高效、更加快捷地获得商品服务，得数据者得天下，巨量而精准的数据能使市场商品不会产生剩余，资源不会被浪费，这个阶段就是产能适配。从产能短缺到产能适配，这是在围绕着市场需求上下波动，市场也在波动中更加成熟完善。各个不同阶段零售业态的特点、思维、载体、主要交易方式、主要零售形式、获利方式以及市场如表 5 - 1 所示。

表 5 - 1　不同阶段零售业态的基本特征

阶段	特点	思维	载体	主要交易方式	主要零售形式	消费特点	获利方式	市场
产能短缺	传统粗放	"倒卖"思维	实体产品	现金	实体店	价格敏感	单一	卖方市场
产能提升	网络电商	制造"爆"款	互联网	电子移动支付	电商	多渠道产品比较	多元	第三方市场
产能过剩	市场产品剩余	增值服务	产品增值	电子移动支付	电商、实体店	寻找价值产品	多元	买方市场
产能淘汰	信用关系	带货影响力	社交媒体	智慧支付	直播、短视频零售	追求精致、文化价值	多元	信用市场
产能适配	精准计算，超强适配	数据优先	社交平台	智慧支付	直播、短视频零售、社交零售	高效、快捷、互信	多元	数据市场

5.2　零售业态的功能和作用

5.2.1　零售业态的功能

零售业态在不同的时代，担负着不一样的功能。这主要体现在供求矛盾上，在供给小于等于需求的时代，零售业态只负责将商品传递给消费者；在供给大于需求时，消费者有了更多的需求，已然由卖方市场转为买方市场。如今，流通过程融合，零售业态作为链条终端担负着更多的功能。

（1）满足最终消费者需求。零售业是流通过程的最终环节，涉及多产业，首要的功能就是能够为消费者提供全面周到的物资需求以及消费需要。以哈尔滨地区零售业态之一的百货业为例，据中国客户网数据，截至 2018 年初，所有在注册运营的百货零售企业数量为 1008 家，覆盖哈尔滨各个地区。《2017 年度北京市统一社会信用代码数据分析报告》显示，北京市批发和零售业机构数为39.08 万家。巨量的批发和零售业机构为北京居民提供了饮食起居的各项保障。从财务角度讲，大到巨资固定资产，小到低值易耗品，零售业态都可以提供，零售业态可以满足各个层次百姓对物质的各种需求。除了物质上的满足之外，人性化的设计比如现在的很多购物中心设有哺乳间、休息室、饮水处、按摩椅、充电座、3D 游戏互动等，通过这些设计巧妙地满足了消费者除物质需求外潜在的精神需求。

（2）信息功能。零售业是整个流通链条的最后一环，所承担的另一功能就是信息反馈。第一个反馈就是看是否符合市场要求，从销售量上可以显现出来。如若不符合市场要求，反馈给生产环节，调节产量或更改设计，这种信息反馈有助于商品迭代，像现在熟知的智能手机市场，往往推出一款产品后，再推出其Plus 或 Pro 系列。第二个反馈是反馈消费者的最新需求，零售环节是直接和消费者接触的环节，零售商能够从消费者手中获得第一手资料，通过对这些资料整理研讨，可以指导生产厂商或制造商生产或制造出更加符合市场消费者需求的商品。第三个反馈是反馈商品的质量是否达标，这在制造业行业非常普遍，制造业生产的商品在零售之后，往往会有一段时间的保质期，还有的厂家会承诺终身保修，这样的商品往往单价较高，人们重新购买商品的成本高。因此，一旦商品出现问题会与厂家售后联系，售后根据消费者反馈的信息，可以了解厂商生产的产品质量的优劣，以检验究竟是自己的产品工艺出现问题还是材料、供应商产品出现问题，有助于生产制造商提高商品质量。

（3）为其他环节提供金融支持。零售环节是生产或制造商生产或制造商品唯一被消费者变现的环节，零售业态所有形态都是变现的场所，在零售业态的场所里获得销售资金。资金就是整个链条的血液，对整个链条起着至关重要的作用。零售环节的收入可以应用到研发产品创新中，例如，在 5G 方面拥有全球领先技术的华为，华为创始人任正非表示 2020 年将要投入的研发费用是 200亿美元，约合人民币 1421 亿元。零售环节的收入也可以应用到改进生产设备或厂房、门店上，这在实际生产应用中非常普遍，所有的大企业都是通过点滴的营业积累逐渐做强做大的。零售环节的收入还可以应用到与本公司经营无关的其他事务上，如公益捐赠等，这有助于维护企业社会形象，展现企业的社会责任感。

（4）服务功能。当供给小于等于需求的时候，零售业态只有传递商品的功能，但是，当供给大于需求的时候，零售业态的功能便由此扩大了，扩大的功能具有动态性，会随着时间、技术、人们需求的变化而改变。现在的零售业态开始有了越来越多的服务功能，像百货行业已经出现了根据顾客需求提前设计定制商品，如定制服装、首饰等；建材行业会根据顾客的需求提前规划设计，零售终端开始有了链条前端行业的功能，链条合并缩短，零售业态的地位变得越来越重要。现在的零售行业往往和物流捆绑在一起，有的自建物流系统，像京东，不仅有线上商城还兼具京东实体店、物流配送，将这些功能进行"集约化"；阿里巴巴也实行线上、线下与物流"一体化"策略。这些策略使得零售企业增加了更多的服务功能，为企业带来更多的市场占有率以及利润的同时能够让人们的生活更加便捷，所谓的"一机在手，天下我有"已然不是空谈。

（5）休闲文旅功能。伴随着社会经济、技术的发展，零售业态在实际生活中开始被赋予了更多的功能，像休闲功能，人们在结束了一天繁忙的工作之后或者在午休时间、节假日，喜欢逛逛购物中心，即使什么都不买，也能放松心情，这种情况在很多上班族之间非常常见。像文化功能，有很多购物中心设有书店，这样的书店往往极具设计感；有的购物中心还会不定期和政府合作举办具有地方特色的文化节活动；当然很多购物中心设有的电影放映厅也是传播文化的重要方式。像旅游打卡功能，国家对高铁等基础建设的巨资投入，不仅带动了就业，增加了人们收入，还在全国各地纷纷出现了两小时经济圈，"手中有余钱，出行有工具"使得民众出行旅游更加方便，很多购物中心、百货店、工厂直销中心，变成了众多游客的旅游必备打卡之处、朋友圈晒照基地。有些甚至发展成了地方名片，矗立为地标，成为人们旅行带货必逛之地。

5.2.2 零售业态的作用

（1）国民经济支柱产业。《国富论》中指出交换是生产的目的，交换的效率高低直接决定了经济运行的效率。《资本论》中提到流通行业的发展，直接决定从商品到货币的跳跃能够顺利实现。我国逐步推进供给侧结构性改革，意在提高供给端对需求端变化的灵活性与适应性，衔接供给侧和需求侧的关键节点是零售业，零售业态能否蓬勃发展直接关系到国计民生。

商务部在例行发布会上表示，消费连续五年成为经济增长的第一驱动力，零售业态的发展不仅促进了消费，而且促进了信息技术业、移动支付业、生产业、种植业、包装业、物流产业等众多产业共同发展，对激活市场活力、加快产业结构调整优化升级有重大作用，是我国新的经济增长点。2019 年，伴随着一系列的减税降费措施的实施，个人所得税起征点的提高，企业、个人留下更多收入，让消费者更有实力消费，促进消费平稳增长，根据乘数效应的原理，释放到百姓手中的收入，通过流通（交换）会慢慢影响到各个产业，有效带动各个产业运转。因此，可以说零售业态在国民经济中起着中流砥柱的作用。

（2）提供就业岗位吸纳就业。零售业态的发展推动了技术进步，有利于产生新的消费分化，在零售业态链的前端生产、制造、种植端因为有了更多的需求而产生了新的生意订单，这就为很多从事劳动密集型产业的劳动人员提供了就业机会，这些岗位往往吸纳的工种范围广、门槛低、弹性大，妇女、残疾人等弱势群体也可参与到工作中，在业态链的中间运输环节以及末端线下实体零售或电商平台均很直接地创造了就业岗位。商务部发言人在新闻发布会上提到：据初步测算，2018年末国内贸易就业人数达2.08亿人，首破两亿人大关，占全国就业人员比重超1/4。其中，批发零售业就业人员1.53亿人。换言之，零售业态在稳就业、惠民生方面作用明显。

（3）增加民众幸福感与获得感。百姓通过零售业态直接获取生活物资、娱乐享受，是获得幸福感、满足感的最直接消费渠道。近年来，互联网技术让消费者变成可以拥有海量信息及话语权的群体，这部分群体拥有消费市场主动权，消费者消费观早已不是原来只要降价甩卖就一定能销售出去的旧时代，在新时代消费者变得越来越理性，对品质要求越来越高。人们手里不断增长的收入变成了驱动消费升级的最大助燃剂。现在，越来越多的购物中心等零售业态引入人工智能技术打造智能化购物场馆，让顾客在购物的过程中更加人性化、更加舒适、更加便捷。零售业能够为人们提供吃喝玩乐"一条龙"全套服务，极大程度提升人们幸福指数，让人们更加安居乐业，社会更加和谐，助力中华民族伟大复兴的中国梦的实现。

（4）增加税收。从历年公布的数据看，零售业所纳税的金额在整体的税收方面占据着举足轻重的地位，以2018年为例：2018年国内贸易行业实现增加值11.7万亿元，占国内生产总值约13%，仅次于制造业，其中零售业增加值8.4万亿元，增长6.2%。国内贸易情况整体向好，市场热情高涨，批发零售业市场主体5484万户，增长8.6%。在纳税方面，国内贸易也发挥着税收增长顶梁柱的作用，其中，批发零售及住宿餐饮贡献税收达2.4万亿元，比上年增长11.9%，对税收增长贡献率达18.2%。

5.3 零售业态的模式创新

5.3.1 模式创新的重点

要界定模式创新，首先要知道模式的内涵，模式在《新华字典》中的解释是事物的标准样式。现如今我们研究的零售业态模式是零售企业的盈利、经营、采购、运输、销售等模式的总称，反映企业的价值主张以及经营理念。不同模块之间相互依赖，通过生产要素之间的相关联系、相互影响形成特有的模式。模式创新可以从单独模块入手，也可以从模块组合间入手。单独模块的创新比较有利于企业进行创新实践，节约成本，提高效率，短期内创新成果所带来的经济效益较为明显。通过模块组合进行创新，相对于单独模块创新而言，实现难度加大，实施过程复杂，且创新失败风险较高。通常来讲，仅针对零售业企业而言，基于其在流通环节中所承担的任务，从单独模块入手进行创新改革比较易于实现，要想把控整体流通环节进行创新实践，需要流通环节中各类型企业的协调配合。

综上所述，零售业的模式创新需要从零售业态的基本模式入手，从供给侧角度研究如何能使企业在未来发展中适应流通产业发展需要，适应消费者不断变化的需求。零售业态的模式创新，既要保证企业实现长久经营利益，又要实现消费者以及社会利益的最大化。这意味着零售业企业必须站在更高、更全面的角度进行模式创新。

5.3.2 模式创新的要求

（1）为消费者提供便利化及个性化服务。零售业模式创新的最终目标之一是提高零售业企业的利润率，零售业企业提供差异化的产品及服务可使营收净利润大幅度提高。当前，越来越多的零售业企业选择建立自有品牌抢占零售业市场。拥有自由品牌的零售业企业可以更好地掌控产业链上下游，摆脱中间商，提高流通效率，降低流通成本。同时，自有品牌可让零售商直接掌握消费者数据，快速测试与验证消费者需求。与此同时，自由品牌零售业企业开始尝试建立自有电子商务销售渠道，通过创建品牌销售专属APP，以移动支付为依托，方便快捷提高销售服务。这类型APP可以为消费者提供各项便捷销售体验，例如，清晰明了的货品陈列、便捷的支付体验、优惠的折扣信息，甚至 VR 穿戴体验等。尽管目前仍有相当一部分消费行为发生在线下，若实体店面企业能将在线消费的优点延续到线下，将可大幅提升客户满意度，进一步带来业绩增长机会。企业可与销售应用系统供应商合作，运用消费者过往消费数据分析，创造更符合消费者期待、更精准的个性化营销或商品推荐。

（2）促进线上和线下店铺融合发展。零售业与互联网融合发展的当前，零售业店铺功能越来越多样化。消费者可以选择在线上店铺下单，到线下店铺取货，也可以选择在线下店铺体验消费品，然后在线上店铺下单订购。线下店铺可转型为概念体验店、展示间或提供取货的接触点，通过实际与消费者的面对面接触，补足线上店铺无法收集的消费者行为数据。借由分析消费者在线消费信息，线下店铺可更准确掌握消费者偏好，店员可专注于传递更贴近消费者需求、有温度的服务体验。线上店铺和线下店铺互动发展已成为众多零售业企业的优选设计。借助互联网工具建立的全渠道产业链已成为零售业的未来，零售业者应整合所有与消费者接触点，通过数据资料共享，使消费经验跨渠道延续，以消费者为中心，传递一致性消费体验。零售业模式创新要以促进线上和线下店铺融合发展为方向，以此为企业带来跨领域发展新机会，提升员工生产力，增加营收并触及更多客户，更可提升品牌知名度与投资回报率。

（3）有利于构建智慧型零售业供应链。零售业态的模式创新要与智慧型供应链发展方向一致。科技演进使过去必须花费高额成本进行的数据处理的成本大幅降低。零售供应链的运作仰赖不同业者在资金、物资、信息上的交换，过去这些元素在供应链中以线性流动，业者仅知道自己处理部分信息，若在环节中一个点发生如原料运达时间延迟之类状况，其他环节往往因信息缺乏而无法实时做出相应处理，造成资源与产能的浪费。传统供应链厂商必须在成本、服务、生产效率与创新之间取舍，科技可使其在这些面向上取得最优化结果。智慧供应链的应用不仅是某个商品生产环节的制程效率提升，而且可从更高层的企业目标或策略上产生助益。此外，由于应用科技的供应链可使商品更快进入市场，供应链厂商也可为上游企业创造新的利润。建立智慧供应链可提高商品制造流程效率，使企业可以较低风险成本同时进行多样尝试。

零售业态的模式创新要坚持开放式创新方向，让企业与外部伙伴串联，引入外部供应链厂商或消费者意见，通过更广泛信息与资源的交流，产出更独特的创新产品，创造互利共生的产业生态体系。为此，模式创新对供应链模块发展提出的要求是坚持智慧型发展模式，将供应链应用数据与网络联结，建立开放式、动态循环且整合式的智慧型供应链系统，使位于各环节的业者同步获知进程。以此为客户创造新的价值。

5.4 零售业态新格局

5.4.1 智慧商业、智慧物流、新零售

5.4.1.1 智慧商业

智慧商业这个概念，1951 年便在美国出现。后来经济学家把智慧商业总结为以大数据为神经，以智慧物流为血脉，以移动支付为手段，线上线下全面融合的智慧商业是未来的主要发展方向，运用互联网技术大力发展电商的同时，智慧商圈、智慧支付和城市共同配送平台信息链、线下体验和线上下单等技术手段同步建立。运用互联网技术，与时代共同发展，不断更新，不断迭代。当前，70后消费主力军开始退去，80 后、90 后已经成为现在消费的主力军。新的消费习惯开始产生，人们开始慢慢地形成了对手机端移动支付的依赖，可以说线上和线下的边界正在慢慢消失，新的消费主体对新的智能产品接受度很快，实体商场中出现的很多智能化设备、智能化购物慢慢被新的消费群体所喜爱。随着时代的发展，新一批消费者习惯的出现，已经使得线上线下的边界下在逐渐消失，实体店场内场外的消费者活动正在融为一体。

新型的智慧商业模式，可以使商品实现规模化运营、集约化经营，从而达到降低生产成本、提高运营效率的目的，与此同时，不断推动线上与线下购物模式基础设施建设并能促进服务环境改善，技术进步带来智慧商业发展空间无限。全球知名咨询公司麦肯锡认为，大数据已经逐渐渗透到当今社会各个行业和业务的职能领域，变成一种重要的生产要素。新一轮的创新发展，大数据技术是必备条件，整合信息资源、利用数据做到精准的核算与预测，最后达到精准生产、流通、销售。海量的大数据与移动互联网、移动终端对接，使商家可以摆脱时间和地点的限制而便捷地了解顾客需求和习惯，发掘更多的商机和事业，可以说是无数据不智慧、无数据不商业的境界。智慧物流是智慧商业的"血脉"，很多物流系统都将互联网、物联网等新技术与基础设施有机结合。各种技术集成应用，构成智慧物流体系。例如，京东公司用无人机分拣，部分地区开始无人机试点送货，智能化快递柜可以不受顾客是否方便的影响而精准送达。未来会进一步通过

对用户数据的分析处理来准确预测消费者的购买行为,在顾客尚未下单之前,凭借精准的购买可能性预测提前发出包裹,将物流时间极大限度地压缩。通过对消费者购物习惯的分析与商品物流流向实时跟踪,为消费者提供更加贴心的服务,改变传统物流的运行模式和管理方式。终端移动支付是智慧商业的主要支付方式,传统的面对面支付现金的方式将会被取代。中国银联公布的数据显示,2018年我国手机支付用户规模已经达到了5.7亿,受调查人群2017年移动支付每月平均消费金额为2600元。智慧商业将成为日后我国百货业的主要发展方向。

5.4.1.2 智慧物流

零售商必须对自身的物流资源进行有效整合,这对零售企业来说具有十分重要的现实意义。不仅要对运力资源进行整合,而且要对信息系统进行整合。在全渠道模式中,企业能够对自身进行全方位分析,在销售预测、智能补货、物流配送、仓储管理等方面全面整合,无疑会大大提高物流体系的反应速度与精准度。在不久的将来,科学技术越来越成熟,完善的信息系统将是零售企业得以持续稳定运营的、非常重要的内在因素。凭借大数据可以整合物流资源、将物流中心的运营管理予以更加直接的目视化与柔性化管理、不断发掘并拓展门店的功能,提升全渠道物流体系的效率。库存可视化可以提升商家的发货速度,而仓储运营管理的柔性化,能够帮助企业更加有效提升物流资源利用效率,全面降低物流产生的成本。发掘门店的更多功能,线下门店是线下终端仓储、配送与消费者直接对接的载体,不仅承担着满足消费者服务需求体验的重任,而且还是解决“最后一公里”的渠道对接的执行人。因此,零售商应该对线下门店进行适当调整,使其成为集销售、体验、展示、自提、售后服务、仓储等各种功能于一体的“超级门店”,提供“线上顾客拍货”线下及时配送服务。

5.4.1.3 新零售[①]

2017年3月,《C时代新零售——阿里研究院新零售研究报告》中明确提出了“新零售”的定义,2017年4月,在IT领袖峰会上,马云再次对“新零售”进行了详细的解释和阐述,我们认为“新零售”的概念尽管还需要不断完善,但可以代表流通供给侧结构性改革的基本方向。以消费者体验为中心,以重构全新商业业态和提高流通效率为目的,同时,利用互联网、云计算和大数据等创新技术和智慧物流,进而促进“线下与线上”零售深度有机结合,便构成了“新零售”的基本概念。“新零售”,被业界认为是1852年百货商店、1859年连锁商

---

① 赵德海等. 基于供给侧改革的中国零售业态发展研究［M］. 哈尔滨:哈尔滨出版社,2019.

店以及 1830 年超级市场后零售业的第四次革命。"新零售"将国民经济的生产、交换、消费和分配等环节结合，进而将各个行业结合，使资金流、物流、信息流一体化。其主要特征从以下四个方面进行阐述：第一，在商品流通过程中，"新零售"中零售的本质、功能、地位和作用没有改变，只是内容更加丰富，如和传统零售相比，"新零售"可以精准分析消费者需求，满足消费者个性化、即时化需求。第二，电子商务成为新零售的起点。互联网的发展以及电子商务的出现，促进第四次零售业变革。信息传递速度的加快，促进了零售业的快速变革发展。第三，数字化、网络化带动流通及其他环节不断转型升级。协同化、一体化和平台化演变成为流通的各个环节融合发展的显著特征。第四，新零售的最终发展方向是从"+互联网"走向"互联网+"。电商行业和零售业最终将走向新的融合方式，最终会形成以互联网为主的，线上线下相结合的新零售模式。互联网、云计算和大数据的使用，要求商业基础设施越来越完备，功能越来越强。在信息技术、竞争态势、消费升级等多重因素驱动下，零售业迎来新的转变时机，即"线上+线下+物流"深度有机融合的"新零售"，以消费者为中心，依托大数据开发应用，更好地满足消费者购物、娱乐、社交等多种需求，具有巨大的发展潜力和发展前景。

但是，"新零售"不同于 O2O（Online To Offline），如一家企业兼备网上商城及线下实体店两者功能，并且网上商城与线下实体店所有商品类别价格相同，就可以称为 O2O。O2O 的最大优势在于把网上和网下的优势完美有机地结合，通过网上导购，将互联网与地面实体店无缝对接，实现互联网落地实体店，让消费者同时享受在线优惠价格和线下贴心的服务。O2O 可以更好地维护并拓展客户，降低商家对店铺地理位置的依赖性，减少租金支出，争取到更多的商家资源，为商家提供其他的增值服务。

5.4.2　产业横向聚合、纵向贯通

社会再生产的四个环节即生产、分配、交换、消费相互衔接，从图 5-1 中可以看出，每个横向都会有 n 个单位存在，这 n 个单位的存在可以形成横向聚合，这种聚合可以形成规模化生产、集约化经营，提高产业整体的市场占有率与竞争力，每个横向的单位在向下一环节或上一环节融合时又会有 n 种选择，这种选择会节约更多的成本。这些横向和纵向的集合能够提供大量的数据，而数据越多，行业的决策越科学、精确、合理。通过技术革新、产业内部整合和放宽限制降低环节间的壁垒，按照产业功能，合并同类项，将辅助性非核心业务交给同环

节的其他企业去做，同时承包进来自己擅长的业务，并同保留下来的核心业务进行产业融合，强化产业功能，进而形成企业绝对优势，提升产业核心竞争力。在一定的区域范围内，以产业链为纽带，遵循纵向贯通的原则，按照四个环节的关联度，将生产某种产品的若干个同类企业、为其配套的上下游生产企业以及相关的服务企业高密度地集聚在一起，形成产业集群。专门划出一块特定的区域，通过一定的政策引导和资金投入，创造出优于其他区域的投资环境，实现以产业集聚和企业集群为目标的特殊空间。产业链集聚模式可以使在产业上具有关联性的企业共享产业要素，包括人才、技术、市场和信息等，使互补性企业产生共生效应，降低企业交易成本，获得规模经济和外部经济的双重效益。①

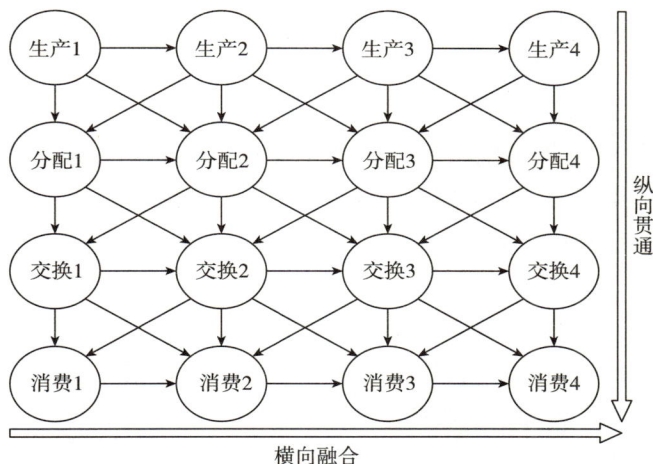

图 5 - 1 各环节贯通与融合思维导图

消费者是商品流通的最终参与者，从商品空间位移的角度看，消费者处于商品流通的需求侧，对供给方式起到了决定性作用。而商品的需求与消费者的收入、年龄构成、购买能力等因素密切相关，流通企业对商品的供给方式除了受自身供给能力影响，还受限于消费者的人口分布、区域内人口密度、消费意愿以及消费频率等多重因素的影响。不同城市的空间规模与人口规模制约了区域内的商品流通能力，同样影响流通企业和整个流通过程的供给方式。

---

① 赵德海，冯德海. 东北老工业基地装备制造业创新发展路径研究［J］. 商业经济，2008（7）：7 - 8.

首先，批发职能区域性转型。在整个商品流通过程中，传统批发环节层级式分布，实现了商品的逐级传递，同时伴有商品附加值的增加。随着物流配送能力的发展以及电子商务的兴起，批发层级减弱，产业链呈现出扁平化发展的特点，而批发环节在整个流通过程中的职能也发生了变化。电子商务尽可能地减少了商品流通中间环节，因而在电子商务广泛应用的区域，批发企业的职能逐渐弱化，有的直接退出流通过程。另外，批发主体转型为平台式配送中心。信息的即时传递和物流效率的提升，使得商品的空间转移不再需要批发作为中介，但零售企业连锁化经营、商品品类的增多以及配送方式的转变，使得零售企业与制造企业间需要高效的信息集成和物流组织平台，因而部分传统批发主体转型升级为新型配送中心。因此，批发环节在整个流通过程中的作用不能一概而论，既不能简单地认为批发环节可以全面省略，也不能要求所有批发主体转型升级，而要依据不同区域发展的特点，有选择性地去掉中间环节，或者依据商品和消费者的特点，有针对性地转变其职能。

其次，零售主体的选址和职能出现区域化差异。对传统零售主体而言，选址是其盈利的关键因素之一，但随着消费者线上购物的便捷化，部分零售主体对选址的依赖程度有所降低，有的企业则只选择在线上销售。零售主体选址的决定性因素也是消费者，很大程度上受人口密度、可达性、收入水平等因素的影响。对于人口密集且居民闲暇时间较少的区域，消费者购物倾向于方便快捷的渠道，因而对实际到店的感受要求偏低，零售主体的配送能力则更为重要，而线下实体店的职能更倾向于商品的展示和服务体验。对于人口较为密集且居民闲暇时间相对较多的区域，零售主体则更倾向于选择人口集中的街区，其职能也更侧重于休闲娱乐。对于人口稀少的地区，则更适合小型连锁零售主体，其职能也应以商品供应为主。因此，伴随电子商务的发展，实体零售企业的选址并非不再重要，而是受区域人口分布和消费特点的变化呈现不同趋势。

因此，从商品流通供给端看，随着流通主体职能和影响因素的转变，流通模式随之变化，有的区域可以直接去掉中间环节，有的需要各环节转变其流通主体职能，由此，流通模式的发展呈现区域性特点。而在以城市群为主体的发展中，新型区域内商品流通模式必然会随之形成。

5.4.3 电子商务、地摊经济、实体店铺共同发展

电子商务是互联网爆炸式发展的直接产物，是网络技术应用的全新发展方向。互联网本身所具有的开放性、全球性、低成本、高效率的特点，也成为电子

商务的内在特征，并使得电子商务大大超越了作为一种新的贸易形式所具有的价值，它不仅会改变企业本身的生产、经营、管理活动，而且将影响到整个社会的经济运行与结构。以互联网为依托的"电子"技术平台为传统商务活动提供了一个无比宽阔的发展空间。

地摊经济由来已久，是指通过摆地摊获得收入来源形成的一种经济形式。地摊经济是城市里的一种边缘经济，一直由于影响市容环境而不登大雅之堂。但地摊经济有其独特的优势，能够解决底层上千万人口的就业和收入问题。2020年6月1日，国务院总理李克强在山东烟台考察时表示，地摊经济是就业岗位的重要来源，是藏着人间烟火气的地方。地摊经济的"三低"特质，让它具有一些独特优势。创业门槛低，没有店铺租金的压力，没有太高的学历、技能要求，很多人支个小摊、打开私家车后备厢就能卖货；失败风险低，船小好调头，从业者即便失利也能迅速"满血复活"；商品价格低，能让居民拥有更多选择，享受更多实惠。

实体店铺与人们的生活息息相关，以前所有的交易几乎都是在实体店铺里交易，然而，现在大多时候资金流通的过程和商品流通的过程是分开完成的。虽然人们消费习惯和消费方式有所改变，但人们对实体店铺的需求从来不会消失。实体店铺的存在可以更好地让消费者获得体验感、被服务感。即使人们经常在线上购物，但线下的逛街一直是人们必不可少的休闲放松购物形式。如今，实体店铺在研修传统的店铺展示商品和体验商品的功能之外，又将更多功能赋予实体店铺，例如餐饮、娱乐、游戏、观光等。

5.4.4 经营和管理方式数字化和智能化，商品价格、营销模式和服务标准线上线下一体化

从现有的探索实践中可以窥探一些端倪，诸如天猫智慧门店对接阿里大数据，分析消费者习惯和购物诉求，将不同的商品通过电子屏展示推送给到店消费者。又如美的、科沃斯、创维等品牌通过阿里全渠道库存共享资源及菜鸟物流的小批量柔性补货方案，保持门店合理库存水位，有效降低高库存风险。在线上线下一体化方面，众多美妆品牌线上线下会员打通，消费者无论是从线上天猫旗舰店还是线下任一专柜购买产品，都能够获得统一的会员积分和一致的会员权益。线上品牌也纷纷落户实体，茵曼、七格格、鹿与飞鸟、迷阵等40多家淘宝品牌入驻线下百货，工厂对接门店，线上线下同价。消费者可在移动端APP选择自助结账，购买商品可选择自提或物流配送。新店货品、价格、仓储、配送、结算

等均已实现线上线下的完全融合。①

5.5　国外零售业态创新实践经验

在刚刚过去的 2019 年，世界 500 强中，零售行业有 48 家。美国有 19 家，排名前五的零售行业长期被美国占据，分别是沃尔玛营收 5144.1 亿美元、亚马逊营收 2328.9 亿美元、好市多营收 1415.8 亿美元、沃博联营收 1315.4 亿美元、克罗格营收 1211.6 亿美元；欧盟成员国中，法国 6 家、荷兰 2 家、德国 3 家、西班牙 1 家，其中欧盟成员国零售业营收首位的是法国家乐福 919.6 亿美元。日本 2 家，分别是日本永旺集团 771.2 亿美元、Seven&I 控股公司 614.9 亿美元。中国有五家上榜，分别是京东集团营收 698.5 亿美元、阿里巴巴集团营收 561.5 亿美元、苏宁易购集团营收 370.3 亿美元、长江和记实业有限公司营收 353.6 亿美元、小米集团营收 264.4 亿美元。

榜单的前六名均是美国企业且均超过千亿美元营收，特别是沃尔玛以超 5000 亿美元营收稳居零售首位，是其他零售公司数倍甚至数十倍。榜单前五名中，除亚马逊外，其余四家均以实体零售业态为主。美国、日本、欧盟位列前茅的零售企业，大多数以实体零售业态起家并长期经营，而观中国京东、阿里则是以电商为主营业务位列 500 强。

5.5.1　美国零售业态创新发展情况

（1）数字智能化转型。虽然美国传统零售业在电子商务迅猛发展的时代，仅 2019 年已宣布关闭的门店比 2018 年增长了 23%，市场表现令人唏嘘，但零售商们选择了直面问题，迎接挑战，主动创新。作为零售业巨头，沃尔玛是数字化转型的典范，主要通过人工智能、计算机视觉算法、机器学习等拓展生存空间。通过与计算机巨头微软合作，共同扩大应用人工智能技术。Costco 通过大量数据研究用户的购物需求和喜好，升级供应链，为目标顾客提供精准营销服务。美国时尚百货巨头梅西利用人工智能，通过与虚拟现实和增强现实服务商合作，提升顾客购物体验。美国零售商通过大数据、人工智能技术提高传统零售商竞争力，

---

① 杨守德，赵德海. 中国网络零售业发展的收敛性与空间溢出效应研究［J］. 经济体制改革，2018（3）：4-5.

增强实力。

（2）扩大电商领域市场份额。伴随着越来越激烈的市场竞争，美国传统零售企业积极拓展线上业务，改良升级线上平台。沃尔玛公司于 1962 年成立，于 2010 年成立统一的电子商务部门，之后电商业务一直名不见经传，直到收购了具有超强融资能力的电商公司。迄今为止，沃尔玛已经收购、并购 20 余起与电商相关投资，积极扩大电商领域的覆盖范围，弥补自身在电商运营和物联网上的不足。主要经营服装、珠宝饰品、家居用品的德斯特龙每年积极投资线上渠道建设，公司旗下商城与会员制闪购电商平台 Hautelook 重组，扩大市场占有量，将线下和线上库存相连，线上预约、线下门店取配货。

5.5.2　日本零售业态创新发展情况

（1）以需求为本创新形式。日本由于受到全球经济影响以及国内经济长期通缩，再加上日本人口老龄化影响，零售行业开始呈现衰退迹象，行业规模大幅缩水。然而，日本开始积极创新探索，不拘泥于形式。日本永旺东久留米店创新销售方式，采用家常菜论斤销售的形式，并且设置了约 100 个席位在店内用餐角落，这在当时备受争议，但事后被证实非常成功，赢得消费者青睐。这一形式打破了人们传统印象中对于堂食的印象，不仅满足了消费者对美食的需求，同时为消费者提供了一个可以利用的场所。虽然日本总人口数呈现下降的趋势，食品市场萎缩。但是，日本人均在外就餐的费用却呈现上升的态势。

（2）增加顾客参与度并提升运营能力。在企业经营过程中，注重与顾客之间的互动性，对于顾客提出的意见、投诉与日常询问，注重积累，将收集积累到的信息开会研讨并最终应用到日常经营中，形成一种良好的互动、互信关系。像日本的一些美食广场，会根据客人的需求，为携带乳幼儿的顾客人性化配置微波炉等加热设备。很多购物中心会定期开展问卷调查，对问卷中反映出来的情况通过运营手段得以解决。购物中心在午间时段往往顾客流量非常大，常常爆满，这就需要提升顾客接待能力，通过对讲机、监控等设备及时调配人员，及时补充商品。

5.5.3　欧盟零售业态创新发展情况

（1）完善电商法律体系。法国作为欧盟中 27 个成员国中非常有代表性的国家，法国国内的外贸进出口总额排名世界第五，是世界贸易大国。法国国内的商业贸易十分发达，也是全球第六大电子商务市场。除了线上线下紧密融合之外，值得一提的就是法国《消费法》等法律的严格规定。法律保护用户网购全过程的权益，对电商卖家有严格规定，未经客户同意不得发送推广邮件，不准私自收集客户信息。此外，对商品配送及退还也做出了详细规定。在确保支付安全上，如遇买家远程支付时遭遇诈骗等问题，商家应负全责。

除了欧盟各个成员国拥有自己的法律法规外，欧盟《电子商务指令》也为电子商务的发展设立了基本法律框架，以此规范企业、消费者之间的法律关系，为电子商务发展提供了重要保障。2018 年，欧盟出台的《通用数据保护条例》立法堪称史上最严数据保护条例。该条例不仅包括了个人的宗教信仰、种族等信息全面扩展了有关网络用户数据的范围，要求数据处理记录必须保留，并随时可以提供给监督机构。规定问责原则、执法和惩罚的标准、各成员国的司法诉讼、检察权、执法权以及处罚权利。

（2）创新欧盟内部税收管理。旨在消除欧盟内部商业壁垒，欧盟自 1993 年起，取消内部成员国之间的商品流通海关检查和进口增值税，用各成员国自己税务主管部门对增值税的征收和稽核代之。简化增值税缴纳方式，计划跨境卖家可按季度统一向欧盟结算增值税，中小商户和创业企业可以直接在自己的国家申报缴纳增值税，不再遭遇销售活动所涉及的非本国的审计，这项措施可以惠及欧盟内部九成以上的跨境贸易商户。针对第三国企业向欧盟销售货物或服务造成的税额损失，严厉打击欧盟外企业偷税漏税行为。此外，欧盟为增加本盟商业销售额倡导自律和合作管理，建立合作伙伴关系，积极倡导国际合作。

5.6　本章小结

本章介绍了零售业态的基本内涵、演进过程、主要类型、功能作用以及模式创新的内容，从以上角度深入研究零售业态的本质以及对国家经济发展的重要价值。研究发现，零售业态的形式会随着消费者需求、经济环境以及信息技术手段加持等内外部因素的影响而发生改变，需要用动态的视野看待零售业态。零售业态模式创新的着眼点要从零售业模块入手，重点从供给侧角度研究如何能使零售业企业在未来发展中适应流通产业发展需要。因此，要求零售业企业适应消费者不断变化的需求，促进线上和线下店铺融合发展，以及构建智慧型零售业供应链。本章同时介绍了国外零售业态创新实践发展经验，为中国零售业态发展提供借鉴。

6 供给侧改革下中国零售业态模式创新研究

6.1 中国零售业态发展现状

6.1.1 零售业态发展规模

2015 年 11 月国务院发布的《发挥新消费引领作用，加快培育形成新供给新兴动力》中明确，"我国已进入消费需求持续增长、消费结构加快升级、消费拉动经济作用明显增强的重要阶段"，提出全面改善优化消费环境，以及消费升级重点领域和方向。党的十九大报告提出，要以供给侧结构性改革为主线，着力加快建设现代经济体系。供给侧结构性改革要求流通产业加速转型，着力实现现代商品流通体系的构建，为零售业带来新的机遇与挑战。在过去的 20 年中，随着市场开放程度的逐步加深和居民消费能力的不断提高，中国零售业经历了高速增长。特别是在最近的十年中，随着互联网的快速发展，网络零售也经历了从出现、爆发式增长到平稳增长的过程。在互联网的驱动下，面对消费者的多样化选择，零售业总体呈现增长放缓的趋势。

2010～2019 年，社会消费品零售总额持续增长，增速有所放缓。"十二五"期间社会消费品零售总额的平均增速为 13.8%，自 2015 年起，中国消费品市场规模突破 30 亿元。2015～2017 年，保持在 10% 左右的速度稳定增长。2017 年后，增速逐年降低 1 个百分点。2019 年，社会消费品零售总额（以下简称"社零额"）首次超过 40 亿元，达到 41.16 万亿元，同比增长 8%。从社会消费品零售总额对国内生产总值的占比变化角度来看，2011～2015 年，社零额平均占比 41.4%，2015～2017 年，社零额占比保持在 44.5% 左右，此后呈现逐年下降趋势。2019 年，国内生产总值实现 990865 亿元，社零额占比降低到 41.54%。由此可见，零售市场已经进入平稳增长期，相较于其他行业，虽然社零额对国内生产总值的占比呈下降趋势，但零售业总体仍保持平稳增长。

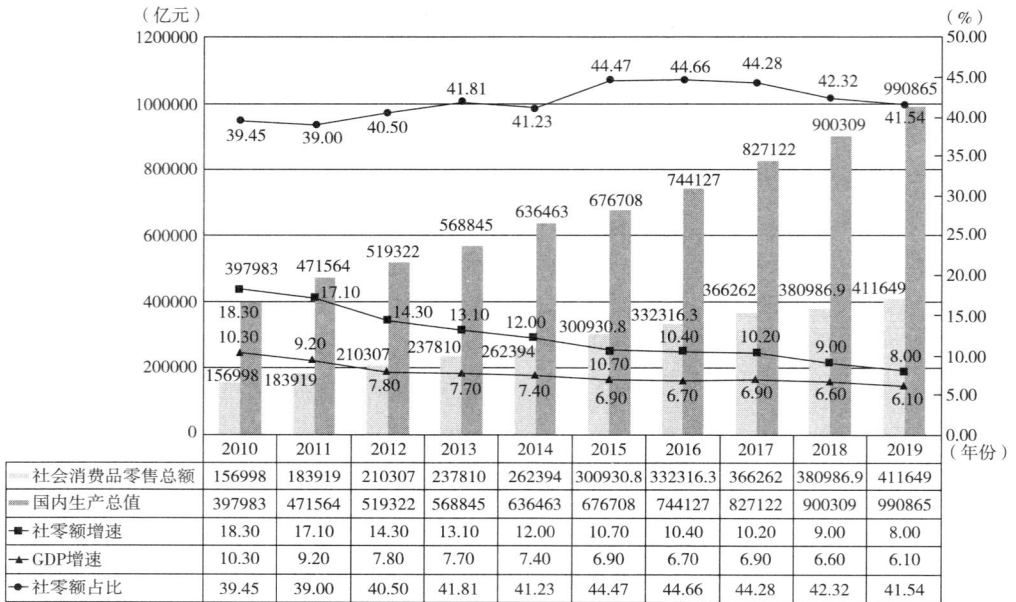

	2010	2011	2012	2013	2014	2015	2016	2017	2018	2019
社会消费品零售总额	156998	183919	210307	237810	262394	300930.8	332316.3	366262	380986.9	411649
国内生产总值	397983	471564	519322	568845	636463	676708	744127	827122	900309	990865
社零额增速	18.30	17.10	14.30	13.10	12.00	10.70	10.40	10.20	9.00	8.00
GDP增速	10.30	9.20	7.80	7.70	7.40	6.90	6.70	6.90	6.60	6.10
社零额占比	39.45	39.00	40.50	41.81	41.23	44.47	44.66	44.28	42.32	41.54

图 6－1　2010～2019 年社会消费品零售总额变化趋势

数据来源：根据国家统计局各年份《国民经济和社会发展统计公报》整理。

新时代下，随着供给侧结构性改革的不断深化，经济发展着力点逐步转向实体经济，结合新的技术条件，零售业总体发展规模显现出新的特点。首先，零售业利润逐年增加，且利润来源由固定成本和人力资本转向产品和服务。2010～2017 年，零售业法人企业数量和年末从业人数保持连续增长，2018 年企业数量和从业人数首次减少，其中法人企业数量由 2017 年的 99182 个减少至 97819 个，同比减少 1.37%。年末从业人数由 2017 年的 677.5 万人减少至 657.6 万人，同比减少 2.04%。与此同时，主营业务成本增加至 9.46 万亿元，与 2017 年比增长 0.76%。零售业主营业务利润增加至 1.33 万亿元，同比增长 5.15%，主营业务利润与成本的比值连续五年保持增长。由此可见，零售业的利润来源逐步向产品和服务转移，而对空间上固定资产的投入和从业人员的依赖程度降低。其次，与批发业相比，零售业对流通过程中的贡献有所降低。由图 6－2 可以看出，零售

表 6-1　2010～2018 年中国零售业态经营情况

年份	法人企业（个）	年末从业人数（万人）	零售业企业期末商品库存额（亿元）	零售业企业商品销售额（亿元）	主营业务成本（亿元）	零售业主营业务利润（亿元）
2010	52306	501.3	5104.6	57514.6	45180.8	5366.9
2011	5847	527.6	6650.34	71824.9	55924.16	6804.51
2012	65921	575.2	7735.4	83441.3	64593.73	7748.74
2013	80366	655.3	9161.3	98487.3	75826.80	9863.12
2014	87652	681.9	12042.9	110641.4	85645.74	10689.49
2015	91258	682.8	11213.2	114255.3	87760.48	11117.19
2016	98305	697.7	11092.9	126612.3	97417.13	12449.59
2017	99182	677.5	11788	123085.3	93891.86	12630.53
2018	97819	657.6	10915.1	124987.9	94602.23	13281.57

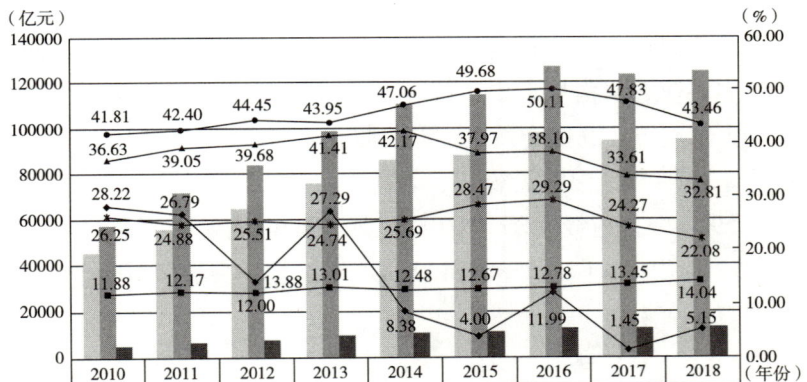

	2010	2011	2012	2013	2014	2015	2016	2017	2018
主营业务成本	45180.8	55924.16	64593.73	75826.8	85645.74	87760.48	97417.13	93891.86	94602.23
零售业企业商品销售额	57514.6	71824.9	83441.3	98487.3	110641.4	114255.3	126612.3	123085.3	124987.9
零售业主营业务利润	5366.9	6804.51	7748.74	9863.12	10689.49	11117.19	12449.59	12630.53	13281.57
零售业主营业务利润增长率	28.22	26.79	13.88	27.29	8.38	4.00	11.99	1.45	5.15
零售业销售额/社零额	36.63	39.05	39.68	41.41	42.17	37.97	38.10	33.61	32.81
零售业利润/零售业成本	11.88	12.17	12.00	13.01	12.48	12.67	12.78	13.45	14.04
零售业销售额/批发业销售额	26.25	24.88	25.51	24.74	25.69	28.47	29.29	24.27	22.08
零售业利润/批发业利润	41.81	42.40	44.45	43.95	47.06	49.68	50.11	47.83	43.46

图 6-2　2010～2018 年社会消费品零售总额变化趋势

数据来源：根据国家统计局年度数据整理。

业主营业务销售额与批发业主营业务销售额的比值在 2010～2014 年保持在 25%

的水平上浮动，2015 年和 2016 年有所增长，2017 年起开始减少，2018 年降至 22.08%，低于此前的最低水平。同时，零售业利润与批发业利润的比值也在 2016 年达到峰值 50.11%，此后连续两年降低，2018 年比值为 43.46%，仅与 2013 年持平，低于"十二五"时期的平均水平。零售业规模与批发业规模的比较，在一定程度上反映了流通业的结构变化，因此，零售业对流通过程的贡献近五年来呈现缩减的趋势。同时，零售业对社会消费品零售总额的贡献降低，部分反映了消费结构的变化。根据图 6－2 可以看出零售业主营业务销售额与社会消费品零售总额的比值变化：2010～2014 年，比值逐年增加，2014 年达到最高值 42.17%，2014～2018 年，总体呈现下降趋势，2018 年降至最低值 32.81%。这一比值的变化部分反映了消费者的消费结构变化，即增加了对餐饮业、服务业等其他行业的支付。

6.1.2　零售业态结构

随着消费者需求和消费结构的不断变化，以及信息化下网络零售的快速发展，零售业态结构呈现出多样化的发展趋势。新兴的购物中心、城市商业综合体、大型超市、仓储会员店、专卖店、家居建材店、折扣店等多种经营业态发展迅速。2018 年，中国限额以上零售业企业总数达 12418 个，其中，百货商店的数量为 5910 个，超级市场 5269 个。连锁零售企业中（见表 6－2），便利店总数 28895 个，折扣店 72 个，超市 28164 个，仓储会员店 100 个，专业店 137136 个，专卖店 34054 个。

表 6－2　2018 年中国连锁零售业态经营情况

业态	门店总数（个）	面积（万平方米）	销售额（亿元）	店效（万元/店）	坪效（万元/平方米）
便利店	28895	273.83	542.02	187.58	1.979
折扣店	72	7.97	14.49	2012.50	1.818
超市	28164	2061.15	3430.95	1218.20	1.665
大型超市	4760	3562.38	4665.43	9801.32	1.310
仓储会员店	100	71.41	235.27	23527	3.295
百货店	5942	2508.64	3781.41	6363.87	1.507
专业店	137136	8439.14	21879.25	1595.44	2.593
专卖店	34054	629.89	2776.25	815.25	4.408

业态	门店总数（个）	面积（万平方米）	销售额（亿元）	店效（万元/店）	坪效（万元/平方米）
家居建材店	78	19.18	35.14	4505.13	1.832
厂家直销	686	16.96	67.22	979.88	3.963
其他	9824	334.14	585.25	595.73	1.752

数据来源：根据国家统计局年度数据整理。

其中，折扣店变化最为明显，从表6-3可以看出，2018年折扣店门店总数已经由2017年的448个减少至72个，同比减少83.93%。营业面积减少至7.97万平方米，商品销售额仅为14.49亿元，同比减少45.69%，年末从业人数也缩减至0.09万人，总体经营情况远低于此前的最低水平。由此可见，2010~2018年，折扣店经营总体上呈衰减趋势。一方面，可以归因于网络零售的价格优势对折扣店的冲击，另一方面，可以归因于居民消费能力的提升所引起的消费结构的变化。

表6-3 2010~2018年中国折扣店经营情况

年份	折扣店门店总数（个）	门店总数增速（%）	营业面积（万平方米）	商品销售额（亿元）	商品销售额增速（%）	年末从业人数（万人）
2010	701	-18.39	21.4	36.1	-2.88	0.7
2011	948	35.24	26.86	47.63	31.94	0.81
2012	432	-54.43	18.54	34.26	-28.07	0.44
2013	408	-5.56	17.73	32.92	-3.91	0.3
2014	377	-7.60	17.7	29.55	-10.24	0.21
2015	410	8.75	18.89	31.45	6.43	0.21
2016	540	31.71	18.31	29.81	-5.21	0.2
2017	448	-17.04	19.36	26.68	-10.50	0.16
2018	72	-83.93	7.97	14.49	-45.69	0.09

另外，便利店和百货店的波动也较为显著。由图6-3可以看出，2018年便利店和百货店的门店总数分别为28895个和5942个，其中便利店门店总数同比增长20.1%，而百货店的门店总数与2017年相比降低了3.35%。总体上看，两

者增速的变化趋势较为一致，均在 2017 年达到门店数量增长的最高幅度。其中，便利店门店数量增长 29.44%，达到 24060 个，百货店门店数量增长 23.28%，达到 6148 个。2018 年，两者增速均大幅下降，而百货店门店总数则实现了自 2013 年以来的首次负增长。从门店数量增长的幅度上看，从 2013 年起，便利店和百货店的门店数量同时进入了正向增长期，而便利店的门店增长速度均高于百货店。2013 年至 2016 年期间，百货店门店增长数量均低于 4%，而便利店在 2013 年和 2014 年两年时间内的增长速度均高于 10%。从图 6 - 4 可以对比 2010~2018 年便利店和百货店的商品销售情况，从总体上看，虽然百货店的销售额长期高于便利店，但增速从 2012 年起不及便利店销售额的增长速度。从 2014 年起，百货店销售额增速低于 3%，且 2017 年出现销售额减少的情况，即便 2018 年有所回升，但增幅仅为 0.09%。对比来看，便利店的商品销售额自 2012 年起保持快速增长，2013 年实现最大增幅 17.95%。与百货店相反，便利店在 2017 年的商品销售额增速为近五年最高，虽然 2018 年增速放缓，但依然高于 10%。可以看出，互联网的快速发展很大程度上有利于便利店的扩张，但对百货店的发展存在一定挑战。

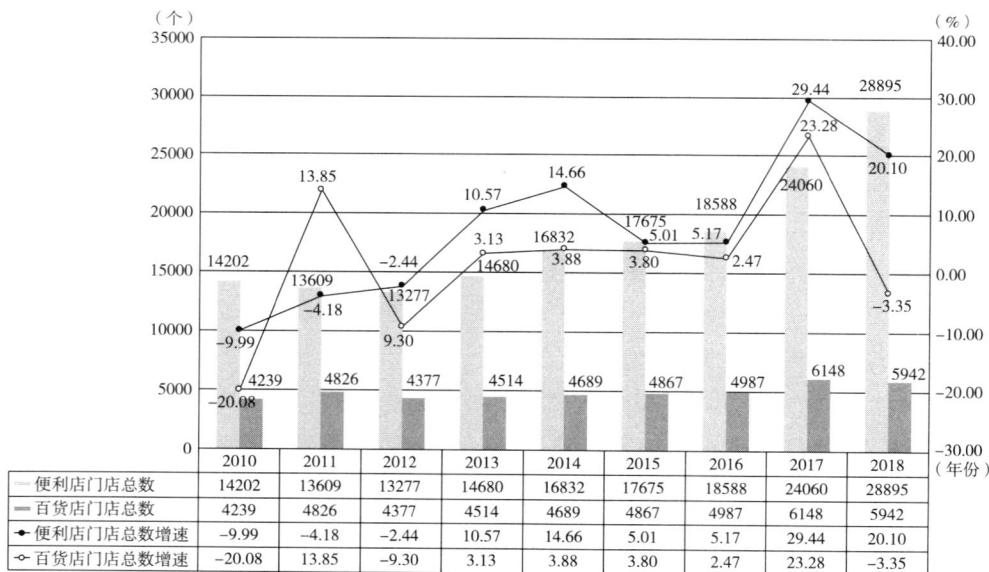

（个）	2010	2011	2012	2013	2014	2015	2016	2017	2018
便利店门店总数	14202	13609	13277	14680	16832	17675	18588	24060	28895
百货店门店总数	4239	4826	4377	4514	4689	4867	4987	6148	5942
便利店门店总数增速	-9.99	-4.18	-2.44	10.57	14.66	5.01	5.17	29.44	20.10
百货店门店总数增速	-20.08	13.85	-9.30	3.13	3.88	3.80	2.47	23.28	-3.35

图 6 - 3　2010~2018 年便利店门店总数和百货店门店总数变化对比图

数据来源：根据国家统计局年度数据整理。

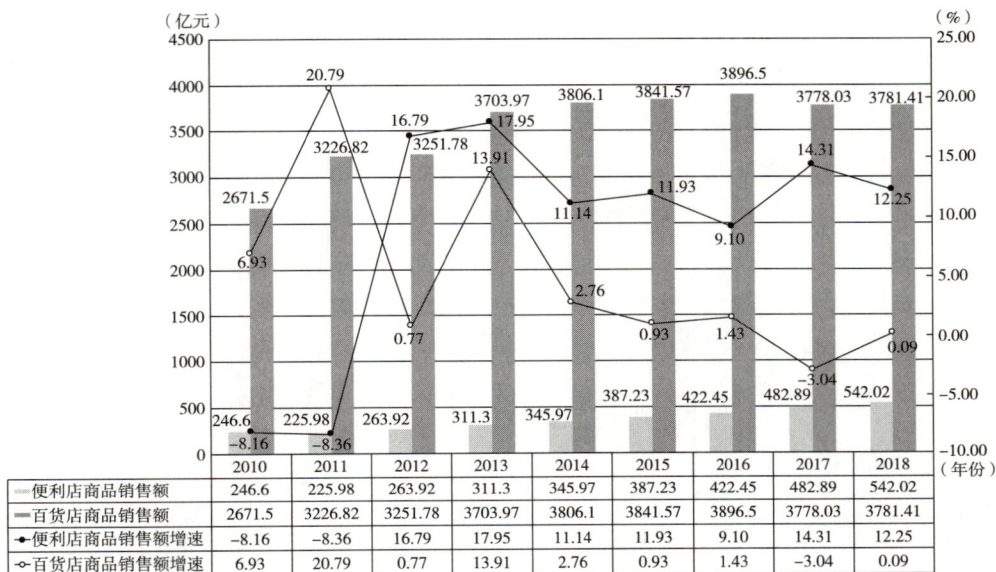

图 6 - 4　2010～2018 年便利店商品销售额和百货店商品销售额变化对比图

数据来源：根据国家统计局年度数据整理。

　　与此同时，线上零售的发展规模更值得关注。与传统零售业态相比，网络电商的发展更为迅速。2018 年，零售电商交易规模达 85600 亿元，同比增长 19.38%，占社会消费品零售总额的比重为 22.5%。从图 6 - 5 可以看出，自 2010 年起，零售电商保持高速增长，2017 年以前，每年增速均保持在 30% 以上，且 2012 年达到 64.7% 的最快增速。2015～2017 年，增速相对平稳，2018 年增速大幅降低。与此同时，零售电商交易规模占社会消费品零售总额的比重持续增长，从 2010 年的 3.27% 增长至 2018 年的 22.5%。2012～2016 年，该比值保持平均每年 2 个百分点的速度增长，2017 年比重增长近 5 个百分点。由此可见，网络零售在最近十年间发展迅速，且逐步由高速扩张转向平稳增长。

6.1.3　零售业态所有制结构

　　作为劳动密集型产业，零售业的进入壁垒相对较低，因而资本构成与其他行业相比较为复杂，民营、国有、外资、股份等不同渠道来源的商业资本均可进入市场，同时，消费需求的多元性和多变性也为市场提供了活力，推动零售业态结构向多层次的立体化方向演变。2018 年，我国限额以上零售业法人企业单位数

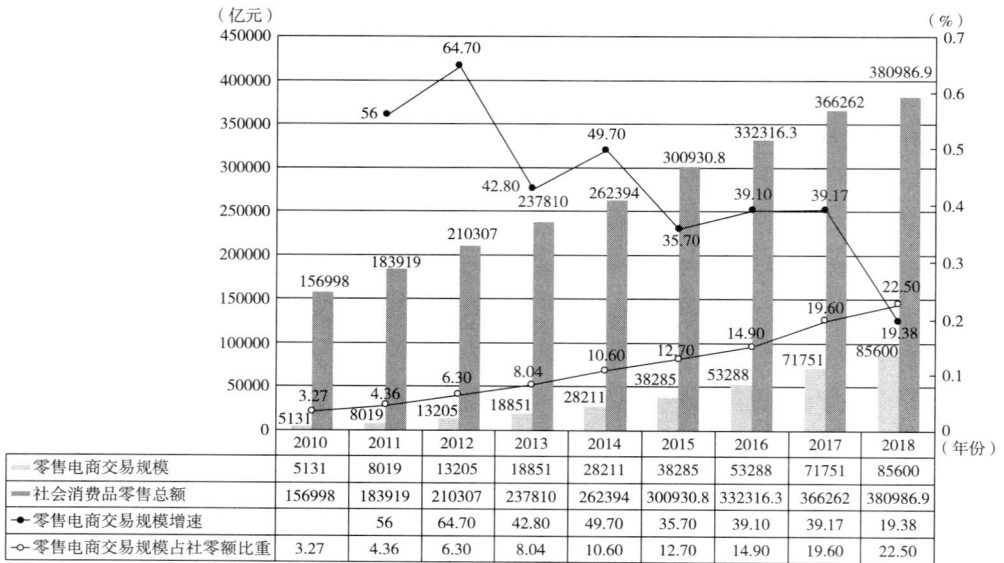

图6-5 2010~2018年网络电商零售规模变化趋势

数据来源：根据《2010~2011年度全球电子商务研究报告》《2011年度中国B2C电子商务市场调查报告》及各年度中国电子商务研究中心发布的中国网络市场数据检测报告整理。

共计97819个，其中国有企业839个，同2017年相比减少25.02%，占零售业法人企业总数的0.86%，实现商品销售额1229.7亿元；私营企业64537个，同比增长10.86%，占企业总数的65.98%，商品销售额为43299.2亿元；外资企业586个，同比增长2.81%，占总企业数的0.60%，实现商品销售额4354.5亿元。从连锁零售角度（见表6-4），2018年中国连锁零售企业门店总数249711个，总面积17924.68平方米，实现商品销售额38012.68亿元。其中，国有企业门店总数12444个，占连锁零售企业总数的4.98%，商品销售额为3645.53亿元，占连锁零售总商品销售额的9.59%。私营连锁企业门店总数67975个，占连锁零售总企业数的27.22%，商品销售额3024.37亿元，占连锁零售总商品销售额的7.96%。根据表6-4可以看出，私营连锁零售企业的门店总数和面积均占比最高，而从门店经营效率来看，外资连锁企业店效最高，从每平方米经营效率和商品销售情况来看，国有企业坪效高于其他所有制连锁企业。

表 6 - 4　2018 年中国连锁零售业态不同所有制经营情况

业　态	门店总数 （个）	面积 （万平方米）	销售额 （亿元）	店效 （万元/店）	坪效 （万元/平方米）
连锁零售企业	249711	17924.68	38012.68	1522.27	2.12
内资连锁企业	224100	14376.19	30614.72	1366.12	2.13
国有连锁企业	12444	946.24	3645.53	2929.55	3.85
集体连锁企业	340	40.40	56.30	1655.88	1.39
私营连锁企业	67975	1760.78	3024.37	444.92	1.72
外资连锁企业	5983	597.64	1971.43	3295.05	3.3

数据来源：根据国家统计局年度数据整理。

　　纵观 2010 ~ 2018 年零售业态各所有制发展情况，由图 6 - 6 可知，国有零售企业数量自 2012 年起开始减少，2013 年减少幅度最大为 31.45%，2014 ~ 2018 年，减少速度逐年增加 4 个百分点左右。与国有零售企业相反，私营零售企业数量始终保持正向增长。2013 年增幅最大为 29.91%，2014 ~ 2018 年，增幅在 3%

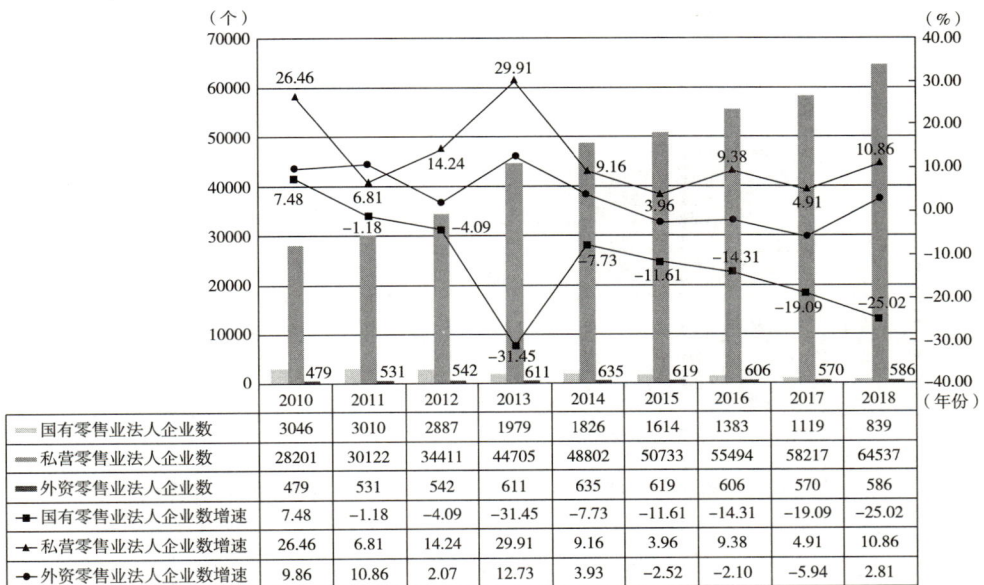

（个）	2010	2011	2012	2013	2014	2015	2016	2017	2018
国有零售业法人企业数	3046	3010	2887	1979	1826	1614	1383	1119	839
私营零售业法人企业数	28201	30122	34411	44705	48802	50733	55494	58217	64537
外资零售业法人企业数	479	531	542	611	635	619	606	570	586
国有零售业法人企业数增速	7.48	-1.18	-4.09	-31.45	-7.73	-11.61	-14.31	-19.09	-25.02
私营零售业法人企业数增速	26.46	6.81	14.24	29.91	9.16	3.96	9.38	4.91	10.86
外资零售业法人企业数增速	9.86	10.86	2.07	12.73	3.93	-2.52	-2.10	-5.94	2.81

图 6 - 6　2010 ~ 2018 年零售业态各所有制法人企业变化趋势

到 11% 的区间内波动。同时，外资零售企业增速趋势与私营零售企业相一致，但在幅度上远低于私营零售企业，且在 2015～2017 年内增速为负。从图 6－7 可以看出零售业态各所有制企业商品销售情况，国有企业在 2013～2017 年均为负增长，2013 年商品销售额减少幅度最高，同 2012 年相比减少 58.01%，2017 年减少至最低水平，并于 2018 年再次实现 9.51% 的正向增长。私营企业商品销售额呈现波动式增长，仅在 2017 年出现 1.54% 的减少，其余年份均保持正增长。外资企业增速趋于平稳，2016～2018 年增速均保持在 10% 左右的水平。进一步地，由图 6－8 可以得到各所有制企业的盈利情况，可以看出 2012 年以前，国有企业利润明显高于外资零售企业，但 2013 年以后，国有企业盈利能力明显不足，利润持续减少，直至 2018 年再次实现 18.89% 的正向增长。虽然增速与私营企业持平，但总的利润水平仍然远低于私营企业和外资企业。

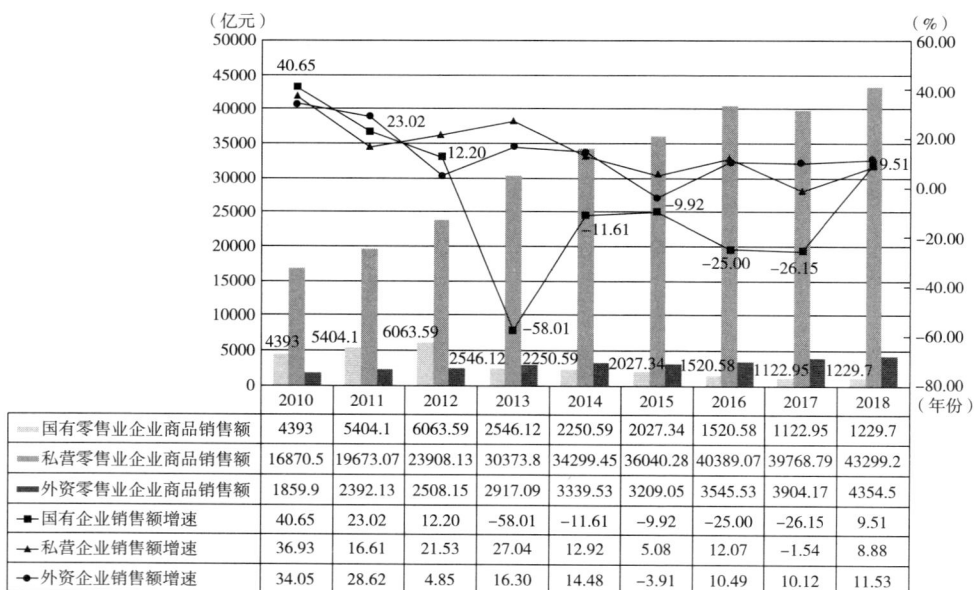

	2010	2011	2012	2013	2014	2015	2016	2017	2018
国有零售业企业商品销售额	4393	5404.1	6063.59	2546.12	2250.59	2027.34	1520.58	1122.95	1229.7
私营零售业企业商品销售额	16870.5	19673.07	23908.13	30373.8	34299.45	36040.28	40389.07	39768.79	43299.2
外资零售业企业商品销售额	1859.9	2392.13	2508.15	2917.09	3339.53	3209.05	3545.53	3904.17	4354.5
国有企业销售额增速	40.65	23.02	12.20	-58.01	-11.61	-9.92	-25.00	-26.15	9.51
私营企业销售额增速	36.93	16.61	21.53	27.04	12.92	5.08	12.07	-1.54	8.88
外资企业销售额增速	34.05	28.62	4.85	16.30	14.48	-3.91	10.49	10.12	11.53

图 6－7　2010～2018 年零售业态各所有制商品销售额变化趋势

　　总体来看，2010～2018 年，私营零售企业仍占比最高，且占总零售企业的比重由 2010 年的 53.92% 增长至 2018 年的 65.98%。与之相对应地，私营企业利润占总零售企业利润的比重也最高，2018 年该比值增长至 34.21%。2013～2016 年，私营企业利润占比平稳保持在 31% 左右。国有企业则逐步退出市场，企业数量占比逐年减少。2018 年，国有企业数量仅占零售企业总数的 0.86%。国有企业利润占比虽然在 2018 年有所回升，但总体上仍然呈减少的趋势。而与国有企业和私营企业均不同的是，外资零售无论是企业数量还是销售利润占比均保持平稳。

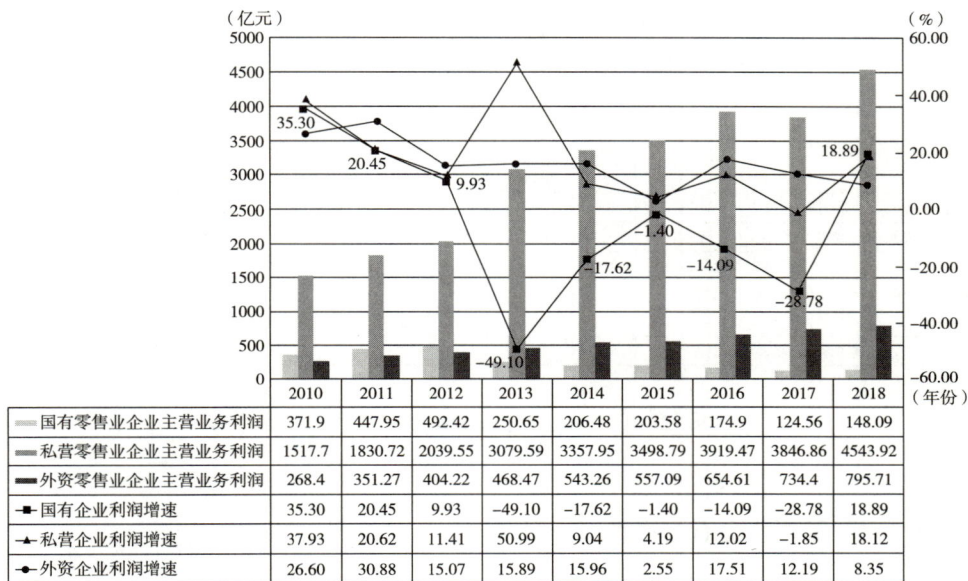

（亿元）	2010	2011	2012	2013	2014	2015	2016	2017	2018 （年份）
国有零售业企业主营业务利润	371.9	447.95	492.42	250.65	206.48	203.58	174.9	124.56	148.09
私营零售业企业主营业务利润	1517.7	1830.72	2039.55	3079.59	3357.95	3498.79	3919.47	3846.86	4543.92
外资零售业企业主营业务利润	268.4	351.27	404.22	468.47	543.26	557.09	654.61	734.4	795.71
国有企业利润增速	35.30	20.45	9.93	-49.10	-17.62	-1.40	-14.09	-28.78	18.89
私营企业利润增速	37.93	20.62	11.41	50.99	9.04	4.19	12.02	-1.85	18.12
外资企业利润增速	26.60	30.88	15.07	15.89	15.96	2.55	17.51	12.19	8.35

图 6-8　2010～2018 年零售业态各所有制利润变化趋势

可以看出，随着国有企业改革的不断深入，国有零售企业已经逐步实现提质增效的转型升级。2018 年国有零售企业数量虽然减少 25.02%，但利润增长实现 18.89%。长期以来，国有企业受外部环境因素影响，且国有资本运行效率被低估①，进而导致盲目改制或退出市场。根据已有研究，国有企业应更好地依据自身职能和优势，充分利用市场资源并选择适合自身发展的有效路径，从而提高竞争条件下的盈利能力②。

---

① 王晓东，丛颖睿．零售业国有资本效率研究——基于所有制改革视角的分析 [J]．中国流通经济，2016，30（4）：86-93.

② 谢莉娟，王晓东，张昊．产业链视角下的国有企业效率实现机制——基于消费品行业的多案例诠释 [J]．管理世界，2016（4）：150-167.

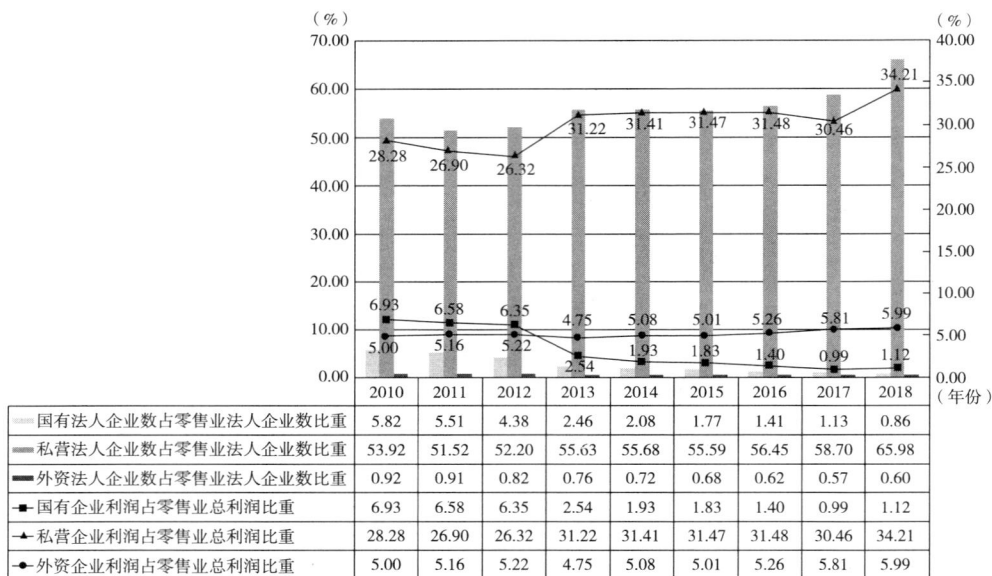

	2010	2011	2012	2013	2014	2015	2016	2017	2018
国有法人企业数占零售业法人企业数比重	5.82	5.51	4.38	2.46	2.08	1.77	1.41	1.13	0.86
私营法人企业数占零售业法人企业数比重	53.92	51.52	52.20	55.63	55.68	55.59	56.45	58.70	65.98
外资法人企业数占零售业法人企业数比重	0.92	0.91	0.82	0.76	0.72	0.68	0.62	0.57	0.60
国有企业利润占零售业总利润比重	6.93	6.58	6.35	2.54	1.93	1.83	1.40	0.99	1.12
私营企业利润占零售业总利润比重	28.28	26.90	26.32	31.22	31.41	31.47	31.48	30.46	34.21
外资企业利润占零售业总利润比重	5.00	5.16	5.22	4.75	5.08	5.01	5.26	5.81	5.99

图 6 – 9　2010 ～ 2018 年零售业态所有制结构变化趋势

6.1.4　零售业态商业模式

依据商业模式的概念可以看出，商业模式是一个系统，零售企业通过不同的要素组合方式就形成了不同的商业模式，从流通过程的角度将商业模式的要素分类，主要包含经营方式、交易方式和盈利模式。

6.1.4.1　经营方式

当前中国零售经营方式主要包括自营、联营和混合经营三种。三种经营方式的划分依据是商品所有权的转移过程。第一，自营指零售主体拥有商品的所有权，具有自主定价的能力。这一过程包含两种形式：一方面，零售企业从批发商或生产企业直接购买商品，转而卖给消费者；另一方面，零售主体直接参与生产环节，通过自有厂商或委托生产等方式，省略中间供应环节，直接获取商品的所有权和定价权。第二，联营指零售主体与供应商联合经营，零售企业为供应商提供销售场地，通过收取销售额的一定比例或租金获取利益。在联营模式下，零售商不获取商品的所有权，只是为商品所有权的转移提供场所和渠道，起到中介的作用，为供应商和消费者提供交易的平台。自营与联营的本质区别在于商业资本是否参与到了商品所有权的转移过程，与其相关联的，则是经营风险的承担者是否是零售商自身。第三，混合模式兼顾自营和联营两种经营方式。一部分商品通过购买或直接参与设计、生产，获得商品的所有权，而另一部分商品则以联营的方式出售给消费者。

6.1.4.2　交易方式

商品交易方式是指商品经营者实现商品（含服务）的价值，转移商品的使用价值形式和手段。交易方式按不同的标准划分，可分为不同的类型。按所有权转移的时间，交易方式可以分为即期交易、远期交易和期货交易三种；按不同的支付方式，交易方式可以分为现金交易和信用交易；按商品经营的形态可以分为单体店经营和连锁经营。结合新零售基于互联网的特点，将零售交易方式分为线上交易、线下交易和线上线下混合的交易方式。

线上交易方式主要针对线上零售主体，以电子商务平台为依托，在线上完成商品所有权的转移，以第三方支付平台为中介，实现商品的价值。线上交易方式可以减少流通环节。在线上完成商品的支付后，直接从供应商或生产商处提供商品，减少了传统流通过程中的逐级批发和零售的环节，节约流通成本，提高了流通效率，使商品的商流、物流、信息流、资金流相分离。线上交易方式的劣势在于，销售对象仅限于线上顾客，且消费过程中，顾客参与度低，难以即时获取产品的质量和使用体验等信息。

线下交易是指传统零售的交易方式，互联网的兴起和发展对线下零售实体产生了一定程度的冲击。线下交易的优势在于，可以通过购物环境和服务，增加消费者在购物过程中的体验，提高顾客价值。通过场景创新和服务创新，吸引消费者。但劣势在于传统的流通方式中，商品的流通周期长，导致零售企业对市场的反馈时间长。同时，消费者需要到店购买，所需要的时间成本和交通成本较高。

线上线下混合的交易方式是在新零售的影响下，传统零售主体和线上零售主体各自转型和相互合作的结果。单纯的线上和线下交易都有各自的局限性，线上零售主体通过开设实体店或与实体零售企业合作，增加顾客购买过程中的参与度，提高顾客体验。实体零售主体通过增加网上销售渠道，提高商品的供给效率，节约消费者购物的附加成本。

6.1.4.3　盈利模式

零售盈利模式，是指零售企业在为顾客创造价值的同时，能够获得一定利润的企业要素的组合方式。盈利模式归根结底是零售企业获取利润的方式，是其资金分配方式和利润来源的路径组合。中国零售业受传统零售方式的影响，伴随着连锁经营的引入，当前零售商利润来源主要通过三种方式，分别是以赚取供销差价为单一利润来源的传统盈利模式、以零售商为主导的"后台毛利"模式，以及借助资金交付时间差盈利的"资本经营"模式。

（1）传统盈利模式，也被称为"供销差价"模式、"商品毛利"模式、"前台毛利"模式等。零售商从供应商处购买商品，获取商品的所有权，通过提高销售价格的方式，获取商品的利润。由于同时受经济环境和流通技术的影响，一方面，计划经济体制下，商品供应短缺一直是商品流通市场存在的问题；另一方面，流通能力不足使商品的供应无法满足消费市场的需求。中国商品流通市场在较长一段时间里，处于供不应求的状态，而零售企业在供应链末端，处于被支配的地位。在生产商主导的流通过程中，零售商只有通过提高价格的方式，从购销价格的差价中获取利润。

（2）以零售商为主导的"后台毛利"模式。零售商凭借自身市场势力向供应商收取入场费、广告费、店庆费等通道费用，从而实现盈利。随着 20 世纪 90 年代大型连锁超市的引入和购物中心的兴起，新型的供应模式随之产生，供应商在流通过程中的地位发生了变化，零售主体的主导能力逐渐增强。大型零售主体衔接供应商和消费者，由于双方的收益受对方参与者的影响，因而零售主体成为了为双方提供交易平台的双边市场。一方面，零售商通过集中采购降低进货成本，从而降低销售价格，在与同类型的零售商竞争中以价格优势吸引顾客；另一方面，随着顾客参与数量的增多，零售商在供应链中占据主导，凭借市场势力增强对供应商的控制，进而进一步降低供应成本，同时收取额外费用，因而形成了"后台毛利"。

（3）借助资金交付时间差盈利的"资本经营"模式。零售企业无论采取线上还是线下交付，都会在资金结算环节产生时间差，通过利用时间差将资金用于其他项目盈利的方式，就是"资本经营"模式。对于线上零售商而言，资金的结算需要借助于第三方平台，受物流交付滞后性的影响，资金的结算也会滞后。而对于线下零售企业，供货商提供商品和资金的结算时间也往往有一定的间隔，且零售企业借助自身的市场优势，会延迟与供应商的资金结算，因而增加了时间差。通过资金占用，一方面，零售商可以扩大自身的规模，提升服务水平和改善购物环境，增强顾客体验，进而吸引更多的消费者，进一步提升在供给端的主导作用，从而加强对供应商的控制能力；另一方面，通过采购量的增加，零售企业还可以增加资金的占用量，进一步扩大规模，提高供给质量。

6.2 供给侧改革对中国零售业态模式创新的影响

随着宏观经济背景和居民消费能力的不断变化，消费市场的需求也随之不断调整。党的十九大进一步强调，要以供给侧结构性改革为主线，推动经济发展质量变革、效率变革、动力变革，提高全要素生产率，着力加快建设经济实体、科技创新、现代金融、人力资源协同发展的产业体系。供给侧结构性改革从技术、政策、流通方式、产品属性等多方面对新时代中国零售业态产生了影响。

6.2.1 对价值主张的影响

零售业价值主张指零售主体通过其商品或服务为消费者提供的价值，是确认零售企业对消费者需求的满足程度。价值主张体现在消费者购物的全过程：对实体零售企业而言，从消费者到店的交通便捷程度，到零售企业的购物环境和服务能力，再到商品的使用体验等，都体现了实体零售企业的价值主张；对网络零售商而言，交易平台的搜索优化、商品信息的展示、数据信息的处理能力、物流配送水平等都体现了零售商的价值主张。消费者的购物需求和购物体验是价值主张的关键因素，供给侧结构性改革的核心是从供给体系出发，调整商品供应结构，更好地满足市场需求。党的十九大提出，新时代中国社会的主要矛盾已经转化为"人民日益增长的美好生活需要和不平衡不充分的发展之间的矛盾"。中国消费市场随着人民生活水平的提高，消费结构不断变化，零售业在供给侧结构性改革下，首先发生转变的是商品和服务的价值主张的升级。

供给侧结构性改革对价值主张的影响主要源自消费市场三个方面的变化，分别是居民收入的大幅提升、消费群体年龄结构的变化、购物方式和渠道的数字化变革。

首先，居民收入的大幅提升，增强了消费者的购买力，提升了购物需求，由过去对生活必需品的追求转向对高质量、品牌化的优质商品的需求。根据国家统计局数据，2018 年全国居民人均可支配收入达 28228 元，比上年名义增长8.7%。二三线城市人均收入也逐步跨过 5000 美元的消费拐点，阿里研究院的研究显示：到 2020 年，上层中产及富裕阶层的消费将以 17% 的速度增长，为中国城镇消费贡献 1.5 万亿美元的增量，同时，中产阶层以及中产阶层的消费以 3%的年均复合增长率增长。人均收入的增加带动消费的转型升级，使居民消费更加注重品牌、体验、服务和健康。中国互联网络信息中心（CNNIC）数据显示，在消费者对商品品质和价格的选择过程中，37.4%的消费者更加看重商品品质，仅11.6%的消费者更倾向于价格。

其次，新时代消费者的年龄构成引导了消费理念的变化。根据阿里研究院对消费市场的调研数据，15~18岁的消费者占中国城镇15~70岁人口的40%，并预测这一比例将于2020年达到40%。新时代年轻消费者的变化主要体现在三个方面：第一，消费者受教育水平更高。新一代年轻群体中，拥有本科以上学历的人群占比25%，而上一代中这一比例仅为3%。第二，对品牌的平均认知数量更多。调查显示，新一代年轻群体对品牌的平均认识数量为20个，上一代为7个，相差近3倍。第三，对本土品牌的接受度更高，特别是对数码产品、服装和护肤品等行业。由此可以看出，新时代下消费群体更加年轻化，由于以上三方面的影响，新时期的消费者更趋于理性，更加注重对商品的品质追求。

最后，购物方式和渠道的数字化变革驱动了价值主张的升级。互联网技术的发展，促进了零售业的数字化转型。近年来，互联网的使用率大幅增加，截至2018年12月，我国网民规模达8.29亿，普及率达到59.6%。其中，手机网民规模达8.17亿，网民中使用手机上网人群的占比由2017年的97.5%提升至98.6%。据估计，2020年电子商务对零售额的贡献率将达到14%~15%。一方面，线上零售企业受限于商品数量庞大，消费者搜索困难；另一方面，消费者在线购物过程中，难以感知商品的质量，因而线上零售商加强了与实体零售企业的对接，提高商品质量和品牌，增强顾客的参与度。同时，线上零售商通过对大数据的挖掘和计算，针对消费者的购物习惯，提供有针对性的推送服务，节约了消费者的搜索时间，将传统的单向搜索和购买转变为新时代下交互式的购买。对于线下零售实体而言，服务体验的创新是线下零售企业获取竞争力的关键。在计算机虚拟技术的驱动下，零售实体通过增强购物过程中的顾客体验，改善消费环境和提升服务水平，以增强消费者的满意度。

由此可以看出，新形势下消费市场的主体、需求和方式都发生了变化，供给侧结构性改革通过从流通体系的供给端出发，迎合市场需求，以商品质量为核心推动零售主体转型，促进零售服务和零售渠道的创新，增强了顾客的购物体验，响应了消费者价值主张的升级。

6.2.2　对价值链的影响

价值链的分析方法最早由迈克尔·波特提出，将企业置于总体产业中，并将企业的增值活动分为基本活动和支持性活动。其中,基本活动包含生产加工、原材料购买、物流配送、销售和产品的售后服务等,而支持性活动涵盖了原材料采购管理、人力资源管理、研究开发,以及财务制度等相关的支持性制度。在企业的运营过程中,基本制度和支持性制度相互关联,构成了企业创造价值的动态过程,将这些创造价值环节连接在一起的便是价值链。在传统商品流通过程中,价值链的构成主要体现在研发设计、生产加工、商品分销三大环节。价值链的起点为产品的研发设计,然后通过生产加工进入分销环节。价值增值主要表现在商品的研发设计和分销过程中。其中,商品的分销包含多级批发和零售,零售则作为传统商品流通价值链的最终环节。随着供给侧改革的深化,零售业借助互联网技术形成了多种新型商业模式,使传统的价值链发生了变化。供给侧结构性改革以市场需求为导向,结合零售业自身的发展特点,调整零售业的供给质量。所以,供给侧结构性改革对价值链的影响是多方面的,从价值链的构成到价值链利益的分配,都与传统的商品流通过程有所不同。

(1)顾客参与价值创造过程。在传统的商品流通过程中,价值链的构成主要包含研发设计、生产加工和商品分销三个环节。产品的研发设计被视为价值链的起始端,零售环节被看作是价值链的末端。随着居民收入水平的提高,消费者更加注重消费过程中的购物体验,一方面,对商品特性方面的需求有所增加,更加注重品牌化、个性化和定制化的商品,另一方面,加强了对服务水平的要求,对购物环境也有所选择。因此,零售企业通过对销售商品品类的选择,以及对零售环境和服务水平的提升,将增加对消费者的吸引力,可以很大程度上提升零售商的盈利水平。与此同时,零售企业通过与多种业态的组合也有利于促进消费。由此可以看出,新时代下,消费者在购物过程中的参与度更高,而消费者参与的环节正是零售企业获取利润的重要渠道。因此,价值链的构成也包含了顾客的购买商品和体验服务的环节。而且,随着消费者信息对生产的影响作用的加强,价值链的起始由生产领域转变为消费领域。

(2)零售业渗透到价值链各环节。传统的商品流通过程中,各个环节相互独立,随着交易的完成,商品在环节实现的价值增值随之结束。互联网的兴起促进了流通过程各个环节的资源整合,以降低流通成本和提高流通效率为出发点,逐步实现了商品信息和市场信息的共享。随着数据挖掘、处理和计算技术在零售领域的应用,零售商对价值链各个环节的渗透作用有所增强。首先,对于价值链下游的消费者而言,线上零售商通过对消费者信息的处理和计算,进行有针对性的推送服务,提高了商品与消费需求的匹配度,节约了消费者的搜索时间,提升了消费体验。而线下零售商通过多种方式提高服务水平，迎合消费者需求。其次，对于价值链上游的生产商而言，零售企业通过对消费数据的共享，以及对产品的定制化，促进生产环节从数量和质量两个方面更具有针对性的生产，节约成本的同时，更好地满足了市场的需求。因此，由于价值链各环节的相互作用，零售商对上下游的价值创造过程都产生了影响，并不同程度地参与了各环节的价值创造。

（3）价值链逐步向一体化价值网转变。由于消费者需求的多样化，商品的生产逐步由标准化生产向定制化生产转型。因而受原材料供给、生产能力、物流配送能力和供应商整合能力的影响，简单的由生产到销售的供应渠道难以满足不断变化的消费需求。因此，需要合理地整合原材料的供应、生产资源以及供应商资源，从而使得传统的商品流通渠道横向扩张，单节点的价值创造，由同行业的多家企业共同实现。价值链不仅仅因为顾客的参与，从长度上有所延伸，在宽度上也由于参与企业的增加，形成了多节点的结构。由于每个环节参与价值创造的企业增加，各个环节又相互联系，由此形成了网络化的价值创造体系。每个环节中的每个企业都有了参与商品的价值增值，而商品流通经过多个环节的传递，便形成了一体化的价值网络。

6.2.3　对盈利模式的影响

供给侧结构性改革对零售企业盈利模式提出了新的要求，传统零售企业通过对供应商的利润掠夺，减少供货成本，增加额外收益的方式已经难以应对电子商务的冲击。线上零售企业凭借商品种类多、价格低的优势，增强了对消费者的吸引力。与此同时，线上线下合作的零售企业，结合价格优势、服务体验，以及物流配送等优势，打破了时间和空间对传统零售企业的限制，在相对价格优势的基础上，提升了服务体验。因此，在电子商务不断增强的情况下，供给侧结构性改革要求零售企业增强与供应企业以及消费者的价值共享，在利益分配过程中由传统的零和博弈转为新型的多重博弈。通过供应商、零售企业和消费者三者的价值共享，实现零售企业的长远发展。

（1）对零售企业成本的影响。供给侧结构性改革明确提出降成本，从商品流通角度，成本包含商品的采购成本，同时包含贯穿流通过程的物流成本。对于零售商而言，成本主要源于商品进货成本和与之对应的流通成本，其中流通成本包含商品的损失、交通费用、交易成本和制度性成本等。因此，降成本一方面包含降低商品进货成本，另一方面包含减少物流成本。中国消费市场中，传统零售业的盈利模式以购销差价为主，商品的进货成本更多地取决于上级批发环节的定价。随着大型超市和连锁经营模式的传入，供应商模式随之兴起，零售环节凭借对消费者的聚集能力，逐步占据了产业链的主导地位，随之获得对商品的定价能力，并通过收取额外的附加费用获利。此后，互联网技术促进了电子商务的发展，网络零售凭借去除多余环节的优势，降低了商品的流通成本，因而线上零售与传统零售相比，更具价格优势，且对传统零售业造成了一定程度的冲击。由此，传统零售业凭借购销差价模式和占用供应商利润的方法，难以长期获利。从而形成了供应链模式，将流通过程的各个环节整合，从商品流通的全过程降低成本。

（2）对零售企业利润来源的影响。供给侧结构性改革意在增强国内供给与需求的有效对接，一方面更好地挖掘消费者的需求偏好，另一方面通过需求带动生产，减少机会成本。同时通过提升商品质量和挖掘消费者喜好，更好地吸引高端消费转向国内。而电子商务的出现，丰富了零售企业的收入来源，变得复杂多样。零售企业可以通过其网站营销，收取其他企业的广告费收入。还可以通过在线销售商品，提供其他增值服务，或者通过零售网站向消费者提供关联企业的商品。部分企业成功开展网上零售，同时转变传统支付方式，实现零售企业与金融服务的结合，通过信贷等金融手段实现盈利。因此，传统零售企业在供给侧结构性改革下面临着新的机遇与挑战，应及时改变并完善企业收入模式，进行盈利模式的创新，以获得新的竞争力。

6.2.4 对业态组织的影响

供给侧结构性改革强调了零售企业的服务能力，促进了不同零售业态的组合方式，催生了新型零售业态的布局。

首先，供给侧结构性改革下零售企业更加注重服务水平，从消费者的购物体验出发，业态的组合方式更加多样化。消费者需求的变化，逐步从注重商品的数量，转向对质量、品牌和个性等因素的追求，同时购物过程中也更加强调顾客体验。传统的线下零售企业为了迎合消费者的需求，逐步将销售的重点由商品转向服务，更加强调零售商的服务水平和购物环境。因此也促进了多种零售业态的混合模式，以及零售业态与其他业态间的混合模式。

其次，互联网、大数据、云计算和物联网等技术，催生了新型零售业态。自2004年起，《零售业态分类》国家标准的正式实施，标志着无店铺零售正式被国家承认。新时代下，随着互联网普及率的提升和技术水平的提高，新零售随之诞生。新零售与传统零售相比，最主要的特点是以消费者需求为导向，进行新业态和新技术的融合。一方面，实现线上与线下零售相融合。丰富了购物渠道，使消费者购物方式更加多样化；另一方面，通过提升供应链创造新型的零售业态。包括以盒马鲜生为例的新型生鲜类零售业态、以亚马逊无人超市为例的连锁型零售业态。

最后，以消费者需求为导向的，小型零售业态的布局丰富了现有商业网点的分布。随着区域性消费特征的显现，不同区域间、同一区域内部和城市内不同城区的划分，都由于消费人群的不同而显现出不同的消费特征。近年来，随着对消费者需求分析的逐渐精准，各个零售商纷纷推出无人货架和无人超市等小型零售业态。小业态的诞生以互联网技术为主要依托，搭载现有供应链平台，实现商品的统一配送。小业态的选址更有针对性，商品品类的选择也以消费者的购物信息为选择依据。一方面，从时间上，节约了消费者到大型网点购物的成本；另一方面，从空间上，与已有零售商形成网络覆盖，以小规模填补了现有商业网点无法完全辐射的区域。

6.3　中国零售业态的创新模式

随着互联网、大数据、云计算、区块链等技术在商品流通领域的应用，中国零售业态在供给侧结构性改革下发生了巨大变化，不同程度地向产业链上下游延伸。同时，通过技术手段和组织形式的创新升级，实现了自身的产品创新、服务创新和体验创新，以新型业态组织形式取代的传统商品流通中层级传递式的相对低效的流通方式。因此，零售业态的创新模式主要包括业态自身的创新、不同业态间组合方式的创新、零售业态与其他产业的融合方式的创新，以及应用场景和技术环境的创新。

6.3.1　深化零售业态的数字化转型

数字化转型已经成为零售业各个业态，乃至不同产业转型的当务之急。零售业态数字化转型的内在机制主要受三方面的驱动，首先，源自消费者的数字化体验需求。消费者购物动机包含对产品本身的效用体验和对服务及环境的享乐体验两个层面①。从产品层面而言，当消费者的信息获取速度比零售商更快时，或者

---

① Daniele Scarpi, Gabriele Pizzi, Marco Visentin. Shopping for Fun or Shopping to Buy: Is It Different Online and Offline? [J]. Journal of Retailing and Consumer Services, 2014 (21): 258 – 267.

零售商对信息的整合速度不及消费者的决策速度时，很容易产生供需错配的矛盾，也因此会导致零售效率的降低。从享乐体验层面而言，零售业态内部包含与基础设施、便捷性、安全性、娱乐性、环境、自身因素等相关的多种因素，都会对消费者的购物过程产生影响①，而相应的正向或负向影响不仅与消费者的重复购买决策高度相关，还会进一步影响消费者的主观幸福感和生活满意度。消费者自身数字化水平的提高，以及在生活其他领域的数字化体验，会引发对消费过程的数字化体验需求。因此，当零售业态的数字化能力与消费者需求不匹配时，会引致消费者主观满意度的降低，进而影响消费者的重复购买行为。其次，来自零售商与上游供应商数字化合作对效率的提升。从商品流通的全过程角度，简单商品流通和发达商品流通的并存包含其各自的经济内容②，与之相对应地，流通的直接渠道和间接渠道的并存也有其必然性，因而单个流通组织可能会衔接多个上下游渠道参与者。从零售商角度，单个零售商针对不同品类的商品，要衔接多个上游供应商或批发商。商品的流通，既可以是层级式的传递，也可以是供应链的协同。因此，由于渠道的不同、流通组织方式不同、参与者技术选择不同等多种因素，零售商需要及时提升自身的数字化水平，才能够更好地实现商品的高效流通，并获取自身收益。最后，数字化发展的大环境也对零售业态产生一定的影响。互联网快速发展的条件下，零售业态与餐饮业、服务业等其他业态的联系日益紧密，无论是业态间还是产业间的溢出效应，都迫使零售业完成数字化转型。

第一，加快形成数字化商圈，进一步提升消费的便捷性。根据商圈的含义：一家零售商店的顾客所来自的地理区域，亦即在一地理区域内的潜在顾客有高于零的概率会前往购买商品③。传统零售商很大程度上受限于所在区位和交通便捷度影响，出行成本也是消费者购物决策的影响因素之一。网络技术的应用，很大程度上减弱了空间限制因素，有效地扩展了零售商的服务范围。同时，物流配送能力的提升，也可以有效降低消费者的购物成本。由此可见，零售商的数字化转型可以有效突破原有的地理因素的局限，由实体商圈转变为线上虚拟商圈，大幅度提升零售商的服务范围。进一步地，依据传统的零售商圈理论，到店消费者的

① Kamel El Hedhli, Jean – Charles Chebat M. Joseph Sirgy: Shopping Well – being at the Mall: Construct, Antecedents, and Consequences [J]. Journal of Business Research, 2013 (66): 856 – 863.

② 纪宝成，谢莉娟，王晓东. 马克思商品流通理论若干基本问题的再认识 [J]. 中国人民大学学报，2017，31 (6)：60 – 70.

③ 曾庆均. 零售学 [M]. 北京：科学出版社，2012.

分布情况将实体商圈分为主要商圈、次要商圈和边缘商圈①。由于线上服务打破了空间的局限，可以有效地提升零售商在次要商圈和边缘商圈的竞争优势。

数字化商圈的实现路径包含三个方面，首先，传统实体零售商可以在已有的商圈优势上拓展线上销售渠道。零售商可以自建购物网站和物流配送体系，同步发展线上零售业务。其优势在于自建网站可以同现有的线下零售商在多个层面保持一致性，但前期的开发和维护成本较高。也可以通过搭载第三方平台的形式，开设虚拟商店，借助平台物流或第三方物流实现商品的配送。虚拟商店的优势在于不受平台数量的限制，可以依据不同平台的特点，开设多个虚拟商店，降低消费者的搜索成本。其优势在于对成本投入的要求较低，但要保持与平台的一致性，营销方式大多要与平台同步。零售商还可以通过社交平台扩大商圈的辐射范围，但与前两者相比，社交平台有利于单个或少量商品的展示和宣传，对于所有品类的呈现存在局限性。

其次，线上零售商可以通过整合线下现有资源，搭建虚拟零售商圈，根据线上订单调配线下商品，并组织配送服务。通过线上渠道整合线下实体零售商的方式其本质是借助互联网实现已有商圈的拓展和重组，由配送能力的提升将传统的边缘商圈升级为次要商圈，并将次要商圈纳入主要商圈。此种转型方式需要线上零售商与线下实体零售商实现商品层面的合作，线上零售商无须增加实体门店或仓储成本。同样地，线下零售商也无须增加网络零售布局的成本，但对于双方的合作水平和整理能力依赖程度较高，且存在区域性特点，更适用于实体零售业态较为成熟，分布相对密集的城市或区域。

最后，零售商可以结合线上零售与线下仓储能力，搭建数字化零售商圈。数字化商圈的打造不仅可以通过线上零售与线下实体零售的结合，同时线上零售商通过自建仓储设施，或与已有的具有仓储职能的流通组织合作也可以实现商圈的数字化转型。这一合作方式，可以提升线上零售的服务效率扩大服务范围，同时使原本不具备零售职能的线下组织增加了其盈利能力。换言之，借助互联网技术，使得原本不属于商圈覆盖范围或处于边缘商圈的区域，在不增加实体零售成本的情况下，实现了向商圈的转变。

第二，进一步增强实体零售业态内部的数字化体验。零售业态内部的数字化升级主要针对现有的实体零售企业，结合数字化商圈的发展，由点及面地提升零售业的服务能力。业态内部的数字化升级，不仅可以增强自身的运营能力，还可

① 曾庆均．零售学［M］．北京：科学出版社，2012.

以更好地发挥商圈的作用，同时有利于统一市场的形成。首先，增设无人零售场景的布局。当前，部分区域已经率先布局了无人零售场景，包括无人便利店、无人货架、无人超市等新型零售业态，增强了消费者的自助式体验，同时也提高了效率，节约运营成本。其次，实体零售业态的数字化要结合自身的发展特点。依据现有的 GB/T18106 - 2000《零售业态分类》，当前零售业态划分为包含食杂店、便利店、折扣商店、超市等业态在内的，共计 17 种业态类型。仅从规模角度，既有营业面积在 100 平方米以内的食杂店，也包含 10 万平方米以上的购物中心。同时，不同业态的商品结构、售卖方式、服务功能等也差异显著。针对不同规模的零售业态应结合自身的商品品类、经营模式、服务特点，以及目标群体等因素合理地完成数字化转型，使得不同区位的不同门店各具特色，彻底改善千店一面的盲目布局现状。最后，对于大型购物中心、百货商店等业态，应进一步增加数字化体验要素。除了当前已经大范围应用的线上支付手段外，还可以进一步增加对 AI、AR、VR 等技术的应用，实现虚拟试衣、AR 试鞋、虚拟试妆等新型购物体验项目，从而增强消费者在购物过程中的参与度。

第三，借助消费信息的数字化，加强零售业态的纵向延伸。零售的本质归根结底是商品价值的实现过程，商品仍然是流通过程中最核心的要素，消费者需求的满足依旧是流通企业要实现的最终目的。因此，零售业态数字化转型的起点要源自商品与消费者需求匹配度的调整。受消费需求多样化、品牌化、个性化和定制化的影响，以及消费者对本土零售品牌接受度的提高，打造自有品牌有助于零售企业实现商业模式的创新，同时也是零售业态借助数字化转型与制造业的深度合作。零售业发展自有品牌可以从流通过程的两端入手，一方面，通过自主设计研发和原材料的选择，形成自由品牌的创立，通过委托代理的生产方式交由第三方制造商生产，最终将商品通过零售业态自身投放市场，依据市场反馈的信息进行设计和原材料选择的调整及优化，进而进入新一轮的生产；另一方面，可以从流通过程的末端入手，结合已有的本土制造品牌，分析品牌零售企业在商品流通过程中存在的问题，并借鉴现有的国外品牌零售商的成功经验，提高品牌的认可度和零售业态自身的竞争力。与此同时，提高品牌零售商对互联网的利用程度，在销售环节，加强对消费信息的收集、处理和挖掘，深入了解消费者的购物需求，从而提升产品设计与市场需求的匹配度，使商品经由流通过程进入零售环节时，更易得到市场的认可。

6.3.2 形成以服务为导向的社区商业中心

2012 年，商务部的《关于"十二五"时期促进零售业发展的指导意见》明确指出，要"适度发展大型商业网点，加强社区配套商业设施建设，引导专业市场及物流配送中心集聚发展，形成以城市中心商业区为核心、城市区域商业中心为骨干、社区商业为基础的商业格局"。同时要"支持社区商业中心加快发展，完善服务功能，保障社区居民消费安全①"。可以看出，在构建现代化新型经济体系的过程中，社区商业承担了基础性商业服务职能，对中心商业区和城市商业中心等其他网点的发展起到了辅助和保障作用。

依据零售业周期理论的极化原则，从零售业态规模角度划分，大型机构的扩张趋势会随着小型机构的产生和兴起逐步被抵消②。社区商业是随着城市中心商业的快速发展而产生的，一方面填补了中心商业辐射能力范围内难以涵盖的地区，另一方面疏散了中心商业过度集中的客流，同时提高了社区范围内的商业运行能力和服务能力。追溯社区商业的起源，其最早于 1950 年诞生于美国，这一零售业态产生的主要动因源自于逆城市化现象出现。随着城市居民向郊区的迁移，服务于郊区新建居住区的新型社区商业应运而生。此后，英国、日本、法国相继出现社区商业，且随着 1970 年新加坡社区商业的涌现，亚洲国家也逐步展开了这一业态形式。我国社区商业兴起于 2010 年以后，分布较为集中于人口密集的大型城市，业态发展不够成熟，仍然存在规划布局不合理、零售业态单一、规模不当等问题③。

发展社区商业的前提要明确其定位和职能，区别于城市中心商业区，社区商业的辐射范围仅涵盖社区内的居民，无论是业态种类还是经营规模都只作为中心商业的补充。同时区别于食杂店、便利店等以盈利为主要目的的小规模零售业态，社区商业所承担的职能除了商品的流通外，还需兼顾"保障社区居民消费安全"，特别是在发生重大突发情况时，承担保证社区居民正常商品供应的职能，及时做好调配和供给，真正做到货畅其流和"最后一公里"的配送保障。

首先，结合居民分布特点布局社区商业。社区商业的布局要结合区域特点、城市定位以及社区内居民的自身情况合理规划，不能一概而论。一方面考虑区域

---

① 商务部."十二五"时期促进零售业发展的指导意见［Z］.2012.

② Stephen Brown. Institutional Change in Retailing：A Review and Synthesis［J］. European Journal of Marketing，2007（21）：5－36

③ 夏羿. 基于商圈理论的社区商业开发模式构建［J］.商业经济研究，2019（14）：39－42.

内的消费特点，另一方面考虑社区内部的居民构成。商品品类的选择充分依据当地的消费者偏好，不同区域范围内的社区商业要差异化布局。同时，不同城市间、城市与郊区间的社区商业也要有所区分，不仅要结合当地的居民消费水平，也要切实考虑社区周围的商业分布特点。对于周边商业分布密集的社区，社区内部的商业应起到补充的作用，而对于商业分布较为分散的郊区，社区商业应承担主要的支撑作用。结合小区内居民的分布特点，应充分结合其收入水平、年龄结构等统计特征，有针对性地布局社区商业。对于老龄化严重的社区，除调整商品结构外，还应加大服务比重。而对于以青年群体为主的社区，可以考虑适当延长社区商业的服务时间和提高数字化能力。结合以上因素，社区商业构建的主要路径分为两个方面，即已有商业或服务中心的转型和新型社区商业的打造。对于前者而言，依据社区内现有资源实现转型升级，不仅可节约成本，而且可以更好地提高内部设施的服务能力，特别是对于老城区内时间比较久的社区，社区商业的升级是对现有商业和服务的更新。对于城市内新建社区而言，规划初期就应充分考虑到社区商业的分布和服务范围，合理安排空间上的布局。

其次，社区商业要逐步提升智能化和数字化水平。市场因素、业态因素和技术因素作为社区商业智能化发展的内在动力，很大程度上推动了社区商业发展①。从商业职能角度，社区商业仍然具有商品的供给和分销作用，满足消费者的需求并提升购物体验，社区商业需要通过智能化和数字化的技术手段获取居民消费偏好的信息并构建社区居民深度画像，从而提供更好的商业服务。从服务职能角度，社区商业要兼顾保障居民消费安全的作用，因此需要有效利用商品追溯系统等技术手段，监控商品流通的各个环节。除此之外，社区商业还可以搭载第三方配送平台、社交平台、电商平台等，提供线上的社区服务，并借助不同平台的优势提供营销、售后等服务。与此同时，政府部门也应加强对社区商业服务中心的重视，适当条件下，可以考虑基层社区服务中心向社区商业服务中心的转型。

最后，借助现代流通供应链打造一体化社区商业。2017 年，国务院首次提出流通供应链，指出要"应用供应链理念和技术，大力发展智慧商店、智慧商圈、智慧物流，提升流通供应链智能化水平②"。国内学者将流通供应链定义为"指将品牌商、经销商、零售商、终端消费者以及物流服务商、信息技术服务商

---

① 徐印州，林梨奎，李丹琪. 社区商业的人工智能化趋势［J］. 商业经济研究，2018（12）：8 – 12.
② 国务院办公厅关于积极推进供应链创新与应用的指导意见［Z］. 2017.

等连成的一个集物流、信息流、资金流、商流为一体的功能网链结构①"。流通供应链的实质是从降低流通成本的角度出发，对传统的商品流通过程进行数字化转型。制造商、供应商和零售商通过互联网共享商品的信息，将销售数量、库存数量、市场反馈等信息透明化。商品的库存情况随着销售过程直接呈现在管理系统中，零售商根据销售情况，在线上定制生产要求；制造商直接依据共享的市场信息和零售商的订单数量进行原料采购及定制化生产；供应商则依据库存数量、生产情况和零售商网点分布等信息合理规划的配送路线，同时，零售商可以借助网络获取商品的生产信息和配送信息。因此，社区商业可以凭借与居民的紧密联系、空间分布特征与社区相一致，以及顾客消费群体性显著等特点，通过高效的流通供应体系实现不同社区间的整合，更好地实现规模经济和范围经济。

6.3.3　强化零售业态线上线下的深度融合

零售业态线上线下的融合包含多层含义，一方面指单个零售业态内部的线上和线下分销渠道的融合，另一方面包含线上服务业态与线下零售分销渠道的融合，线上零售分销渠道与线下服务业态的融合，以及零售商与制造商、供应商等多重路径的线上线下合作方式等多种业态或产业间的组合方式。

首先，增强零售业态内部线上线下分销渠道的融合，逐步向全渠道零售转型。全渠道零售的内涵指零售商可以借助包括网上商店、实体零售店、社交媒体、移动设备、上门服务等在内的多种分销渠道实现与消费者的互动②。其本质仍然是零售业实现将商品与消费者相衔接职能，但衔接渠道更为多样化，且同时涵盖了线上与线下、实体与电商等多种方式。作为全渠道零售形成并发展的内因③，信息技术的发展同时也为零售业全渠道布局提供了路径。零售商为消费者提供商品的过程伴随着商品所有权的转移，随着信息技术的发展，流通过程的商流、物流、信息流和资金流也由同步捆绑转向相互独立，而商品所有权的转移和物理空间的移动也相继分离。基于此，零售商渠道布局的实质是为商品所有权的转移提供触发机制，因此与多渠道相关联的是消费者购买方式的便捷性。零售商可以通过网上商店的方式，增加线上销售渠道，同时可以通过社交

① 张建军，赵启兰. 新零售驱动下流通供应链商业模式转型升级研究 [J]. 商业经济与管理，2018 (11)：5 – 15.

② Rigby D. The Future of Shopping [J]. Harvard Business Review, 2011 (12)：64 – 75.

③ 李飞. 全渠道零售的含义、成因及对策——再论迎接中国多渠道零售革命风暴 [J]. 北京工商大学学报（社会科学版），2013，28（2）：1 – 11.

平台提供触点，例如微信小程序、小红书商城等多种新型平台。与此同时，商品的位移过程也是全渠道布局值得注意的，结合已有经验，零售商既可以实现到店消费与配送到家相结合，也可以实现线上消费与到店取货相结合。由此可以看出，零售商提供商品的方式应是由消费者自由组合并即时响应的。综上所述，全渠道不仅仅是线上或线下渠道的拓展，更加强调渠道间的融合和消费便捷性的提升。

其次，加强实体零售和线上电商与消费者的交互能力。基于全渠道服务的发展方向，零售商要进一步提高与消费者的联系，从而增强自身的分销能力。一方面，可以搭载新型的社交媒体，提升信息流的效率。新型社交媒体凭借互联网和移动设备的便捷性优势，突破了传统媒体的局限，将媒介信息更为碎片化、即时化和融合化。商品信息和服务信息可以在短时间内与其他信息或场景相融合，有效地增强了消费者的信息能力。部分品牌商已经通过搭载新型社交媒体的方式，创新了自身的营销途径。并且已有研究也表明，通过微信公众号的方式进行适当的产品推广有助于促进消费者的购买①。与此同时，还要注意购买渠道的可达性，可以通过社交媒体的内容来加强实体渠道的推广，还可以通过与线上渠道的连接，实现由媒体到线上零售商无缝衔接，从而有效降低消费者平台转换的成本。当前，部分视频社交媒体已经可以为消费者提供平台间的衔接，将商品的购买渠道与信息内容相联系，以微信为代表的社交平台也通过公众号文章的方式，将文字信息和图片信息与商品的购买渠道相融合，消费者可以在获取文章内容后即时转向商品的购买。另一方面，零售商还应注重线上社群的建立和维护。基于与消费者的距离、信任度及碎片化的流量分配机制，社群化已经成为传统电商发展的重要趋势②。线上社群的建立依托消费者已有的社会关系，或以零售商为媒介建立偏好相似的社交群体。前者以裂变的方式快速传递商品信息，有效地节约了零售商的获客成本。后者以消费者偏好为前提，形成目标群体的集聚，进而促进商品和服务的供给更为高效。不仅网络电商，实体零售商也应充分利用社群化发展的优势，借助社交平台打造线上社群，拓展分销渠道的同时从多角度降低运营成本。

最后，注重零售业态与供应链上游合作渠道的融合。零售商位于商品流通的

① Yanhong Chen, Yaobin Lu, Bin Wang, Zhao Pan. How do Product Recommendations Affect Impulse Buying? An Empirical Study on WeChat Social Commerce [J]. Information & Management, 2019 (56): 236 –248.
② 王昕天，汪向东. 社群化、流量分配与电商趋势：对"拼多多"现象的解读 [J]. 中国软科学，2019 (7): 47 –59.

最终环节，除去专卖店、品牌店等以经营单一品类为主营业务的零售商，无论是小规模以食杂店、便利店为代表的，还是以大型超市、购物中心为代表的大规模零售，所经营的商品大部分以综合性为主，因而其供应渠道具有多样性，既包含现代供应链系统，也含有传统的层级式批零结构。特别是对于附加值低的生活必需品，需要通过大批量的采购才可以实现商品的盈利。因此，零售商的对接渠道也应兼顾线上和线下，并进一步实现多种供应渠道的融合。

6.3.4 发展引致价值主导的服务链模式

2016 年，国务院发布的《关于推动实体零售创新转型的意见》中明确指出："引导企业顺应个性化、多样化、品质化消费趋势，弘扬诚信服务，推广精细服务，提高服务技能，延伸服务链条，规范服务流程。支持企业运用大数据技术分析顾客消费行为，开展精准服务和定制服务，灵活运用网络平台、移动终端、社交媒体与顾客互动，建立及时、高效的消费需求反馈机制，做精做深体验消费[1]。"互联网的迅速发展，为零售业带来了很多新的变革，但位于商品流通过程的终端，互联网的发展仅是在表现形式上驱动了零售业媒介机制的升级，而零售业本身的"媒介供需"职能没有改变[2]。因此零售业态仍然基于社会分工的底层逻辑借助商业资本的运营效率，发挥着连接供需的媒介作用。而随着商品供给能力的不断提升、同质化商品和千店一面现象的增加、互联网所带来的对"长尾"需求的有效供给以及搜索成本的大幅度降低，促进了服务体验在消费过程中所占的比重不断加大，消费者更加追求差异化、个性化的高质量服务。由此，国内学者基于马克思主义流通观提出引致价值，即"指商业部门为了把使用价值和价值进一步'引向'消费者，在提供服务过程中为满足其效用价值而新创造出的价值[3]"。由此可以看出，零售商在执行分销职能的过程中所提供的服务就是引致价值的物质表现形式之一。更进一步地，服务业与零售业态的深度组合也可以看出新时代的商品流通必然与服务运营相捆绑，通过服务促进商品销售[4]。值得注意的是，消费者的购买行为具有不确定性和可重复性，因此，引致价值不仅

① 国务院办公厅关于推动实体零售创新转型的意见 [Z] . 2016.
② 谢莉娟，庄逸群 . 互联网和数字化情境中的零售新机制——马克思流通理论启示与案例分析 [J] . 财贸经济，2019，40（3）：84－100.
③ 孙鹏 . 以价值重构推动实体商业转型——基于引致价值的分析 [J] . 财贸经济，2017，38（7）：107－120.
④ 纪宝成 . 消费的需要决定生产 [J] . 华中师范大学学报（人文社会科学版），2018，57（4）：43－48.

仅包含在单次的消费过程中，也不仅仅是针对实体零售商而言，在消费者购买商品的前后和线上线下的多种分销渠道中都会形成引致价值。

首先，加大零售业态自营比重是提升服务能力的重要前提。长期以来，零售业大部分采取联营的盈利模式，自营比重较小。究其原因，一方面源自经济体制改革的宏观背景①，另一方面源自零售业自身通过联营的形式将经营风险转移②，以降低自身零售能力的制约。由此，零售商转向平台化发展，逐步变为以租赁业务为主的商业地产形式，与之相伴随的是零售商的"商人"职能的弱化，亦即对商品资源的分配能力的减弱③和零售业从业人员服务能力的降低。长此以往，会造成零售业自身竞争力的丧失和主营业务能力的减弱。而自营又是零售商长久发展不可或缺的盈利能力，高级商品流通的形成以社会分工的深化为基础，其中的重要特征之一是"商人"职能从生产环节的剥离，通过独立的商业资本的运营实现商品所有权的转移。因此，自营是零售业转型升级的必经之路。互联网的发展为零售业提升自营能力提供了技术支持，从商品资源分配的角度，互联网从数量和品类上释放了大量消费需求，促进了"长尾"需求的显现化④。同时，也进一步改善了传统的"以产定销"的局面，有效促进以消费者为核心的拉式产业链的形成。因此，零售商为匹配供需所投入的成本大幅降低，为提升服务能力提供了基本条件。与此同时，从社会再生产的角度，互联网对生产和消费的影响，有效地减缓了商品资源的"有限性"。换言之，消费市场上供过于求的买方市场已经逐步形成，这就要求零售商从服务的角度提升消费者的主观体验，进而促进消费。综上，零售业自营是提高引致价值转换率的首要前提，基于零售业联营比重过大的现实条件，一方面要加大现有零售业态的自营比重，培育自有品牌、买手团队，以及加深与生产和流通环节的合作，另一方面要从政策角度，鼓励自营企业的发展，实现零售业态从联营向自营的过渡。同时，零售业自身也要加强对从业人员服务能力的提升，形成自有的采购和销售团队，将经营风险内部化，并通过自身商品和服务供给能力的提升将其抵消。

最后，创新发展零售业服务链模式，形成精准化、及时化、差异化的商品

---

①③　宋则. 论零售企业自营——"十三五"时期商贸流通业改革、发展新方向 [J]. 中国流通经济，2017，31（3）：25-37.

②　刘向东，王庚，李子文. 国内零售业盈利模式研究——基于需求不确定性下的零供博弈分析 [J]. 财贸经济，2015（9）：108-117.

④　谢莉娟，庄逸群. 互联网和数字化情境中的零售新机制——马克思流通理论启示与案例分析 [J]. 财贸经济，2019，40（3）：84-100.

服务体系。加强零售商对商品和购买过程前后对消费者服务水平的关注，以消费者的需求为依托，由单向对消费者提供商品和服务，转向使消费者参与到商品的设计和生产。以信息流为主导，将零售商的服务融入从商品的设计、生产到销售每一个环节。首先，通过线上购物平台、社交平台，以及实体门店的销售数据，收集消费者的产品需求和功能体验，将信息整合用于产品的设计、原材料的采购，以及商品的生产制造，通过线下体验店展示商品，并提供多种销售渠道，最终使商品流向消费者，再通过售后信息的反馈和新产品的需求等定制信息，进行新一轮的生产。产业链视角下，从商品的生产到消费，每个环节都伴有零售商的服务，既包含面向消费者到店体验的前台服务，也包含基于对消费者数据实现产品迭代的后台服务。同时，可以丰富线下实体店的购物体验，以多元业态组合以及体验式场景服务等形式吸引消费者。更进一步地，可以通过与咖啡餐饮、文化艺术、时尚美容等服务业态相融合，构建新型服务型社交购物场所。

6.3.5 发展全产业链模式

全产业链模式是指零售企业将生产过程和流通过程的内部化，其职能包含产业链的各个环节，从生产到销售的整个过程均由零售企业自身完成。零售企业根据市场信息设计产品并自主生产，商品由零售品牌自有门店或销售平台进入市场，再一次通过收集的市场信息进入设计加工的环节，形成由设计生产到最终销售的封闭循环，而其中的采购、仓储和配送等供应环节也由零售商独立完成。从社会再生产角度，可以理解为消费向前端逆向整合，由传统的"消费影响生产和交换"变为消费同生产和交换的一体化。根据消费者和零售企业的关系，也可以将全产业链模式视为 B2C（Business to Customer）模式。

消费者的多样化需求和生产部门的制约促进了零售商全产业链发展的形成。一方面，消费者的多样化、个性化需求引导零售商"按需定产"，同时，"多样性"又限制了生产数量；另一方面，传统制造业又受限于"最小起订量（Minimum Order Quantity，MOQ）①"，由此形成的供需矛盾导致了零售商的高成本运营以及商品迭代周期的延长。零售商通过向生产环节的延伸，可以有效化解商品数量对生产的影响，进一步地，将供应链内部化可以将生产和消费无缝

---

① 王强，刘玉奇. 新零售引领的数字化转型与全产业链升级研究——基于多案例的数字化实践[J]. 商业经济研究，2019（18）：5-8.

衔接，利用自身对资源的有效整合而提高商品的供给能力。由于零售商减少了流通环节，提高流通效率的同时节约了流通成本，促进了零售企业规模的扩张，增加了其竞争优势，提高零售制造商的制造能力，进一步形成生产领域的规模效应，从而更精准、更迅速地适应消费者的需求。可以看出，零售商通过生产和消费两个环节的相互促进，推动全产业链零售模式的发展。值得注意的是，全产业链的发展模式要以零售商的运营能力、数字化水平和对消费者信息的整合能力为前提。零售商向生产环节的延伸以及供应体系的建立，需要固定成本的投入，而对消费者需求信息的获取和分析需要一定的数字化能力。因此，全渠道零售不仅需要零售商自身的数字化赋能，还需要一定的资本和技术积累。

全产业链模式的特点是将设计、采购和生产等环节内部化，由零售企业统一管理。其优势主要体现在四个方面：首先，有利于商品的创新和质量升级。零售企业直接面向消费者，可以直接获取市场需求信息，并用于商品的生产环节，减少了信息传递过程的时间降低信息失效的风险，通过信息的有效处理，提高商品质量和对需求的匹配程度，从而促进商品质量提高和产品创新。其次，有效地降低了成本。一方面，零售企业通过将采购和生产环节内部化并统一管理，可以有效地降低生产成本；另一方面，通过减少中间环节，零售企业直接管理商品从生产到销售的供给过程，有效地减少了层级传递式的流通成本。再次，提高了流通效率。商品从生产到销售均在零售企业内部完成，通过销售过程获取消费者信息，分析消费者的偏好，挖掘顾客的购买意愿，直接将信息用于产品的设计，可以减少信息流通的时间，即时地响应市场的需求。与此同时，减少了多级批发环节，也可以节约商品流通的时间，缩短了商品从生产到销售的周期，进而有效提高了商品的流通效率。最后，有利于将设计生产、商品和服务有效结合，充分发挥商品的优势，利用消费者偏好和消费习惯，迎合消费者需求，实现价值主张创新，提高顾客的消费体验。

当前已有多个零售品牌实现了全产业链的转型，其中包括以中粮集团为代表的农产品、以江小白为代表的白酒行业、以海尔为代表的家电行业、以小米为代表的电子产品等。零售商布局全产业链，首先要实现对消费信息的获取，通过数字化驱动商品的生产。其次要为生产提供可能性，通过建立设计中心、生产中心或农产品的种植中心等进入生产环节。最后要通过信息和渠道的有效整合，实现商品从生产领域向消费领域的流通。

6.4 零售业态数字化转型的实证检验

前文说明了供给侧改革背景下零售业态数字化转型的趋势，数字化转型有助于制造商与零售商定制生产与成本优化。本节重点说明具体供给侧改革背景下，制造商、零售商是否进行数字化转型的情景，考察分散决策与集中决策下，是否采购大数据服务对供应链总体利润和参与主体利润的影响。现实生活中，制造商与零售商往往不具备采集、处理、解释大数据的能力，往往委托专业大数据服务商进行数字化转型。

6.4.1 分散决策下不采购大数据服务的博弈过程

本节研究制造商主导分散决策下的 Stackelberg 博弈，考虑分散决策下制造商采购与不采购大数据服务的供应链博弈过程，比较采购大数据服务对供应链总体利润和参与主体利润的影响。传统制造商主导下的供应链，由一个占优势地位的制造商与零售商构成，供应链运作模式如图 6-10 所示。

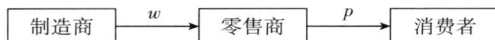

图 6-10 不采购大数据服务的供应链运作模式

不失一般性，假设市场需求量是关于产品价格、质量、零售商服务水平的线性函数形式，即：

$$Q = a - b \times p + (\eta + \beta) \times v \tag{6-1}$$

其中，p 是零售商提供给消费者的价格，a 是市场中的基准需求量，不受价格和其他因素的影响；b 是需求价格弹性，反映消费者对价格变动的敏感程度，η 是消费者对产品质量的敏感系数，即制造商为提高产品销量，针对产品质量提供的服务；β 是消费者对零售商附加服务的敏感系数，即对零售商提供的一系列服务的满意程度；v 是制造商提供质量投入、零售商提供附加服务给消费者带来的价值。假设为提高产品质量，制造商投入成本为 c_1，边际生产成本为 s，零售商提供附加服务投入成本为 s。制造商利润 π_m 与零售商利润 π_r 如下：

$$\pi_m = Q \times (w - c_1 - c_2) \tag{6-2}$$

$$\pi_r = Q \times (p - w - s) \qquad (6-3)$$

根据 Stackelberg 博弈规则，博弈分为两个阶段：①制造商首先决定批发价格 w；②零售商根据批发价格指定零售价格 p，最后得到产品需求（供给）数量 Q，整个博弈过程结束。

由逆向求解法求解该主从对策模型，得到制造商最优批发价格 w^* 与零售商最优售价 p^* 如下：

$$w^* = \frac{a + b(c_1 + c_2 - s) + v(\eta + \beta)}{2b} \qquad (6-4)$$

$$p^* = \frac{3a + 3v + b(c_1 + c_2 + s)}{4b} \qquad (6-5)$$

渠道的产品需求量 Q^* 为：

$$Q^* = \frac{a - b(c_1 + c_2 + s) + v(\beta + \eta)}{4} \qquad (6-6)$$

制造商利润 π_m^* 与零售商利润 π_r^* 为：

$$\pi_m^* = \frac{[a - b(c_1 + c_2 + s) + v(\beta + \eta)]^2}{8b} \qquad (6-7)$$

$$\pi_r^* = \frac{[a - b(c_1 + c_2 + s) + v(\beta + \eta)]^2}{16b} \qquad (6-8)$$

性质一：制造商主导的分散决策模型中，只有参与成员利润至少都大于零时，供应链才能趋于稳定，即：$Q^* > 0$，$\pi_m^* > 0$，$\pi_r^* > 0$，满足条件为：

$$a + v(\beta + \eta)/b > c_1 + c_2 + s \qquad (6-9)$$

即制造商与零售商提供附加服务给消费者创造的价值要大于投入成本之和。

性质二：制造商主导下，供应链稳定运行的必要条件是制造商获得的利润 π_m^* 是零售商利润 π_r^* 的两倍。

6.4.2 分散决策下采购大数据服务的博弈过程

采购大数据后，供应链由一个占优势地位的制造商、一个跟随者零售商、一个提供大数据服务的大数据服务商构成，形成三级供应链。供应链运作模式如图 6-11 所示。

保证一致性，此时的需求函数为：$Q = a - b \times p + (\eta + \beta) \times v$。制造商占主导时，采购大数据并支付单位成本 m，与零售商进行信息共享，优化生产成本，优化系数为 t，制造商利润 π_m^b 为：

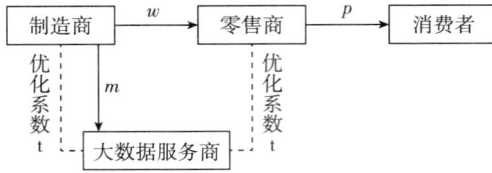

图 6-11　加入大数据后三级供应链动作模式

$$\pi_m^b = Q \times [\, w - \ln t^2 \times (c_1 + c_2 + m)\,] \tag{6-10}$$

零售商利润函数为：

$$\pi_r^b = Q \times (\, p - w - \ln t^2 \times s) \tag{6-11}$$

大数据服务商选择努力程度 t，承担相应的运营成本，大数据服务商利润 π_b 为：

$$\pi_b = m \times \ln t^2 - g \times t \tag{6-12}$$

在边际效用递减规律作用下，零售商的努力程度与优化系数是非线性的，g 是零售商的单位成本系数，即选择努力水平所付出的成本。

根据 Stackelberg 博弈规则，该博弈分为三个阶段：①制造商根据利润函数，决定批发价格 w；②零售商知道制造商采购大数据服务，根据制造商变化的利润函数及批发价格确定零售价格 p，最后得到产品需求数量；③大数据服务商根据制造商的支付水平 m，由利润最大化原则确定努力水平 t，整个博弈结束。根据逆向求解原则，制造商可预测到零售商与大数据服务商的零售价格 p 及努力水平 t，最终决定批发价格 w 与单位支付 m。此时，加入大数据的三级供应链均衡求解过程如下：

首先根据大数据服务商利润函数，求其努力水平均衡解 t^*：

$$t^* = \frac{2m}{g} \tag{6-13}$$

零售商考虑制造商采购大数据的行为选择，此时零售商最优价格 p_b^* 为：

$$p_b^* = \frac{3a + 3v(\beta + \eta) + 2b\ln(2m/g)(m + c_1 + c_2 + s)}{4b} \tag{6-14}$$

制造商确定的批发价格 w_b^* 为：

$$w_b^* = \frac{a + v(\beta + \eta) - 2b\ln(2m/g)(m + c_1 + c_2 - s)}{2b} \tag{6-15}$$

零售商订货量 Q_b^*（市场需求量）与制造商利润 π_m^b、零售商利润 π_r^b、大数据服务商利润 π_b 为：

$$Q_b^* = \frac{a + v(\beta + \eta) - 2b\ln(2g/m)(m + c_1 + c_2 - s)}{4} \qquad (6-16)$$

$$\pi_m^b = \frac{[2b\ln(2m/g)(c_1 + c_2 + s + m) - a - v(\beta + \eta)]^2}{8b} \qquad (6-17)$$

$$\pi_r^b = \frac{[2b\ln(2m/g)(c_1 + c_2 + s + m) - a - v(\beta + \eta)]^2}{6b} \qquad (6-18)$$

$$\pi_b = m\ln(2m/g)^2 - 2m \qquad (6-19)$$

性质三：制造商主导的三级供应链中，只有参与成员利润至少都大于零时，供应链才趋于稳定，即：$Q_b^* > 0$，$\pi_m^b > 0$，$\pi_r^b > 0$，$\pi_b > 0$，必须同时满足的条件为：

$$a + v(\beta + \eta)/b > \ln(2g/m)^2(m + c_1 + c_2 - s) \qquad (6-20)$$

$$m/g > e/2 \qquad (6-21)$$

当且仅当上述条件同时满足，制造商主导的分散决策供应链会选择采购大数据，即优化后的成本系数小于给消费者创造的价值；大数据服务商会提供服务，即制造商单位支付 m 至少是成本系数 g 的 $e/2$ 倍。

6.4.3　分散决策下是否采购大数据服务的利润比较

设 $\Delta\pi_m$ 表示采购大数据后制造商利润变动，有：$\Delta\pi_m = \pi_m^b - \pi_m^*$，令 $\Delta\pi_m > 0$ 得到：

$$\ln(2g/m)^2(m + c_1 + c_2 + s) < c_1 + c_2 + s$$

即：采购大数据服务并支付费用，使优化后的成本参数，小于初始运营成本，制造商利润得到增加。

设 $\Delta\pi_r$ 表示采购大数据后零售商利润变动，有：$\Delta\pi_r = \pi_r^b - \pi_r^*$，令 $\Delta\pi_r > 0$ 得到：

$$\ln(2g/m)^2(m + c_1 + c_2 + s) < c_1 + c_2 + s \qquad (6-22)$$

即：制造商采购大数据使零售商优化后的成本参数小于初始运营成本，零售商利润得到增加。

结论一：制造商主导的分散决策供应链，当采购大数据服务带来的成本优化参数满足条件 $\ln(2g/m)^2(m + c_1 + c_2 + s) < c_1 + c_2 + s$ 时，制造商采购大数据能够增加制造商和零售商的利润，此时负担的最大成本为：$\ln(2g/m)^2(m + c_1 + c_2 + s)$。

6.4.4　集中决策下不采购大数据服务的博弈过程

本节研究制造商主导共同决策下的 Stackelberg 博弈，考虑共同决策下供应链不采购和采购大数据服务的运作过程，比较采购大数据对供应链总体利润和参与主体利润的差异。

共同决策时，零售商与制造商以供应链总体利润最大化为目标，共同进行决策，不失一般性，需求函数为：$Q = a - b \times p + (\eta + \beta) \times v$。制造商和零售商共同决定产品零售价格 p_D^*，面对相同的市场需求量 Q_D^*。此时供应链整体利润函数 π_D 为：

$$\pi_D = [p - (c_1 + c_2 + s + m)] \times Q \qquad (6-23)$$

根据逆向求解法，零售价格 p_D^*、市场需求量 Q_D^* 为：

$$p_D^* = \frac{a + b(c_1 + c_2 + s) + v(\beta + \eta)}{2b} \qquad (6-24)$$

$$Q_D^* = \frac{a - b(c_1 + c_2 + s) + v(\beta + \eta)}{2} \qquad (6-25)$$

此时，供应链整体最大利润 π_D 为：

$$\pi_D = \frac{[a - b(c_1 + c_2 + s) + v(\beta + \eta)]^2}{4b} \qquad (6-26)$$

性质四：制造商主导共同决策时，只有参与成员利润至少都大于零时有：$Q_D^* > 0$，$\pi_D > 0$，供应链运行才趋于稳定，即：

$a + v(\beta + \eta)/b > c_1 + c_2 + s$，制造商与零售商提供附加服务带来的客户价值要大于投入的成本之和。

性质五：共同决策下，供应链整体利润 π_D 大于分散决策的整体利润 $\pi_m^* + \pi_r^*$，利润差额 $\Delta \pi_D = \pi_D - \pi_m^* - \pi_r^*$ 为：$\Delta \pi_D = [a - b(c_1 + c_2 + s) + v(\beta + \eta)]^2 / 16b$；共同决策市场需求量 Q_D^* 是分散决策市场需求量 Q^* 的两倍，该现象的原因之一是共同决策下零售价格 p_D^* 比分散决策下零售价格 p^* 低：$\Delta P_D^* = P_D^* - p^* = b(c_1 + c_2 + s) - v(\beta + \eta) - a/4b$，这符合本书的需求函数逻辑假设。

结论二：制造商主导下，共同决策时供应链整体利润大于分散决策时供应链整体利润，在保证制造商利润是零售商利润两倍的基础上，通过对增加的利润进行分配，能够让制造商和零售商都获得利润增长。共同决策下，商品零售价比分散决策低，市场需求量比分散决策高，消费者以更低的价格购买更多的产品，不仅增加社会福利，更有利于企业的长期发展和供应链稳定。

6.4.5　集中决策下采购大数据服务的博弈过程

共同决策时，零售商与制造商以供应链总体利润最大化为目标，共同进行决策，不失一般性，需求函数为：$Q = a - b \times p + (\eta + \beta) \times v$。大数据服务商选择努力程度 t，承担相应的运营成本，大数据服务商利润 π_b 为：$\pi_b = m \times \ln t^2 - g \times t$。共同决策且采购大数据服务时，供应链整体利润函数为：

$$\pi_D^b = [p - \ln t^2(c_1 + c_2 + s + m)] \times Q \qquad (6-27)$$

共同决策下，零售商与制造商共同采购大数据服务，根据 Stackelberg 博弈规则，该博弈分为两个阶段：①制造商和零售商共同决定产品零售价格 p，确定市场需求量 Q，支付单位费用 m 采购大数据服务。②大数据服务商参照支付水平 m，确定努力水平 t，整个博弈结束。根据逆向求解原则，制造商可预测到大数据服务商的努力水平 t。加入大数据后共同决策供应链均衡求解过程如下：

大数据服务商根据利润函数，求其努力水平均衡解 t^*：

$$t^* = \frac{2m}{g}$$

制造商与零售商决定零售价格 p_D^b，面临市场需求 Q_D^b：

$$p_D^b = \frac{a + v(\beta + \eta) + 2b\ln(2m/g)(c_1 + c_2 + s)}{2b} \qquad (6-28)$$

$$Q_D^b = \frac{a + v(\beta + \eta) + 2b\ln(2m/g)(c_1 + c_2 + s)}{2} \qquad (6-29)$$

$$\pi_D^b = \frac{[2b\ln(2m/g)(c_1 + c_2 + s) - a - v(\beta + \eta)]^2}{4b} \qquad (6-30)$$

$$\pi_b = m\ln(2m/g)^2 - 2m \qquad (6-31)$$

性质六：制造商主导共同决策，大数据服务商参与供应链运营时，只有参与成员利润至少都大于零时即：$Q_D^b > 0$，$\pi_D^b > 0$，$\pi_b > 0$，供应链运行才趋于稳定，满足条件为：

$$a + v(\beta + \eta)/b > \ln(2g/m)^2(m + c_1 + c_2 - s)$$

$$m/g > e/2$$

6.4.6 共同决策下是否采购大数据服务的利润比较

设 $\Delta\pi_D$ 表示采购大数据后制造商利润变动，有：$\Delta\pi_D = \pi_D^b - \pi_D$，令 $\Delta\pi_D > 0$ 得到：

$$\ln(2g/m)^2(m + c_1 + c_2 + s) < c_1 + c_2 + s$$

即：采购大数据服务并支付费用，使优化后的成本参数，小于共同运营成本，供应链整体利润得到增加。

结论三：制造商主导的共同决策供应链，当采购大数据服务带来的成本优化

参数满足条件 $\ln(2g/m)^2(m+c_1+c_2+s) < c_1+c_2+s$ 时,采购大数据服务能够增加供应链整体利润,此时负担的最大成本为:$\ln(2g/m)^2(m+c_1+c_2+s)$。在既定运营成本 c_1+c_2+s 存在时,供应链能否采购大数据服务受供应链的支付水平 m 和大数据服务商的成本系数 g 的影响,关键在于正确决定二者的比例关系。

6.4.7 分散决策下采购大数据服务的协调机制

由性质五和结论二可知,共同决策对于供应链整体、制造商、零售商、消费者都有好处,分散决策下,由于制造商与零售商都以实现个人利益最大化为目标,最终导致分散决策的零售价高于共同决策的零售价,分散决策下的市场需求量低于共同决策下的市场需求量,即表现出"双重边际化效应"。为了提升供应链整体利润水平,使参与方达到共同决策下的收益水平,本章在制造商主导的情形中引入数量折扣契约对供应链进行协调。制造商根据零售商的采购数量对批发价格进行一定的调整(这里假设采购数量等于市场需求量),使得共同决策和分散决策的采购数量最大程度地相等。参数设置如下:

$$w^c = w - r \times Q \tag{6-32}$$

其中,w 是最初的批发价格,r 是折扣系数,Q 是零售商的采购数量,w^c 是进行数量折扣后的批发价格。此时制造商、零售商、大数据服务商的利润函数如下:

$$\pi_m^c = Q \times [w - r \times Q - \ln t^2 \times (c_1 + c_2 + m)] \tag{6-33}$$

$$\pi_r^b = Q \times (p - w + r \times Q - \ln t^2 \times s) \tag{6-34}$$

$$\pi_b = m\ln(2m/g)^2 - 2m \tag{6-35}$$

由逆向求解法得出折扣后的批发价为:

$$w^c = \frac{a + v(\beta + \eta) + 2b\ln(2m/g)(c_1 + c_2 + m - s)}{2b - b^2 r} - \frac{2br\ln(2m/g)(c_1 + c_2 + m)}{2 - br} \tag{6-36}$$

此时零售商的采购量为:

$$Q^c = \frac{a + v(\beta + \eta) - 2b\ln(2m/g)(c_1 + c_2 + s)}{4 - 2br} \tag{6-37}$$

由 Q^c 得出,经过数量折扣调整后的零售商采购量的分子与共同决策时采购量分子相同,通过调整参数 br,让分母与共同决策时分母 2 逐步接近,以实现供应链协调。

6.4.8 算例分析

为了对上文得到的性质和结论进行有效说明，本节使用 matlab2018b 对上文进行数值检验，佐证分析有效性。结合 Cai、Liu 等的研究，本章将计算数据设为：

$a = 100$，$b = 10$，$c_1 = 0.9$，$c_2 = 1.6$，$s = 1.6$，$v = 20$，$\eta = 0.6$，$\beta = 0.7$，同时满足供应链稳定运行的要求 $a + v(\beta + \eta)/b > c_1 + c_2 + s(9)$；对 m，g 参数的设定需满足 $a + v(\beta + \eta)/b > \ln(2g/m)^2 (m + c_1 + c_2 - s)(20)$ 与 $m/g > e/2$ （21） 的要求。

（1）分散决策下不采购大数据服务时，零售商服务敏感系数 β 与制造商质量敏感系数 η 对双方利润的影响如图 6-12 所示。

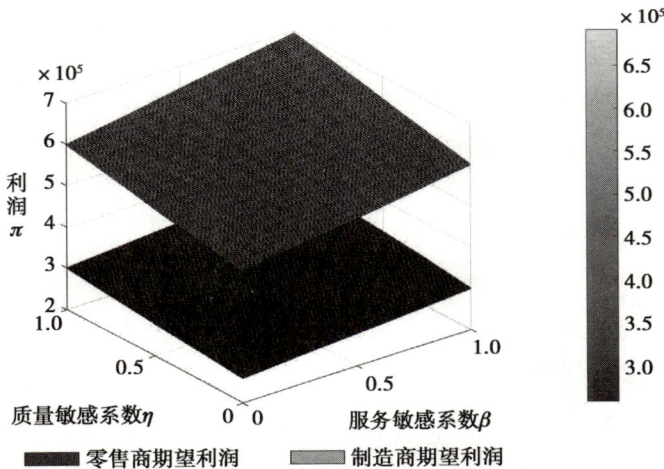

图 6-12 分散决策下不采购大数据时参与方利润

如图 6-12 所示，在其他参数保持不变的情况下，可将 β 和 η 看作制造商零售商为了出售商品所付出的努力程度，随着参数的不断增大，给消费者创造的价值增多，零售商和制造商的利润不断增大，其中制造商的利润始终保持为零售商利润的两倍。

（2）共同决策下供应链整体利润大于分散决策下供应链整体利润，说明共同决策利于参与各方，如图 6-13 所示。

如图 6-13 所示，分散决策下制造商和零售商利润之和小于共同决策下供应链整体利润，随着 β 与 η 的增大，利润差距仍逐渐增大。

（3）共同决策且采购大数据服务时，供应链利润水平受制造商单位支付费用和大数据服务商成本系数的影响，供应链整体利润水平变化如图 6 – 14 所示。

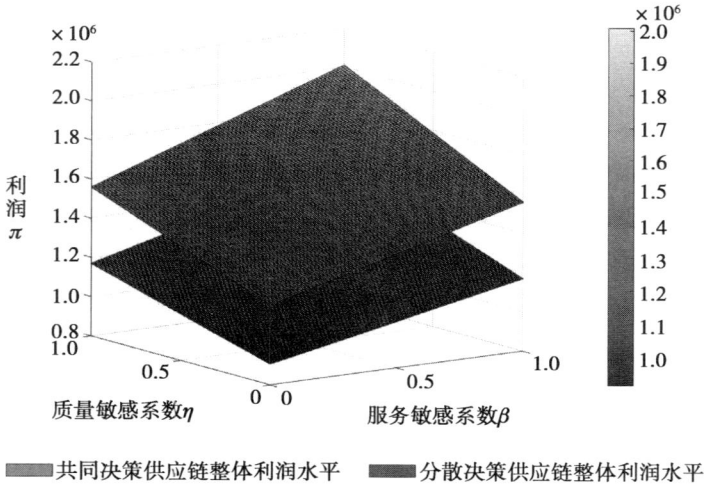

图 6 – 13　共同决策和分散决策供应链整体水平差异

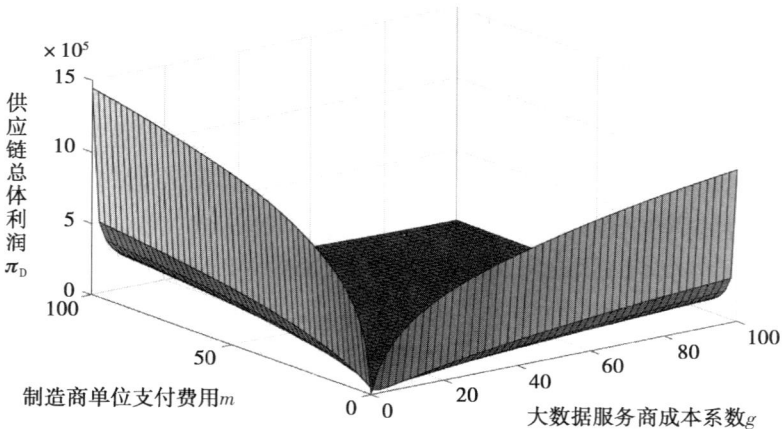

图 6 – 14　共同决策且采购大数据服务供应链整体利润水平

如图 6 – 14 所示，制造商采购大数据服务单位支付费用 m 和大数据服务商成本系数 g 的比例关系影响着供应链总体利润。当 m 从 0 增长至 100，g 保持较低水平时，供应链整体利润高速增长，如 y 轴方向利润变化所示；当 m 保持增长且增长幅度快于 g 时，供应链整体利润仍可增长，但增长速度放慢，如 x 轴方向利润变化所示；当 m 的增长幅度低于 g 或者不满足条件 $m/g > e/2$ （21）时，供应链整体利润为零，即图中平坦且呈深色部分。采购大数据服务后，制造商支付特定费用，大数据服务商合理控制成本，是供应链稳定运营的关键。

（4）制造商采购大数据服务后，传统二级供应链演变成三级供应链，大数据服务商通过选择努力水平 t 来改变成本优化系数及自身利润，努力水平 t 对大数据服务商利润水平变化的影响如图 6–15 所示。

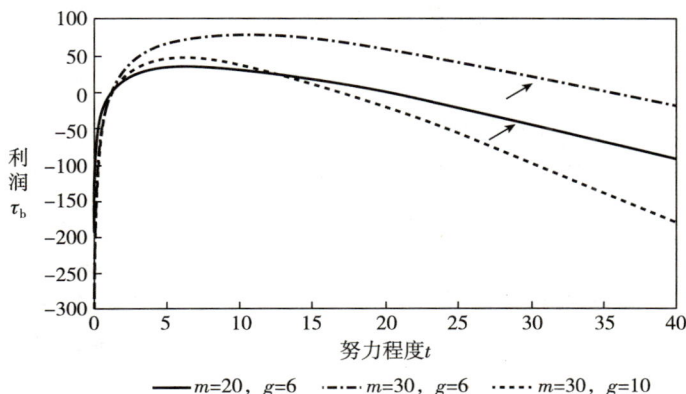

图 6–15   努力水平 t 对大数据服务商利润的影响

如图 6–15 所示，初始阶段，增加努力水平，大数据服务商能够提高收益，由于边际产出递减效应，不断增加努力水平并不会带来利润的持续增长，反而会由于过多的成本投入导致利润下降。从图中看出，大数据服务商的努力水平 t 会稳定于 5～13，以实现收益最大。

（5）制造商通过给予零售商数量折扣系数 r，以克服双重边际化效应，让分散决策和集中决策下的采购量相近，实现供应链协调，如图 6–16 所示。

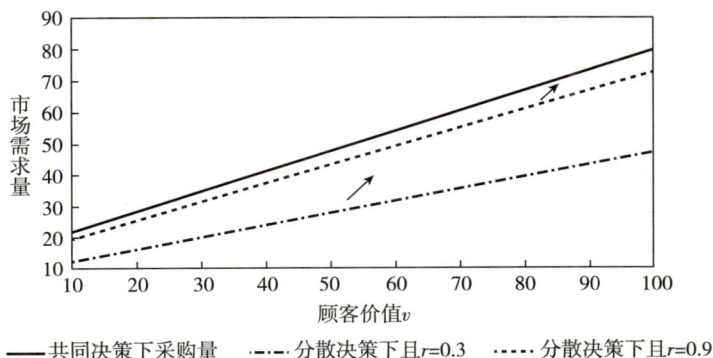

图 6–16   引入数量折扣后采购量的变动

如图 6 - 16 所示，引入数量折扣后，通过调整折扣系数 r，让分散决策和共同决策下零售商的采购量趋于一致，以实现供应链协调，有利于供应链整体的长期协作，提高供应链整体利润水平。

6.5 本章小结

本章介绍了中国零售业态发展现状，从价值主张、价值链、盈利模式和业态组织四个方面深入剖析了供给侧改革对中国零售业态模式创新的影响，重点研究了中国零售业态的创新模式。研究发现，零售业态内部的数字化转型，培育以社区商业中心为代表的新型零售业态是提高零售业竞争力的有效路径。通过线上线下的深度融合，以及服务能力的提升，可进一步增强零售业企业借助互联网平台，加强与其他产业的融合发展。而零售业全产业链的发展推进了零售业企业向社会再生产其他环节的延伸。在零售业态转型升级的过程中，自营比重的加大是当务之急。基于上述分析，可以看出，自营是零售业自发转型的重要推动力量，同时也是零售商实现利益最大化的重要手段。最后通过构建大数据服务商参与的三级供应链博弈模型，说明供应链成员是否采购大数据服务的利润变化，以及采购大数据服务的成立条件，为零售业态数字化转型提供理论依据。

7 供给侧改革下百货业态创新实践

——哈尔滨华联百货公司的转型升级

7.1 供给侧改革下百货业态转型升级的机遇与挑战

7.1.1 供给侧改革与百货业态转型升级的关系

百货业的供给侧结构性改革是为了遵循市场规律，促进经济的长期有效发展。由于我国的百货市场长期存在商品同质化、经营模式单一化等问题，百货业缺少动力引擎。面对当前问题的考验，百货业应该基于供给侧改革的背景下在供给端进行转型升级，立足提高产品的质量、优化服务、完善消费激励机制，通过技术的提高和政府的政策扶持进行资源的有效配置，解决百货业在供求市场的资源错配问题。同时，加快百货业产业结构转型，进而刺激消费，有助于保证中国经济的稳定发展。

2015 年以来，百货业在线上和线下都不约而同地出现了一系列的问题。首先，电子商务的利润份额逐渐下降。我国是一个网民大国，网民数量高达 7 亿人，所占份额全世界最高，在指数级别方面已经无法继续增长，这使得线上百货业步入了成熟期，增长趋势逐渐走低，网络零售额同比下降了 7 个百分点。其次，百货实体店面在租金成本和人力资本同时上升的情况下，受到了电子商务的强烈冲击，百货实体店面效益下降，部分店面甚至出现亏损现象。根据中国证券监督管理委员会的划分，2016 年，我国 45% 的百货商场主营业务收入出现不同程度的下滑，大约一半的百货企业净利润下降，传统百货业经营日趋艰难。

虽然消费者对国内商品的需求不足，但到海外进行购物的人数逐渐增多，其原因在于海外商品的质量较高，具有优质的售后服务，而国内的商品质量与消费者日益增长的商品需求严重脱节，这种现象使得国内资金消费外流，百货业市场低迷，充分印证了人民物质需求与百货业生产力之间的矛盾。因此，将供给端作为出发点，能够增加百货业商品的有效供给，优化供给侧方面的产业结构，提高产业结构的灵活性，有助于在供给侧结构性改革的背景下为百货业提供新的发展思路。

此外，随着科技的发展以及消费者购买力的增强，消费者的需求侧会发生一定的变化，基于国内百货业应变能力不足，对市场的变化缺少创新精神，因此，百货业需要在供给端进行转型升级，优化产业结构，加大技术研发力度，提高商品质量，从而满足消费者的需求，提高百货商场的核心竞争力，实现百货业持久的发展。

7.1.2 百货业态转型升级面临的机遇

传统零售企业多采用租赁与联营两种方式，为了提高自身运营的安全性，商家会要求品牌供应商承担风险。与此同时，品牌商在与代理商以及分销商合作的过程中，会要求对方提交押金，独立经营并承担后果。

现如今，零售环境已经发生了很大的变化，传统模式下的合作理念及合作方式与时代需求已经脱轨。品牌商与分销商之间市场发生矛盾与纠纷，例如，部分服饰代理商不再按照品牌商的要求在预定货品时缴纳押金。当零售环境发生变化时，零售商应该从哪些方面进行改革以使自身的经营模式符合时代的需求呢？越来越多的品牌商会选择与合作企业建立共赢的关系，加强与对方的联系与互动，在经营过程中共同努力。想要获得如此快速的发展，离不开企业对供应链的把控和产品的高性价比，以及经营对市场发展趋势的洞察。还要非常注重设计，这对消费者而言代表着较高的生活品位，因而受到很多人的追捧。从经营模式上分析，将投资与经营独立开来。另外，可以通过运营买手制的品牌集合店来汇集优秀品质、低成本消耗商品，企业充分利用其大数据应用系统。在今后的发展过程中，零售行业长期以来实行的完全租赁或联营方式都将被打破，如此，品牌厂商就不会再因为商品出售困难而面临经营压力。在新零售时代下，若品牌商提供的商品在质量上有保证，并具有设计感，拥有专业经营能力的分销商就会受到吸引，主动寻求合作。

在传统零售下，品牌厂商面临传统联营或租赁模式下出现的各种问题，如经营成本的控制、风险管理等问题，需采取相应措施，与采用创新经营模式的零售商达成良好的合作关系。随着互联网的迅猛发展与广泛普及，今天的零售环境相比10年前已经发生了天翻地覆的变化，新技术、新模式在"互联网＋"驱动下，提供更加舒适便捷服务的同时大大改变了人们的消费习惯与生活方式。伴随着年轻消费群体的崛起，网购早已成为一种新的消费风尚。以电商为代表的互联网经济，给百货、商超、家居、金融等不同业态的实体连锁店铺带来了前所未有的冲击，颠覆了传统的零售流通模式。

随着居民人均可支配收入的提升，消费升级助推我国消费结构从"卖方市场"向买方市场转变。曾经占尽渠道优势的传统零售如今风光不再，价格战、转型、关店潮、倒闭潮、裁员潮、资金链断裂等故事在全球零售舞台上不断上演。零售市场的竞争渐趋白热化，竞争层次越来越高，很多零售商采取"让利不让市"的低价竞争策略，以求维系现有的市场份额，这种"损敌一千，自伤八百"的竞争策略，其结果往往是得不偿失。

线上销售虽然得以快速发展，但是，伴随着线上网络流量红利的殆尽，线上获客成本越来越高，再加上线上零售不能够提供真实的购物场景，其体验性和实体店还是不一样，提供的服务难以满足顾客真实体验需求的问题，逼迫电商平台与线上零售商家寻求转型升级，越来越多的电商企业正在考虑将业务从线上向线下转移。社交网络、大数据、物联网、VR 等新兴技术的不断涌现，重构了传统零售的形态，为零售企业的经营、管理、服务、品牌、营销等带来了无限的商业想象，一个基于技术与效率的全新零售生态圈正逐渐形成。

有很多人都认为："现阶段是一个最好的时代，也是最坏的时代。"在这个日新月异、有着激烈竞争以及极大不确定性的商业背景下，全球的零售业都将面临颠覆性洗牌。无论是对于传统零售商还是对于电商零售而言，均面临着前所未有的挑战，这是一场华丽进阶的硬仗，而我们必须要成功进阶。

在互联网大变革的背景下，在实体经济与虚拟经济的激烈交锋中，新零售概念与模式的推出恰逢其时。零售活动的开展都要围绕客户来进行。在消费升级时代，面对激烈的市场竞争，随着消费需求、消费方式的日渐变化，从表 7 - 1 中可以看到，随着地区生产总值的提高，社会消费品零售总额占地区生产总值的比重越来越高，人均消费品零售额也在越来越大，人们开始越来越关注消费体验。商家建立消费体验、引导消费体验成为提升顾客消费体验的三部曲。而提升顾客消费体验的背后，实则蕴含着价值共创的商业逻辑。在新零售环境下，零售商和消费者之间的关系不再是单纯的卖方和买方的关系，而是合作关系、价值关系——顾客产生价值需求，零售商为其提供有价值的产品、服务和问题解决方案，满足其价值需求，顾客支付给零售商一定的报酬。只有以价值为基础建立起来的关系才能得以稳定发展。

表7-1 黑龙江省地区生产总值和社会消费品零售总额

年份	地区生产总值（亿元）	社会消费品零售总额（亿元）	社会消费品零售总额占地区生产总值比重（%）	人均消费品零售额（元）
2000	3151.4	1094.0	34.71	2879
2010	10442.2	4039.2	38.68	10548
2015	15174.5	7640.2	50.35	19987
2017	15902.7	9099.2	57.22	23983

数据来源：根据《黑龙江统计年鉴》整理。

从表7-2中可以看到，2014~2017年，无论是农村还是城镇人均销售收入都有了一定的提升，恩格尔系数也在逐年下降，表明人们生活条件越来越好了。这个是奋进的新中国、改革的新中国给我们最好的红利，同时，新时代也给零售企业提出了更高的要求，要将实体和零售更好地结合起来。正如新零售概念的缔造者马云所提到的"纯电商时代一去不返了，未来十年是属于新零售的新时代，未来线上线下一定会相互结合起来"。在新零售时代，线上渠道与线下渠道的融合是大势所趋，电商平台与实体零售店必将从斗争走向融合，渠道边界不复存在。

表7-2 黑龙江省居民人均收入与恩格尔系数

年份	农村居民人均纯收入（元）	城镇居民人均可支配收入（元）	农村居民家庭恩格尔系数	城镇居民家庭恩格尔系数
2014	10453	22609	28.2	27.5
2015	11095	24203	27.5	27.7
2016	11832	25736	27.7	27.7
2017	12665	27446	26.5	27.2

数据来源：根据《黑龙江统计年鉴》整理。

2019年政府工作报告中宣布将商业销售增值税率由16%下调至13%，同时扩大了所得税优惠应纳税所得额的范围，企业部分的社保费率也有所下调，这些调整为企业减少了很大程度的税务以及资金负担。从图7-1国家税务总局公布的数据中可以看出，2019年上半年减税降费取得显著成果，让利于企业，藏富于企业，藏富于人民让企业更加专注主业，让人民更加有获得感、幸福感，更加有干劲，勤劳的人们会用自己的双手创造出更多的机会。

（亿元）

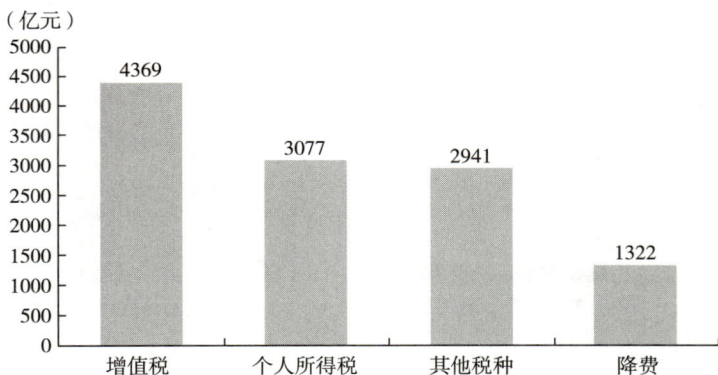

图 7 – 1　2019 年上半年减税降费成果

数据来源：国家税务总局。

因此，无论是线下零售商还是线上电商，都要对相互之间的关系进行重新认识。线下实体零售商要正确看待消费者的线上购物行为，将其视为发展机遇；线上电商要端正对线下实体零售商的认识，学习其经营理念和零售经验，以切中零售的本质，实现可持续发展。

7.1.3　百货业态转型升级面临的挑战

随着互联网的普及以及电子商务的发展，近几年，线下实体零售一直处于比较低迷的状态。根据中国电子商务研究中心提供的数据，2016 年我国线上零售的增速超过 30%，而线下实体零售的平均增速却低于 10%。如果抛开政府相关部门对零售行业的支持和引导，那么线下零售的发展将更加不尽如人意。

近年来，网购这一列车不断提速。在网购高速发展的背后，我们发现一个现象：网购的增长速度虽快，但其在整体社会零售总额中的占比却并不高，一直低于 15%。不过相较于美国、日本等主要经济体来说，这个数字已经很高了。

从全球范围来看，电商对实体零售的冲击是大势所趋，只是在中国，实体零售业受到的冲击较为明显罢了。该问题是由国内电商的渗透率较高、外部没有成熟的市场可供参考所引发的。从图 7 – 2 中可以看到，2015 ~ 2018 年，电子商务规模和移动支付的市场规模都呈现逐年上升的趋势，并且规模不断扩大。

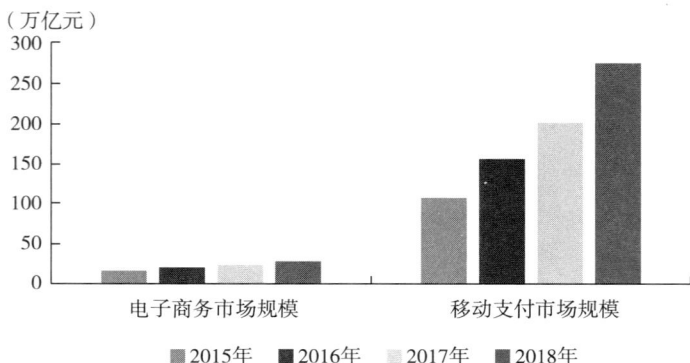

（万亿元）

图 7 - 2　电子商务以及移动市场规模对比

数据来源：央行、中商产业研究院整理。

目前，尽管网购的增长速度依然很快，但受到整体经济下行和基数扩大的影响，已经呈现出了较为明显的放缓趋势，除人工、土地等因素成本上涨之外，又出现了两个关键的制约因素：物流成本以及新用户获利成本攀升。

伴随着电商行业发展，我国的物流行业也迎来了难得的战略机遇期，获得了高速的发展，中通、申通、顺丰等一批国内物流企业相继上市，更使得物流行业的未来前景被看好。但物流行业在大有所为的同时，也面临着一系列的矛盾和极为严峻的挑战，如物流成本的攀升对线上购物产生了巨大的影响，通过大打价格战而获得发展的粗放型发展模式已难以持续，整个行业迫切需要转型升级。

前几年，电商能得以高速发展，相对于便宜的物流成本是重要条件。目前，物流红利出现了较大的回调，虽然相较于美国等国家而言我国电商发展在物流成本方面依然存在可观优势，然而，随着劳动力成本的增加，物流成本逐渐上升，这种差距逐步缩小。

现如今，国内的电商交易平台正由"猫狗大战"演变为"猫拼狗大战"。在刚刚过去的 2019 年"618"年中庆的活动中，各大电商平台的战绩新鲜出炉：京东，6 月 1 日零点到 6 月 18 日 24 点，累计下单金额 2015 亿元；天猫，618 期间超过 110 家品牌成交过亿，聚划算为品牌带来超过 3 亿新客；拼多多，首次参与618，订单就超过 11 亿笔，GMV 同比增长 300%。在精彩战绩的背后，电商企业的策略和玩法一直备受关注，面对一二线城市流量红利消失、获客成本高昂的桎梏，这个"史上规模最大的 618"，俨然成为后电商时代，电商企业们探索新场景、新玩法、新模式的主战场。在新零售时代，对于传统百货业来说会有几大挑战。新零售不仅是一次产品促销、消费盛宴,更是校验数字新零售模式落地的机会。首先,线上＋线下联动、消费场景融合、瞄准下沉市场。寻求增量和激发存量是增长的核心途径,从今年 618 各大电商玩法来看,都是希望可以更多地留住老用户、吸引新用户。基于自身产品或平台,通过裂变完成目标,已成为用户增长的重要引擎之一。其次,企业都在积极努力建立全渠道服务体系,对消费者进行全面、无缝和立体服务,未来谁能捕捉用户个性化的需求,提升用户服务能力,谁才能在激烈的竞争环境下,获取更多的用户增量,构筑竞争护城河。如何更好地把握用户的需求分析,建立好售前、售中、售后的接待,运营管理是否有效变得尤为重要。

7.2 哈尔滨华联百货公司经营现状

7.2.1 哈尔滨华联百货公司发展历程

哈尔滨华联百货公司成立于 1992 年 12 月 28 日,前身为哈尔滨华侨商场,作为 20 世纪 90 年代哈尔滨百货市场行业翘首,相继在大庆、广州、黑河等地设有分公司,经营范围涉及房地产、酒店、餐饮、证券等行业,拥有员工数千人,经营收入上亿元,与高校会计专业和计算机专业共同合作研发先进财务应用软件用于自身经营。近年来,由于公司发展布局调整,主要保留哈尔滨华联百货公司主体部分。主营零售服装、日用百货、针纺织品、鞋帽、日用小电器,是一家集研发、生产、销售与服务为一体的企业,公司一直以来秉承"守信、坦诚"的用人与经营原则,坚持"合作共赢"的原则,以"购物在华联,保君遂心愿"为服务宗旨为顾客真情服务,以"创新"为发展动力,以"诚信"为公司理念,以"勤勉敬业,追求卓越"的企业文化不断奋进,不断开拓!

7.2.2 哈尔滨华联百货公司组织架构

哈尔滨华联经过数十载的踏实发展,现已逐步发展成具有一定规模且在商圈内拥有一定品牌影响力和顾客认可度的企业。其成绩不仅仅来源于企业向前发展方向是正确的,同时也在于公司领导在重大决策中的决策力。从企业的组织架构看,如图 7 - 3 所示,企业按照分类化管理方式,设有董事长、总经理、副总经理、人事部、财务部、发展部、电商部、运营部、动力部、保卫部。各部门在日常经营管理过程中发挥各自的职能，相互配合。各岗位之间均有对应的职能边界，权责清晰，在董事长和总经理的带领下，携手推动企业向前发展，共助目标落实。

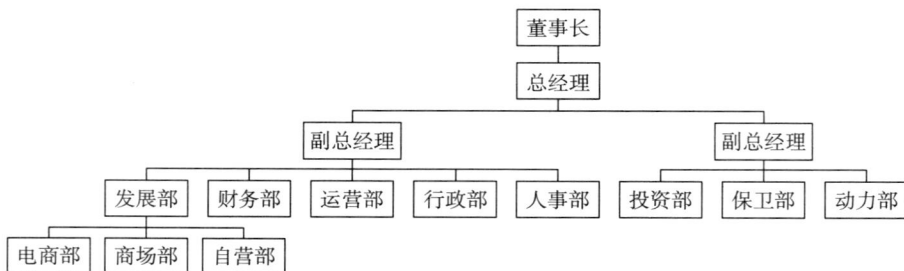

```
                        董事长
                          |
                        总经理
                  _____|_____
                 |                 |
              副总经理          副总经理
        _____|_____     ____|_____
       |    |    |    |    |    |    |    |
     发展部 财务部 运营部 行政部 人事部 投资部 保卫部 动力部
    ___|___
   |   |   |
 电商部 商场部 自营部
```

图 7 - 3　哈尔滨华联百货公司组织架构

7.2.3　哈尔滨华联百货公司经营方式

哈尔滨华联百货公司销售定位以中高收入群体为目标顾客群，其中以中等收入群体为主。在商品选择上以中等商品为主，适应面广，深受居民喜爱，经过长时间的经营，目前哈尔滨华联百货公司已经拥有了一大批忠实的顾客群体，这部分顾客往往有十几年在华联购物的经验，认准华联品质，购物频次高。经营方式上以联营为主，自营为辅。联营方式，一方面可以最大限度地调动供应商的积极性，另一方面可以享受联营品牌的品牌红利，在结算方式上灵活。自营方式可以掌握更多的市场主动权，经营上更加主动。人员管理方面绝大多数营业员全归品牌供应商管理，商场仅负责对营业员的日常行为进行约束管理；商场以及楼层管理人员、自营品牌导购属于商场自有人员。哈尔滨华联百货公司自有线上 APP 正在开发的过程中，目前主要利用第三方平台如淘宝、天猫等渠道建立自己的网上店铺，线上销售商品。在物流配送上主要是和各大快递公司合作，利用其他快递公司将商品配送到有配送要求的顾客手中。

7.3　哈尔滨华联百货公司转型升级面临的问题

7.3.1　经营思想保守

随着经济的发展、人民生活水平的提高，人们开始对购物产生了新的需求。

传统的百货零售已经不能满足这种新的需求了，各大电商企业的强势发展，互联网的普及、网速的提升，都为新阶段的商业大战提供了必备条件。经营方面还停留在传统层面上已经成为新零售时代经营的弊端。在一定范围内的购物中心、小型的服装鞋帽店以及各种专卖店都是传统百货业的替代者。传统的货源批发市场以其低廉的成本，在市场中非常受中低收入人群的喜爱，将一部分购买力分流。从市场生态来看，货源批发市场一般主要为一级市场，向其他零售商提供商品服务，但随着现在互联网的发展，F2C（工厂到消费者）已慢慢开始赢得大家的喜爱，这无疑都给实体零售带来了很大的替代性。在哈尔滨，人们购物的首选是与自己位置邻近的百货店以及一些有促销活动的店面。哈尔滨华联百货运用价格策略，通过价格来吸引消费者，抢占顾客源，给本公司带来一定程度的竞争。品牌专卖店拓展自己的经营版图，通过广开实体店的方式达到扩大宣传，以此吸引顾客并打造品牌，为顾客提供更加便捷的售后服务。大量的品牌店开始独立于百货商场，对商场的经营会产生一定的替代影响，在接下来的发展中如何能够走出这样的困局，摆脱这样的困境，将各种业态的优势结合起来非常重要。在网络电商销售的时候不能够根据买家的位置就近配货，不仅浪费了很多的物流资源，同时增加了顾客的等待时间，不利于提升顾客的满意度；在货品包装方面，应该进行创新，保证低成本、环保的情况下让顾客接受，在这些细节方面华联还需要多多思考。如何形成共享关系网，如何引领人们走向前沿高端——绿色化消费之路，跳脱出传统意义上的同行业的威胁，走出带有哈尔滨华联特色的消费特点之路尤为重要。就目前来看，哈尔滨华联缺乏这样的前瞻性思考，也未能采取相应的措施。

7.3.2　渠道融合不足

哈尔滨华联百货公司作为哈尔滨比较老牌的零售百货企业，曾经是哈尔滨市流行百货业的时尚风标，但随着近些年周边百货的建设，以及现在不断涌现的新的商业中心，竞争力有所下降。但从供货的渠道来看，哈尔滨华联百货主要由国内各地方的供应商来保证商品供应。供应商中有各级批发代理商，也有生产厂家以及其他批发经营性机构。供应商通过物流或其公司的供应链平台满足商场日常商品供应，提供经营支持。但大部分供应商往往只能供应一种类型的商品，供应品种单一而且规模较小，规模化效果不好。对于哈尔滨华联来说，在渠道规模以及与互联网、物联网深度融合上还差很多，还有很大的提升空间，需要通过各种渠道建立与供应商之间的关系。

7.3.3 吸引消费者的方法不够多样化

哈尔滨华联百货基本上服务于哈尔滨本地消费者，但由于近年来省内以及省与省之间高铁的修建，两小时经济圈辐射面越来越广，毗邻索菲亚教堂的哈尔滨华联百货有着极大的地理位置优势，能够保证有充足的客流。在产品的定位上以提供中低高档商品为主，涉及服装、鞋帽、首饰、化妆品、家具用品、食品等不同类型的商品，商品种类较为齐全，所提供的商品可以满足不同消费层级的顾客对此类商品的需求，相对高收入的消费群体偏好购买具有一定品牌的商品，需要产品以及服务具有较高水平，而且注重产品体验感受，体验感受好的产品往往成为其选购的潜在标准。而收入偏中等一些的顾客群体目前也开始从注重消费的量逐渐转变为消费的品质。虽然对所购商品的品牌敏感性没有收入高的那么强，但对消费环境的选择以及商品品质方面依然有着一定的要求。现阶段，商品种类越来越齐全，中等收入的顾客群体在消费的过程中越来越理性化，能够满足个性化与多样性需求变得尤为重要。低收入群体顾客在商品百货的选购方面更偏向于能够满足日常生活的产品，在消费者购买的过程中强调商品的性价比以及能否质优价廉非常重要，即能够用最低的成本购买到优质的产品，在购物的过程中往往会在商品有折扣或者进行促销处理的时候拥有较强的购买欲望和能力。哈尔滨华联百货公司在以消费者为中心的角度还应该与时俱进，能够及时地抓住顾客的消费习惯，主、客观感受，来留住老顾客，吸引新顾客。

7.3.4 公司核心竞争力不明显

哈尔滨华联立足于哈尔滨本土逐渐发展壮大，先后在大庆、广州等地设有分公司，与其他的百货零售业主体相比，哈尔滨华联百货公司在其现阶段发展规模上还是存在着不足，全国分布店铺数量有限，没有形成规模效应。哈尔滨华联的竞争对手总结起来主要有以下几种类型：第一种类型是同商圈内其他百货店，这类企业均在一个商圈内，会共同瓜分商圈内的有效顾客，很多顾客都会同时逛数家百货商场，而后选择性购物。同一商圈内的百货店如哈一百、麦凯乐、中央商城等。第二种类型是同一市场定位的百货店，这类店会分布在不同的商圈，但也会降低消费者的有效购买数量。第三种类型是电商，越来越多的群体会在购物的同时选择与网上店铺商品进行对比，网上商品多而全，价格往往较实体店更便宜些，同时现在各大电商平台经常会举办促销活动以及现在发达的物流体系。可以说对哈尔滨华联的发展都提出了较高的要求。

从图7-4地理位置中可以看到，在哈尔滨华联百货公司处于索菲亚教堂商圈，与麦凯乐、新一百互为邻居，在步行约10分钟的中央大街商圈有中央商城、金安国际、百盛等经营服装、鞋帽、饰品等商场与哈尔滨华联形成同业竞争关系。随着现在城市的发展壮大，哈尔滨市已经形成了多个地区商圈，包括秋林商圈、哈西商圈、群力商圈等，这些商圈的存在都会分散一部分客流。面对激烈的行业及地区竞争，如何能突出自己的商场优势，扩大店面的辐射范围，提高店面的影响力，显然哈尔滨华联百货公司在此方面还有很大的欠缺，在完善企业组织架构、培育企业文化、增强企业凝聚力、调动员工的积极性、树立更好的口碑方面还有很多的路要走。

图7-4 哈尔滨华联百货公司以及商圈同业竞争者位置

7.3.5 专业性人员不足

零售行业从其本质上看，主要是解决商品最后到消费者的过程，可以说零售行业与居民生活息息相关，有着巨大的发展潜力，就哈尔滨而言，近年来也开始有一些商业资本通过各种渠道进入实体零售中。如腾讯入股海澜之家、苏宁收购万达百货、苏宁易购收购 80% 的家乐福、王府井股份。另外，各种电商物流邮寄的速度也从原来的一个星期提速到现在的 3 天左右，京东线上物流甚至可以当天达，还有很多物流也在做"两小时达"的尝试。之所以能够这么便捷、高效、快速地将线上的商品送到顾客手中，是因为这些商家或者电商平台，拥有着强大的物流体系以及实体网络点。每次活动之后也会产生大量的订单，但即使是如此大量的订单也不会打乱这些平台和商家的阵脚，主要是由于这些平台拥有大量的专业性技术人员。用专业的人员做专业的事情，这是最好的用人之道，而且会产生事半功倍的效果。就目前的形式看，哈尔滨华联百货公司缺乏相对专业的人才，特别是具有前瞻性思考的人才，以及在拥有大数据、互联网等新技术的专业人才。

7.4 哈尔滨华联百货公司转型升级的原则和方向

7.4.1 哈尔滨华联百货公司转型升级的原则

（1）商品供应链一体化原则。所谓商品供应链一体化原则是指商品在流通销售的过程中，通过线上＋线下＋物流的方式进行流通。新零售的概念出现后，各大电商平台纷纷布局线下，一时之间，在各大社交媒体平台上关于"实体店春天来临"的观点层出不穷。确实，未来几年内新零售掀起的零售产业变革会给实体店带来巨大的收益，但实体店在其中扮演的角色并非是主动方，新零售核心点在于基于互联网实现对传统零售行业的颠覆性变革。电商在产品体验方面的缺失是长期以来未能解决的痛点，而这点也正是实体店的最大优势，对于各大电商平台而言，谁能率先通过线下布局完善的产品体验，谁就能够成为新零售标准的制定者及行业的主宰者。毋庸置疑，从电商一端发起的零售变革会让实体店的发展受到重大影响。在憧憬未来线上与线下一体化美好前景的同时，实体店必须要知道如何才能在这场变革中掌握主动地位。2014 年以来，线上与线下融合的 O2O 模式开始受到零售从业者的一致青睐，受制于不断增加的房租、人力、库存等方面的成本，线下实体店积极借力互联网完成转型升级。有的线下门店选择入驻电商平台，有的门店则选择自建线上商城，有的门店利用微信、微博玩起了社群经济等。百货店发挥资本的连接作用，实现与电商企业的联手，建立起线上下单、线下配送及取货相结合的运营模式，将线上与线下渠道的运营结合起来，实现线上支付、推行会员机制，打通商品体系。百货店与社交网站联手推出应用平台，通过网络渠道发布商品、服务及促销信息，为消费者提供个性化信息推荐。

（2）目标顾客差异化原则。电商在最大化提升产品销量方面的追求和实体零售商并无太大差异，能够将商品出售给消费者是他们的终极目标。但随着消费者的购物需求及消费习惯逐渐发生调整，消费者对于个性化及优质购物服务体验的追求呈现爆发式增长。再加上电商的获取用户成本大幅度提升，用户规模以及机构逐渐趋于稳定，使得越来越多的电商平台放弃这种以交易为核心的发展模式，转而推崇线下实体店所能为消费者提供的优质的产品体验和购物服务。这就为新零售打下了坚实的基础。

从本质上看，实体门店在这场新零售变革红利中具备一定的领先优势。电商平台想借助于布局线下门店来优化购物体验，最大限度地满足用户需求。而如今的实体店本身就存在着一定规模的忠实用户，如果能够加以充分利用，必定能够为自身带来巨大的优势。实体零售商想要在这场新零售变革中生存下来，最为关键的是为消费者提供优质的购物服务。降低价格、扩大营业面积等不是关键所在，要让作为新一代消费主体的"80后"及"90后"愿意埋单，让他们的个性化需求得到充分满足才是核心所在。

（3）商品和服务一体化原则。零售企业在进行全渠道布局的过程中，应以商品及服务为主导，虽然侧重点不一样，但其本质是一样的。尽管在移动互联网时代下，零售商能够通过更加多元化的方式与消费者进行沟通互动，但要达到理想的运营效果，最根本的是为消费者提供高质量的产品与服务，这样才能更好地让自身的经营获得更好的认可，达到以一传十的好口碑，提高认可度与知名度。

（4）产业融合发展原则。实体零售不仅和物流联合，更要和供应商，甚至和其他可能的竞争对手，以及一些其他不相关的行业都可以进行合作。互联网时代是万物互联的时代，可以毫不夸张地说，凡是能够有助于或潜在能够影响销售的方式，都可以作为相互联合的方式。产业融合不仅仅指不同产业之间的融合，同一产业不同行业之间不仅可以实现相互交叉，更可以相互渗透，并最终融为一体，以此促进企业更好地向前发展。

7.4.2 哈尔滨华联百货公司转型升级的方向

7.4.2.1 发展智慧商业

智慧商业这个概念，1951 年便在美国出现。后来学者把智慧商业总结为以大数据为神经，以智慧物流为血脉，以移动支付为手段，线上线下全面融合的商业模式。智慧商业是哈尔滨华联百货公司未来的主要发展方向，如图 7 - 5 所示，运用互联网技术大力发展电商的同时，智慧商圈、智慧支付和城市共同配送平台信息链、线下体验和线上下单等技术手段同步建立。运用互联网技术，与时代共同发展，不断更新，不断迭代。眼下，70 后消费主力军开始退去，80 后、90 后已经成为现在消费的主力军。新的消费习惯开始产生，人们开始慢慢地形成了对手机端移动支付的依赖，随着线上和线下的边界正在慢慢消失，新的消费主体对新的智能产品接受度很快，实体商场中出现的很多智能化设备、智能化购物慢慢被新的消费群体所喜爱。随着时代的发展，新一批消费者习惯的出现，线上线下的边界逐渐消失并融为一体。

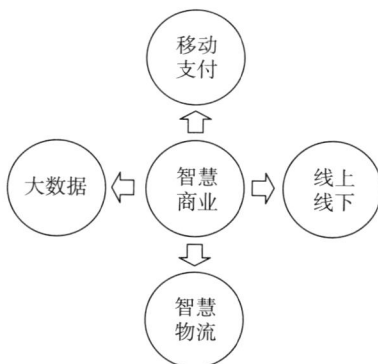

图 7 - 5 智慧商业构成

在智慧商业模式下，可以使商品实现规模化运营、集约化经营，从而达到降低生产成本、提高运营效率的目的，与此同时，不断推动线上与线下购物模式基础设施建设并促进服务环境改善，技术进步带来智慧商业发展空间无限。智慧商业以大数据为神经系统，全球知名咨询公司麦肯锡表示，大数据已经逐步渗透到与我们息息相关的任何一个行业和业务的职能领域，衍变为一种重要的生产要素，大数据技术作为新一轮的创新发展的必备条件，整合信息资源、利用数据做到精准的核算与预测，最后达到精准生产、流通、销售。通过海量的数据将大数据与移动互联网、移动终端对接，使商家可以摆脱时间和地点的限制，便捷地了解顾客需求和习惯，发掘更多的商机和事业，达到可以说无数据不智慧、无数据不商业的境界。智慧物流是智慧商业的"血脉"，很多物流系统都将互联网、物联网等新技术与基础设施有机结合。各种技术集成应用，构成智慧物流体系。例如京东公司用无人机分拣，部分地区开始无人机试点送货、智能化快递柜可以不受顾客是否方便的影响，精准送达。未来还会进一步通过对用户大量数据的精准分析来准确预测消费者的购买行为，并在顾客尚未下单之前，凭借精准的购买可能性预测提前发出包裹，将物流时间极大限度地被压缩。通过对消费者购物习惯的分析与商品物流流向实时跟踪，为消费者提供更加贴心的服务，传统物流的运行模式和管理方式被改变。智慧商业以终端的手机移动支付为主要方式，传统面对面支付现金的频次会急剧下降。中国银联公布的数据显示，2018 年我国手机支付用户规模已经达到了 5.7 亿，受调查人群 2017 年移动支付每月平均消费金额为 2600 元。智慧商业将成为日后我国百货业的主要发展方向。

7.4.2.2 布局全渠道

百货业在零售中要变为全渠道零售，广大实体零售商们需要积极拥抱线上渠道。但需要注意的是，实体零售商的基础在于线下，布局线上应该围绕线下服务展开，通过打造以实体店为核心的全渠道运营模式，从多个维度接触消费者，并通过为其提供优质的购物服务体验来获取价值回报。可以说，在全渠道条件下，消费者往往掌握更多的主动权。

建立使用全渠道的扁平化组织结构。企业推行全渠道战略要从企业全局出发，由企业高层管理人员做好顶层设计，各部门要统一认识，协调发展。做好员工教育与培训，让员工充分认识到品牌的力量，认识到顾客体验的作用，在企业各部门之间、各渠道之间设立协作机制，推动公司组织结构朝着扁平化方向发展，以促使其与企业的全渠道发展相适应。

破除部门之间、渠道之间的阻碍，在部门之间构建全渠道，以客户为中心重新架构组织结构，消除内部制度对企业运行的干扰，以促使其适应分工协作；构建一个良好的客户关系，让员工能够从全渠道的角度出发看待问题，让员工充分发挥个人能力在企业之间传递全渠道的价值；对员工进行培训与教育，为员工分享技能和知识提供一个良好的环境。

传统实体店进行虚拟化，网店、移动平台实体化。在实体店中增设虚拟化设施，如为用户提供免费无线网、POS 机结账服务，展示屏、智能电视、虚拟电视墙等，为顾客提供一个环境良好的上网空间，让顾客在实体店中就能享受到家庭网络购物体验。同时，为员工配备平板电脑，以方便其开展业务咨询和购物结算。

电商网店最大的劣势就是用户不能试用，不能获得真实的购物体验。为了破除这个劣势，网站可以选择一些高标准化、易描述、便于比较的产品。如果是服装类，为了增强顾客的购物体验，可以让用户上传自己的照片进行试穿。除此之外，还要完善会计的购物系统和订货系统、安全支付系统、透明的库存系统、网店退换货系统、购物评价系统等，来延伸企业货架，方便顾客和店家交流，为用户提供真实、安全的购物体验。移动终端实体化后可存储购物单和产品加工信息；移动终端对二维码进行扫描以实现快捷支付；为用户提供店内导航，通知用户商店的促销活动信息；为用户发放优惠券；给用户提供发货通知；支持用户为商户做出评价、打分；购物单共享；与店家进行交流。

虚拟电商、实体店商和移动终端等渠道的库存都必须实现一体化、可视化。要想做到这一点，零售企业之间的渠道壁垒必须破除，从而可以在渠道间自由流通。在这种模式下，各个分销中心的工作将由本辖区的门店库存维护转向为其他分销中心、门店的库存维护服务。依据"地理位置就近"原则，与顾客距离最近的门店是第一履约责任人，该门店要负责处理好实体门店的顾客购物履约问题，还要处理来自电商和移动终端的订单履约问题，同时负责做好三方面顾客订单的退换货服务。

采取就近门店为客户提供退换货服务的方法，节省了货物运输成本，能减小顾客购物的担忧，推动线上客户向线下实体店的回流，能有效防止渠道蚕食问题的出现，还能有效防止实体店沦为"展览室"。全渠道平台的构建需要从全局出发来完成，需要对企业各部门的责任职能进行整合。全渠道平台由两部分构成：一部分是前台，指的是和客户接触的终端；另一部分是后台，指的是能带给顾客无缝化购物体验的终端。其中，前台包括门店、网店、微博、微信、传统纸媒、社交媒体互动等部分；后台包括结算系统、订单处理系统、库存管理系统、第三方平台接口等系统以及支持这些系统运行的数据库处理平台。

面对全渠道营销，其最主要的任务是保证顾客能从不同的渠道获得一致的购物体验，通过建立隐藏的转换成本来增强顾客粘度。最终要做到：将线下实体店和线上电商的各种优势结合起来，让线上实体店带给用户网店般的购物体验，让网店带给用户实体店般的购物体验，从而带给消费者极致的购物体验。

7.4.2.3　注重专精化与个性化

在新零售时代，企业应当以体验为中心，为消费者提供一站式的购物渠道。在信息时代，对于身处海量信息中的消费者来说，打破现存的分散化、碎片化的信息状态，建立一个方便快捷的购物平台，拓宽商品种类，带给消费者一站式的购物体验非常关键。这个平台的搭建，可以汇集全国一线品牌，也可以是构建跨区域、跨行业的电商平台。无论采取哪种方法，最为关键的一点：一定要进行差异化营销，为消费者提供优质的购物体验。

过去，客服中心的服务方法主要有两种，一是电话沟通，二是邮件沟通。在新零售时代背景下，随着智能手机、平板电脑等设备的广泛应用和互联网的普及，顾客借助社交媒体、网上自助服务、电子邮件、实时聊天等工具能获取多种渠道。因此，客服中心的服务方法也要朝着电子化、智能化的方向改变。顾客在借助移动终端、社交媒体或者电话、邮件等渠道与客服渠道进行联系时，需要客服中心能满足这一需要。智能客服中心还能对用户数据信息（如顾客语音投诉）进行收集和处理，这些信息很有可能会转变为有价值的商务信息，为顾客购物活动服务。智能化客服中心需打破单一的数据存储功能，将顾客介入系统和企业后台的办公记录系统相联系，更好地为顾客服务。

在现实生活中，每个人都是消费者，都能针对某个产品或者服务做出评价。在这样的情况下，借助于社交媒体，顾客在选购商品的时候能轻而易举地获取有益的建议。顾客的评价对商品的销售情况有直接的影响，这促使零售商不得不尽快对顾客的不满意、差评做出处理，以便争取顾客的好感，塑造良好的品牌形象。

针对顾客的精确营销，可通过整合线上、线下数据库，对顾客的购物信息进行整合，及时、准确地营销，线下开展一些诸如店庆、节日促销活动等，通过研究分析消费者特性，及时了解、掌握消费者的需求以及对我商场的消费诉求、消费能力做出精准营销。

如果仅单纯地销售产品，实体零售商恐怕很难留住用户。在新零售时代，实体零售商需要学会维护用户关系，借助于微博、微信等社交媒体工具进入到用户的社交圈，从而使之成为忠实的用户群体。如果对原有的会员体系进行升级，利用微博、微信等工具实现对用户的精细管理，就很容易获取到用户在社交媒体平台中留下的各种数据，并将营销内容推送至人们随身携带的智能手机上，从而实现定制化营销。

7.4.2.4 重视大数据研究打通百货产业链

大数据是新的财富，从图7-6中可以看到，大数据行业的市场规模在逐年扩大，增长势头非常强劲。大数据技术对于拥有海量信息的零售企业至关重要，决定了零售企业对信息的处理能力。利用大数据可以准确、迅速地分析出消费者的消费趋向，比如消费者在不同的品牌、不同价格、不同规格的产品上的偏好等，然后更准确地把握接下来的方向，比如该与哪些厂商加大合作力度，这样就可以让消费者在不同商品、不同价格上作对比，消费者肯定会选择心中"物美价廉"的商品，从而加大消费量，企业因而赢得消费者。以大数据为基石，在各类促惠活动中，大数据都会彰显其神奇力量。

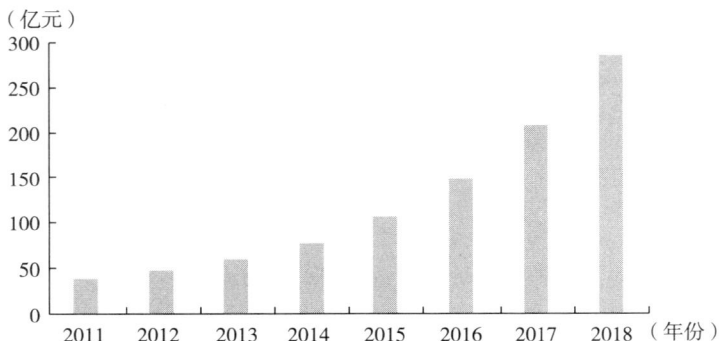

图7-6 中国大数据市场规模

支撑物流系统下，物流方面显然成了众多零售行业的"必争之地"，谁效率高，谁就可以在前面跑。因为大数据不仅能够帮助后台降低成本，而且能够提升物流效率，增进用户体验。比如，大数据能指导仓库货位的摆放。支持品牌引进和配置系统。大数据不仅在物流端有至关重要的作用，在品牌的丰富性及地区匹配方面，也有重要的支撑作用。

零售业智能化创新加速，随着大数据技术的广泛应用，中国零售业必将成为数据密集型产业。新一代科学技术的发展，数字化应用技术将势必加快经营模式方面创新，不断推动商品流通向更高程度的网络化、智能化、数字化方向发展。以信息技术依托形成的商品流通网络化和智能化，使现代零售成为引领经济运行的引擎。零售产业将进入大数据时代，中国零售业即将成为数据密集型产业。在未来，零售业的信息平台会比销售平台更受重视，零售业在未来发展中，交通、地段、仓储等指标不再是最重要的影响因素，而信息和数据的集成能力将起着决定性作用。

大数据最重要的是在价格方面的作用，即支撑价格系统。无论发展到什么时代，在百货零售业，价格都是非常敏感的因素，就算是性能再好的商品，假如价格不能让人接受，不能平民化，那么也很难卖出去，可以利用大数据进行反向定制模式，最大限度地降低产品设计开发及生产成本，平衡了消费者的个性化需求及规模化生产的效益问题，最终提供了富有市场竞争力的价格定位，从而使消费者不会因为价格望而却步，让商品销售的渠道更加畅通。

7.5 哈尔滨华联百货公司转型升级的路径

7.5.1 构建绿色商品流通与共享圈

（1）绿色社会再生产。早在 1999 年，商务部、中宣部、科技部等 12 个部门就已经实施了一个以"提倡绿色消费、培育绿色市场、开辟绿色通道"为主要内容的绿色系统工程。虽原意指食品安全方面，主要以保障绿色消费和发展绿色低碳经济为目标，以加快转变经济发展方式为主线，以推广绿色低碳采购、培育绿色低碳市场、提倡绿色低碳消费为重点，打造一批上与生产、下与消费相连的绿色低碳供应链，用以培育出一批绿色低碳供应商和品牌商，最后形成绿色低碳可持续的生产方式、流通模式和消费行为，但在零售领域也同样适用。"三绿"工程中的绿色供应链以及要求的流通方式和消费行为给我们很大启示：同行替代或者是跨行替代都不能摆脱我们要服务好顾客、充分满足顾客需求的商业本质。哈尔滨华联在满足顾客的同时能够用更加低碳、更加绿色环保的方式，如使用包装材料、就近配货、就近向消费者寄送商品等方式将我们的水准提高到更高的层次。如图 7-7 所示，绿色社会生产可以贯穿整个环节，即绿色生产、绿色分配、绿色交换与绿色消费。好的企业都不是单纯地注重眼前利益，不注重全局可持续发展，越是卓越的企业越要承担更多的社会责任、环境责任。

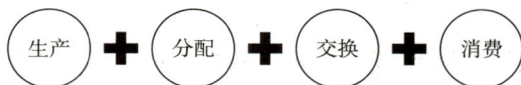

生产 ➕ 分配 ➕ 交换 ➕ 消费

图 7-7 社会再生产环节

（2）聚合共享。早在资本主义萌芽时期便产生了一种称为可以包买主的生产方式，它主要是将生产资料在多个手工业者之间进行分配，通过他们的共同分工与合作来完成协作生产任务。在社会变革快速更迭的今天，共享共赢思维被人们重新重视起来，它不仅仅是一种商业的运营方式，现阶段逐步演变成了一种精神，变成了能够助推社会发展不可或缺的中坚力量。通过同业联盟和异业联盟的方式，打通所有的渠道，包括生产、采购、销售产业链以及线上和线下加物流的通道，实现共享圈内资源共享，降低引流顾客的成本，整合更多的数据，能够利用大数据分析技术，总结经验、发现规律、趋势预测，做好精准营销。

从图 7-8 中可以看出，每个横向都会有 n 个单位存在，这 n 个单位的存在可以形成横向聚合，这种聚合可以形成规模化生产、集约化经营，提高产业整体的市场占有率与竞争力，每个横向的单位在向下一环节或上一环节销售或采购时又会有 n 种选择，这种选择会节约更多的成本。这些横向和纵向的集合会形成一个商业圈，在这个商业圈里，我们可以实现资源共享，同时这个共享圈的建立能够提供大量的数据，而数据越多，公司的决策就会更加科学、精确、合理。合作共享共赢的举动不仅能够扩大宣传面，更重要的是，这种精神的力量难以估量，对于哈尔滨华联百货公司来说发展潜力是巨大的。

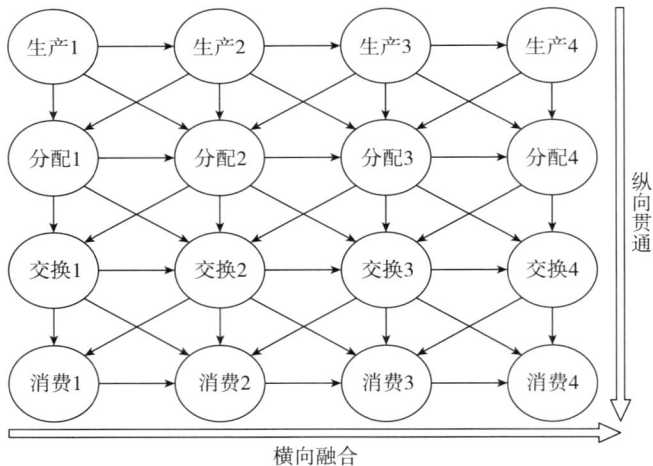

图 7-8　各环节贯通与融合思维导图

7.5.2　不同渠道间深度融合

互联网和移动互联网的快速发展给跨渠道之间深度融合提供了必备的技术支

持，尤其是现在我国拥有领先世界的 5G 技术。越来越多的商家开始跨行业进行布局，京东、苏宁、天猫都开始了线下网点的建设，这给我国传统零售企业无形中增加了很大的压力。在激烈的竞争中立于不败之地的必然是那些能够率先进入全零售时代的商家。传统模式中的产品和服务转化为数字化和网络化，其运营的渠道更加多样化，侧重于发展长期用户；将供应链整合和升级变为企业向前发展必须要解决的问题，改变传统层面上的层级结构，转为扁平化结构。

将不同粘性的用户进行详细的统计和划分，进行有针对性的记录，并按照市场需求对供应链不断完善，这种方式能够使营销更加具有针对性，并制定准确性极高的供应链发展方案。提高销售的针对性，为商品的存储环节制定与之相对应的配套策略。互联网技术的应用以及人们对互联网的依赖，使得渠道之间不再像之前那样界限明显，顾客的地位逐渐提高。以消费者为中心，围绕消费者的需求制定发展计划变成企业发展最应关注的点。加强与消费者之间的沟通交流，掌握他们的需求，并据此调整发展方向。可以说，商品品类的细分是全渠道模式下供应链升级的关键。

7.5.2.1　对接渠道

全渠道模式下供应链运行使得渠道之间的信息系统得以实现对接，可以实现消费者和网络平台的实时互动。假如某个网络平台上有顾客在选购商品，然而该平台的后台却出现了货品不足的现象，其他的渠道商还有商品库存，那么该渠道商就能在第一时间接收到这个买家需求并通过相应的物流服务来及时准确满足顾客的需求。一方面，全渠道零售模式下不同渠道商之间的共享库存的关键在于信息数据的传播以及线上平台和线下实体店之间的营运配合。线上线下的配合需要信息技术的支持。业务体系的完善不可缺少。另一方面，渠道商的共同努力可以使不同渠道商之间共享库存，发挥产业链的协同作用。网络平台的优势正在被越来越多的企业所认可，越来越多的商家开始加入到这个平台运营中，因此，渠道与供应链之间的彼此交融，使得商家在经营的过程中获得更多的经营信息，扩大自己的商业覆盖面积，提高销售。

7.5.2.2　协同产业链

营销、采购、信息协同是供应商链整合的主要内容。商品供应链的运行主要受渠道营销模式的引导，无论是在线上还是在实体店的经营之中，消费者的体验都变得尤为重要。全渠道模式下的经营变革是企业亟须解决的问题。线上线下整体的协同发展，依托实体店的实体性优势以及线上平台的大流量优势，依托微博、微信等新型社交软件以及短视频 APP，如抖音、快手等宣传媒介优势互享，让顾客全方位地了解商品，完成线上虚拟与线下实际相结合的体验方式。

通过协同将产业链的不同环节全过程进行设计安排，最终使产业链得以高效运转，产业链的系统主要包括协同价值链、协同企业链、协同供需链。将上下游产业链有效对接，发挥协同优势，以产业合作的方式贯穿整个产业链。更快更好地完成企业订货、物流、销售。将需求测试和促销方式相整合。企业通过渠道商采购商品方式，往往通过大批量采购以获得更多的优惠，能够降低商品的价格，能够在供应环节获得更多的主动权。

除了能够降低商品价格外，也能获得更多的消费者支持，企业和渠道商在供应链环节的合作更加深入，让商流和物流彼此协同运行，既能提高运作方面的效率，也能减少成本损耗，尽可能降低企业在日常管理中可能出现的问题。采购平台的整合、信息的整合以及营销整合要立足于市场需求，不断更新完善。注重商品体验环节。这个环节对于企业的经营来说至关重要，必须把它当作发展完善的重中之重。重视商品的体验环节与产品质量，尤其是服务体验。有研究表明，服务体验好的企业一般在后续发展中情况都很好。将消费者末端的服务感受提升是完善协同产业链的最终环节，末端的服务系统能给顾客带来更好的消费体验，增加企业竞争优势。

7.5.2.3　升级渠道

传统单渠道或跨渠道模式慢慢会成为历史。全渠道模式是在传统供应链的基础上进行创新，是对O2O模式的进一步发展和延伸，在改革过程中率先完成升级并发展成熟的企业将成为激烈竞争中的佼佼者，全渠道模式在经营中起到举足轻重的作用，凭借大数据技术支持，在全渠道模式背景下，商家不仅可以依靠大数据算法，将运营过程中的各个渠道环节精准融合，更能整合并保留数据，将数据存储到大数据库中。数据越多，数据分析的准确性越高。通过对数据库中的数据有针对性地进行精准分析统计，以帮助企业更加有计划地调整产能、区域库存，优化资源配置，让资源配置更加高效。从而大大降低物流成本，升级之后的全渠道下消费者可以更加快速、更加便捷地收到自己的商品，能够提升消费者的物流服务体验。

7.5.2.4　整合物流资源

零售商必须对自身的物流资源进行有效整合，这对零售企业来说具有十分重要的现实意义。不仅要对运力资源进行整合，还要对信息系统进行整合。在全渠道模式运营模式下，企业利用全渠道优势，能够对自身进行系统分析，销售预测、智能调货与补货、物流配送、仓储管理等方面全面整合，这无疑会大大提高物流体系的反应速度与精准度。现如今，科学技术日臻完善，完善的信息系统将会助推零售企业持续稳定运营。凭借大数据整合物流资源，将物流中心的运营管理予以更加直接的目视化与柔性化管理，不断发掘并拓展门店的功能，提升全渠道物流体系的运营效率。整合物流资源可以提升商家的发货以及收货速度；而仓储运营管理柔性化，能够帮助企业更加有效提升物流资源利用效率，全面系统地降低物流成本。发掘门店的更多功能，线下门店是线下终端仓储、配送与消费者直接对接的载体，不仅承担着满足消费者服务需求体验的重任，而且还是解决"最后一公里"的渠道对接的执行人。让顾客无论在任何一个渠道购买华联的商品，都能享受同样优质的货品。用"购物在华联，保君遂心愿"服务宗旨，服务好每一个华联顾客。

7.5.3 营销体验以消费者为中心

完善互动技术，提升零售店消费趣味性，实体零售店铺要满足不同消费者之间网络化的新型消费习惯，凭借日渐完善的真实场景互动技术共同营造一种生动有趣的购物氛围，以增强消费者的购物欲望。例如，是否可以引入虚拟试衣间，使顾客在试衣间消费的时候产生非常愉快的购物体验和乐趣。利用各种有趣的互动小游戏吸引消费者，让消费者在购物的同时能够得到放松，向潜在的消费者发出申请，从而扩大销售覆盖范围。

（1）利用新方式吸引消费者。在这个发展日新月异的时代，顾客在选购商品的同时，商品质量的好坏也是一项非常重要的考核标准，商品服务能否令消费者满意非常关键。因此，实体零售店铺凭借先进的技术手段来打造一个轻松、愉快，又充满温馨的购物环境，让顾客在购物的同时享受服务。综合运用人脸识别技术、VR 技术可以对顾客进行面部有效识别，分析其性别、年龄、喜好、最新浏览情况等信息，有针对性地投放其喜爱的广告，做到精准营销。这种情况在新零售时代将会变得非常普遍。在付款方式上可以选择任意一种线上或者线下支付方式，当然顾客也可以自由地选择货物的配送方式——送货上门或者到店取货。用 VR 技术提升顾客的体验，以达到身临其境的购物感受。通过这些方式不仅仅可以明显增大店铺的经营范围，而且可以让更多的人熟悉我们的商品，节约大量的无效宣传成本。在不增加营运成本、不扩大店铺的前提下大幅提升销量，真真切切地提升门店销售业绩。

（2）利用新技术提升消费者体验。随着经济的发展，今天的中国科技日新月异，在百货领域出现的魔法穿衣镜可以帮助顾客更省时省力地了解自己穿上服装之后的效果，它利用的就是人体虚拟画像的技术，我们站在镜子面前通过利用简单的初始数据，系统将会为我们快速地设定虚拟画像。此外，VR技术也能让消费者快速地进入场景中，提高购物的体验感、科技感。智能服务机器人现如今也被应用到许多实体店中，我们可以通过智能机器人快速地找到我们所需商品的位置，通过与智能机器人之间的对话，也可以让消费者在购物的同时娱乐放松身心。更高层次地集购物、休闲、娱乐为一体。

7.5.4 完善企业组织架构并培育企业文化

企业组织架构在企业日常运营以及向前发展的过程中具有非常重要的作用。不仅决定了企业的各项业务功能是否发挥正常，更决定了企业能否向前走得更远。对于哈尔滨华联而言，未来的发展方向受企业组织结构影响非常大，因此企业组织架构的建设对企业今后的长远发展具有保障性作用。

（1）组织架构与企业文化并抓。企业组织架构不是完全现有的组织分化，但现有组织结构和各部门的有效集成，即将功能重合的组织融合在一起，对于哈尔滨华联来说，无论顾客会选择哪种方式，重视产品质量都是非常重要的前提条件。公司可以整合产品采购和质量控制部门，而不是分成两个不同的部门，让信息得以更加有效传递，提高效率。同理，市场和售后部门可以根据功能集成的原则，整合线上和线下的业务内容，用全局思维分析企业组织建设。既完善了各职能部门的职能，又能保证各组织部门之间密切协调配合，以此促进哈尔滨华联在新零售时代更快更好发展。如果把企业组织架构比喻为硬件，那么企业文化就是保障企业发展政策实施的软件。企业文化对企业内部员工的思想认知和行为规范方面具有非常大的作用。大到任何一个发展战略的实施，小到任何一个日常工作的落实，都需要靠员工完成。因此，如果员工不认可企业文化，那么员工在日常工作中就会出现懈怠、不认真履行的情况。员工上下一心，企业才有凝聚力，抗风险能力也才更强。

（2）提升企业凝聚力。增强企业内部的凝聚力，可以使得公司在今后的发展中更具战斗力，全公司上下心往一处使，劲往一处拧，更好地提升服务，满足顾客的消费需求，形成顾客的良好口碑。有研究表明顾客的良好口碑能够为企业长足发展带来持续动力。新时代下，每一名消费者都具有带货能力，任一名消费者都能够为周围的人在潜在情形下对购物方面产生影响，每一名员工和顾客都是企业的形象宣传者，也是最好的企业广告载体。

7.5.5 引入专业技术人才

当前，互联网与电子商务的广泛应用各个方面。随着信息技术的高速发展，新型消费业态不断深化，互联网购物、电子商务等新型消费业态创新加速，并推动我国成为全球最大的网络零售市场。2010 年网络零售市场交易总额占社会消费品零售总额 3.5% 左右，到 2018 年这一数值为 18.4%。传统产业链上的知识没有实现共享，能够在产业链上转移的显性知识也多为技术要求、产品质量等，大量的隐性知识和部分显性知识没有在组织中共享。信息技术和电子商务的发展使得知识成为独立的生产要素，从而使得知识链整合越来越重要。

7.5.5.1 建立专业人员培养体系

人才储备在任何一个企业的发展中都具有非常重要的战略地位，无论是新思想的提出还是新计划的落实，都需要人来完成，优秀的人才更是企业得以越过重重路障、不断向前发展的不竭动力。人才梯队建设是让企业继续保持高效持续发展的关键。作为一个具有竞争力、好口碑的企业，哈尔滨华联的发展需要有更多的优秀人才为企业提供智力支持。俗话说"金无足赤，人无完人"，对人才进行多方面的考核，了解其优势和劣势，将工作安排在其擅长的领域中，做到物尽其用，人尽其才。现阶段公司虽以零售业为主，但在零售业接下来的发展中还存在许多不确定性。企业需要大量的有专业知识储备的研究型人才来研究市场的动态，把握市场发展方向，帮助企业更好地向前发展。具有丰富管理经验的人才去组织管理各个部门工作，能够提高部门效率，为企业做出正确的决策也是有经验的管理人才非常重要的能力。新零售背景下，线上与线下运营都需要大量懂得互联网运营的人才、专业管理能力的人才、专业的市场营销人才等。

企业不仅可以从外部招聘人才，更可以根据需要从企业内部人才库选拔人才。一定量的人才流动并不可怕，这部分人才可以为企业带来新鲜思想，给企业带来更多的活力。但是，这个人才流动的量一定更要控制好，否则会变成企业不稳定的因素。不断充实企业人才库，丰富人才资源，让人才能够有施展自己才华的空间。建立专业人才培养体系，健全企业内部人才的结构，根据不同的人才特点匹配不同的岗位任务，更好地落实新的发展政策。加快人才储备，完善人才储备制度，逐步提高人才的竞争力与能力。

7.5.5.2 多方位激励人才

企业在正常的经营发展过程中，应当保证人才库中的人才储备处于一定的安全边际内，即人才引进数与人才流失数处于一个合理的动态范围内，既能保证企业不断有新鲜血液融入到企业中，也能尊重每一个员工的个人发展意愿。对于企业用心培养的优秀人才特别是在专业领域的特殊专业性人才的流失，无疑会给公司的发展带来较大损失。为了能够保证优秀人才的引进，避免优秀人才的流失，企业务必要做好人才的奖励政策，不仅仅在物质上，精神上的奖励也非常重要，应建立完善人力资源保障机制，通过多种手段有效地留住人才。目的是保证引进的优秀人才能够安其位，在自己的岗位上将自己的能力发挥出来。

此外，与其他的大企业进行对标学习，借鉴其他企业较好的人才激励管理经验，设立互助、帮扶、关爱基金，当员工生活中遇到困难时，发挥大家庭应有的温暖，用集体的力量帮助员工走出困境。工会以及人事部门不定期开展文娱活动，丰富员工日常工作和生活，调节工作中的紧张气氛，使员工更好地投入到工作中，让员工热情工作、积极努力。

7.6 本章小结

在供给侧改革下，要抓住新时代开放、和谐、共赢的商业环境生态系统为百货业提供的机遇。信息化、智能化、万物互联化技术推动了百货业供应链和商业模式技术的迭代与进步。新型的技术重构了消费者的核心地位，消费场景虚拟现实化，使传统零售流程得到优化。新时代为百货业提供了一个更大的市场平台，这个平台让更多的商家彼此合作共享资源，为更多的品牌提供线上线下的无缝连接，让产品拥有更多的受众。新零售时代不光有机遇，更有挑战，能否及时抓住消费者偏好、习惯、需求等，能否形成多业态联动和融合的态势，需要更多政府与社会力量的支持，同时对企业自身的运营能力也提出了较大的挑战。

本章通过对哈尔滨华联百货公司的基本情况以及问题进行分析，基本上可以判断哈尔滨华联产品业务发展还存在着很多不足。如没有战略性思考，宣传中还停留在传统的方式方法中。因此，要在众多的同类百货中占有主导地位，还要加强自身的核心竞争力建设，要有大量的储备专业性人员，培养后备力量。对于哈尔滨华联这样的企业来说，由于创建公司的时间相对较早，在当地也有很大的认可度，这些认可度可为公司宣传发展提供坚实的力量，但同时应该有居安思危的意识，面对当前的发展速度，新的消费形式是否会带来颠覆性的购物方式转变，还充满着很多的未知性。总的来说，传统百货行业不转型升级在未来一定不会有市场，要发现自身存在的问题与优势，与时俱进，把握发展中存在的机遇，借助外部环境与条件，迎新而上，促进企业发展转型，从而提高企业整体的行业占有率以及竞争力。

　　本书认为，新零售是未来零售业发展的必然趋势，在这样的趋势之下，哈尔滨华联必然要跟紧时代的步伐，提高企业的竞争力，助推企业发展。商品供应一体化的原则可以整合产业链，将产业链内的优势资源共享，打通整个渠道。针对不同的消费者进行不同的营销推广，这一点是达成销售的关键。商家与顾客之间不仅仅是销售商品本身，新时代更多的是附加的服务价值，通过服务不仅可以增加顾客粘性，也可以培养忠实的顾客带客群，新时代每一个人都具有带货能力，都有宣传商品的能力。调动整体产业之间协调融合发展，加强整体对市场的抗风险能力。通过这些原则确定转型升级的发展方向，为哈尔滨华联未来的发展指明道路。在供给侧改革背景下，本章结合哈尔滨华联百货公司现状与存在的问题，提出哈尔滨华联百货公司转型升级路径即构建绿色商品流通和共享圈、不同渠道间产业融合、营销体验以消费者为中心、完善企业组织架构并培育企业文化、引入专业技术人才五种对策完成哈尔滨华联百货公司由传统百货商业转型升级。

8 供给侧改革下网络零售业态创新实践

——阿里巴巴典型事实

8.1 扎根理论研究过程

8.1.1 案例背景

在选取零售业态演化的案例时，案例选取的标准是既要体现零售业态演化的过程，更要体现零售业态演化的未来，超市、百货商店、购物中心、专业店能够很好地体现中国零售业态演化的过程。在这个过程中，大润发、银泰百货、苏宁云商成为目标案例，在零售业态未来演化方面，京东、阿里巴巴、苏宁云商成为了目标案例，而阿里巴巴与大润发、银泰百货、苏宁云商战略投资的关系，并且阿里巴巴在探索未来零售业态发展的过程中，积极赋能、升级大润发、银泰百货、苏宁云商，阿里巴巴成为首个考虑作为研究的案例。除此原因，选择阿里巴巴作为研究案例，还包括以下几个原因：一是阿里巴巴较早地提出新零售战略，并积极进行新零售转型，2016 年云栖大会，马云首次提出"新零售"概念，随即引发行业广泛关注。二是在新零售落地方面，阿里巴巴成效显著，盒马鲜生、银泰百货等一批新零售项目纷纷落地，效益、效率显著提升。三是阿里巴巴积极布局大数据、云计算、物联网领域，积极进行业务拓展，进行云计算大数据领域基础和前瞻技术研究。四是阿里巴巴不断进行商业模式重构与组织变革，基于商业模式重构与组织变革，积极进行内部技术架构的调整。五是阿里巴巴在关注零售业态演化的同时，积极关注与零售直接相关的新制造问题与消费需求变化问题，与研究基于生产与消费协同视角高度契合。六是以阿里巴巴为案例研究，研究资料比较丰富。在研究过程中，不仅做详细的深度访谈，而且收集了阿里巴巴内部大量的二手资料，有较多的外部研究资料可以借鉴研究和互信印证，为研究提供多元化的资料来源，符合扎根理论的"三角验证"逻辑。

8.1.2　方法选择

本研究的主要目的是研究生产组织与消费者决策协同演化背景下零售业态演化过程、模式与趋势，在前几章已经建立比较完善的理论框架与体系，在此基础上需要寻找典型零售企业的演化是否符合其基本理论，因此比较适合采取案例研究方法。案例研究采取归纳研究思路，案例的有效性取决于在理论框架下对企业典型案例的理论细节挖掘，充分契合其理论框架。相较于演绎思路，案例研究所采取的归纳思路能够为研究问题提供厚实的资料，以反映研究目标的复杂性，所以能够回答关于"为什么""怎么样"的问题（Yin，2014）。因此在理论构建部分，本章将选择经典案例进行深入分析，同时结合现有理论，对零售业态演化过程、模式、趋势进行探索性理论构建，作为一项案例研究，本章通过收集各种质性数据，并通过扎根于这些数据来构建理论。首先，确定开放性的收集方案，依据阿里巴巴业态演化、组织架构、技术中台等相关问题，广泛收集细节和充分的数据。确定研究零售业态演化这个开放性问题后，开始收集阿里巴巴商业逻辑、组织变革、技术架构相关案例细节和数据，重点是关于阿里巴巴组织商业逻辑不断更替下组织变革与技术架构的重构。其次，通过对收集到的海量资料进行归纳分析，形成开放式编码，并随着分析深入，继续补充收集数据，将使用最重要的、出现最频繁的开放式编码提升为核心编码。最后，完善概念类属，探寻编码间的可能关联，通过理论抽样寻找新数据，形成解释零售业态演化的一个逻辑框架，最终完成理论建构，揭示生产组织与消费者决策协同演化过程下阿里巴巴的升级与调整。

8.1.3　数据收集

本章对阿里巴巴一手资料收集开始于 2015 年，经阿里巴巴公司内部人员引荐和安排，先后与阿里巴巴的 6 位中高层管理人员进行半结构化访谈，平均访谈时间超过 30 分钟，全部整理出来后有 65000 多字。此外，还参观阿里巴巴公司总部和北京分中心，并深入了解阿里巴巴共享业务中心和阿里云公司，整理出一些现场观察记录。同时，获得阿里巴巴的部分内部资料和书面教材的二手资料，《智能商业》（曾鸣著，中信出版社，2018 年 11 月）、《企业 IT 架构转型之道——阿里巴巴中台战略思想与架构实战》（钟华著，机械工业出版社，2017 年 5 月）、《大数据之路——阿里巴巴大数据实践》（阿里巴巴数据技术及产品部，

电子工业出版社，2017 年 7 月)、《马云：未来已来阿里巴巴的商业逻辑和纵深
布局》(阿里巴巴集团著，红旗出版社，2017 年 4 月) 和部分互联网资料作为二
手资料的来源。

8.2　阿里巴巴零售业务的发展历程

1999 年，阿里巴巴成立。1999～2002 年，阿里巴巴集团布局 B2B 模式，推
出专注于国内批发贸易的中国交易市场 1688。1688 以批发和采购业务为核心，
通过专业化运营，完善客户体验，全面优化企业电子商务的业务模式。鉴于本
章研究的视角是零售业务，所以阿里巴巴创立阶段不在本章的考察范围，根据
表 8 - 1，我们将阿里巴巴的历史演化过程分为五个阶段。

表 8 - 1　阿里巴巴的历史演进与组织变革

发展历程	变革年代	发展战略	战略重心	组织方式
第一阶段	2003～2008 年	平台搭建	交叉网络外部性	科层制
第二阶段	2009～2012 年	专业化分工	内部优化（搜索）	市场组织
第三阶段	2013～2016 年	生态系统构建	网络协同（数据中台）	网络组织
第四阶段	2017 年至今	新零售赋能	数据智能（物联网）	网络组织
第五阶段	未来	智能演化生态体	新商业文明	自组织

8.2.1　2003～2008 年零售业务布局阶段

基本业务拓展。2003～2008 年阿里巴巴开始尝试零售业务，阿里巴巴基本
完成网络零售业务布局。2003 年初，阿里巴巴开始寻找新的增长点，2003 年 5
月推出淘宝，11 月推出网上实时通信软件贸易通（阿里旺旺）。2004 年，阿里巴
巴创立独立的第三方电子支付平台——支付宝，使得买卖双方更放心地基于淘宝
平台进行交易。2005 年，阿里巴巴收购雅虎中国，2006 年，阿里巴巴收购口碑
网，2007 年，阿里妈妈创立。

淘宝的基因。2003 年，马云从国外购买一款软件，基于这款软件的改造，
形成最早期的淘宝。在梳理阿里巴巴零售业务发展的历史时，广泛访谈了早期的
淘宝卖家、主要参与者、淘宝早期员工，最终提炼的关键词是协同网络。为了让

更多卖家在淘宝平台进行销售，淘宝建立早期的社区 BBS，由于当时计算机普及程度与操作技能的欠缺，淘宝卖家是弱势群体，为了让淘宝卖家掌握在淘宝销售技巧与基本技能，绝大部分卖家愿意在社群里分享心得体会与经营要点，由于已有的淘宝卖家无偿地将经验分享给其他潜在卖家，在客观上带动了卖家的快速增长以及整体卖家服务能力的提升。正是由于淘宝社区、在线 BBS 的属性，卖家的免费分享与信息交互，使得淘宝迅速扩张成为一个利益共同体，协同网络由此搭建而成。淘宝的起点则是社区，是在线 BBS。而京东的基因是线下实体，是 B2C，淘宝与京东基因不同，演化路径大相径庭。

基本定位的确立。伴随着消费者对淘宝认知程度的增加，淘宝的销售额快速攀升，在早期已经集聚了 20 多万卖家。原本简单的店铺风格已经满足不了日益庞大、复杂的消费人群，要求淘宝店铺必须更加美观，同时体现销售商品的风格特征。针对是否为淘宝卖家提供直接店铺装修，淘宝内部产生了利益分歧，毫无疑问 20 余万卖家的店铺装修工作将成为新生淘宝重要的利润来源，但同时淘宝内部能否满足卖家逐渐增多对装修业务的需求。很快阿里巴巴就意识到，如果淘宝向用户提供店铺设计服务，所有的事情由自己完成只会导致团队臃肿和效率低下，最终的效果也无法让消费者满意，毕竟当时的淘宝团队还没有为几十万卖家同时提供设计服务的能力，最终淘宝平台只为卖家提供一个基础版本，如果需要更为美观、个性化的装修服务，可以通过购买第三方服务实现，由此除了买卖双方之外，淘宝产生了新的物种——软件设计师。通过对店铺装修业务的考量，淘宝平台充分意识到应将重心放在平台业务自身，完善协同网络的搭建，其他业务通过分工由市场完成。基于基本定位的认识，淘宝平台迅速产生了物流、网页设计师等各种新的物种，新的分工的出现，进一步完善了淘宝早期的分工体系，协同网络基本形成。

协同网络的形成。淘宝作为典型平台，早期已经开始探索平台经济的经营策略。在面对易贝易趣的竞争时，淘宝早期也在积极探索收取店铺租金、会员费、渠道费用等，在经过经营团队深入讨论后，得出一致的共识，如果过早收取费用，将陷入传统零售模式的泥潭，并且淘宝开店成本将大幅度上升。在持续免费的政策背景下，使得大量卖家进入淘宝，淘宝平台的交叉网络外部性开始出现，如此一来，B 端（企业端）提供的商品不仅丰富度大大提高，价格也远比传统的线下零售更有优势，差异化的服务业逐渐浮现，自然带来 C 端（消费者端）的福利提升。于是，C 端客户，尤其是大量未被传统零售覆盖到的 C 端客户蜂拥而至，不到几年的时间就形成了浪潮席卷之势，这股势头又反向刺激了 B 端的几何级数扩展，如此正向循环，淘宝出现了生态爆炸般的繁荣。需要说明的是，淘宝打败美国易贝一个重要原因是，淘宝鼓励线上商家和消费者直接、充分地连接、互动，而易贝则在这方面无动于衷。例如，淘宝旺旺使卖家和买家连接互动，评价让买家之间连接互动，帮派论坛则让卖家之间连接互动，直连互动使卖家和买家的积极性与创造力被极大激发，网络扩张带来的效益被成倍放大。

2003～2008 年，淘宝平台实现了从无到有、从小到大，其基本原因在于：一是基于在线社区 BBS，淘宝卖家的在线交互与免费经验分享，搭建了早期的协同网络，形成了淘宝早期的基因。二是确立平台的基本定位，充分将业务拆分给第三方，模特、物流、客服、软件设计等的加速，更加完善了淘宝的协同网络。三是持续的免费政策，使得淘宝平台卖家、买家的交叉网络外部性不断增强，协同网络持续扩张。

8.2.2 2009～2012 年专业化分工阶段

主要业务布局。2008 年 9 月，阿里巴巴提出后工业化时代和电子商务系统概念，主导方向发生转型。2009 年，阿里巴巴内部开始针对是否进入云计算领域进行深入讨论，并认为云计算是互联网时代的基础设施。2010 年，阿里巴巴集团明确提出了互联网时代将呼唤全新的商业文明。2011 年，阿里巴巴集团开始感受到数据的价值，新成立的小额贷款公司被要求基于云计算和大数据，开始商业模式创新的探索。2012 年，阿里巴巴设立了 C2B（消费者对企业）的商业模式。基于以上战略层面的转型，2008 年 9 月，阿里巴巴启动"大淘宝"战略，"要做电子商务的基础服务商，让用户在大淘宝平台上的支付、营销、物流以及其他技术问题都能够做到顺畅无阻"。之后不久，阿里妈妈并入淘宝，阿里上线无名良品，打通 B2B 与淘宝平台，形成 B2B2C 电子商务生态链条。2008 年，B2C 天猫商城成立。2009 年，阿里云成立，同时阿里巴巴推出"双十一"购物节。2009 年 3 月，阿里巴巴推出按效果付费关键词竞价系统"网销宝"。2009 年 9 月，阿里巴巴收购中国最大的互联网基础服务提供商中国万网。2011 年 6 月，"大淘宝"战略升级至"大阿里"战略，"将和所有电子商务的参与者充分分享阿里集团的所有资源包括所服务的消费者群体、商户、制造产业链，整合信息流、物流、支付、无线以及提供数据分享为中心的云计算服务等，为中国电子商务的发展提供更好、更全面的基础服务"。

搜索引擎引入。在淘宝开始布局零售业务阶段，淘宝的类目十分有限，仅仅涵盖男装、女装、儿童用品等，消费者按照类目仅仅两三步就能完成搜索任务。

但随着淘宝平台汇集几十万卖家和上千万商品时，仅仅依靠类目搜索的浏览路径已不再友好。为了满足消费者信息搜索的要求，淘宝在借助雅虎团队技术优势的基础上，在淘宝平台引入了搜索引擎，同时在搜索引擎的基础上对搜索排名进行了客观排序。2008～2011 年，搜索引擎的引入，使得搜索引擎替代类目搜索成为流量的最主要来源。搜索引擎的引入在解决了消费者信息搜索的同时，通过竞价排行的广告模式，开始在淘宝平台推行精准广告。精准广告使得我们将小广告主和淘宝搜索，以及站外很多小网站的流量全部加以连接，淘宝的协同网络进一步拓展，同时竞价排行模式充分利用淘宝流量的优势，将流量变现。

分工体系细化与复杂双边市场形成。如果说"双边市场的扩张"是淘宝早期的核心特征，那么当这些新角色不断产生后，淘宝在第二个阶段的核心特征就是从一个简单的双边市场演化成了一个复杂的多边市场。多元角色在其中相互协同表现得越来越充分，淘宝也越来越立体。从早期支付宝作为主要资金担保中介接入淘宝平台后，支付宝不断开始消费金融创新。同时，当越来越多的店主希望自己的店铺页面更美观、更独特、更能吸引买家时，店铺装修市场随之出现。专业的设计师、网页制作者在这个新生的双边市场上可以满足卖家的相应需求。这样的新角色在淘宝上越来越多，淘宝客、ISV（独立软件开发）、导购达人都是很好的例子，快递、客服这些角色更加无须赘述。随着淘宝商家数量与站外小网站流量的介入，淘宝的标准接口面临挑战，为了应对标准接口问题，淘宝开发了商家服务平台，在此平台上为商家提供完整的软件服务，流量较大的商家一次性采购上百个服务插件，由此更多第三方服务企业也连接在一起。

8.2.3 2013～2016 年生态系统构建阶段

主要业务布局。2013 年，阿里巴巴设立了首席数据官的岗位，全力推动大数据和机器学习方面的技术进步与商业创新。2014 年，马云提出数据时代概念。2015 年，淘宝千人千面的个性化推荐开始释放出巨大的客户价值。2016 年，马云进一步提出了"五新"战略和互联网经济的思想。2013 年，阿里与多家物流公司共同创立菜鸟网络。2014 年，阿里巴巴于纽约证券交易所挂牌上市。2014 年，阿里与银泰成立合资企业，在中国发展 O2O 业务。2014 年，支付宝独立，成立蚂蚁金服公司。2015 年，阿里巴巴收购优酷土豆。

商业基础设施基本形成。在分工深化基础上，阿里巴巴零售平台先后产生了物流、金融、社交、软件服务、大数据、云计算、信用需求，基于此，阿里巴巴演化出支付宝、菜鸟物流、阿里云、蚂蚁金服、芝麻信用、新浪微博等平台。菜鸟物流依托阿里巴巴物流需求，与主要物流公司成立了中国智能物流骨干网，中国智能物流骨干网覆盖连接的所有物流公司、快递人员、仓储配送中心，基于菜鸟物流，物流活动的参与各方能实时在线互动，并基于数据沉淀，依托协同网络进行高效匹配，这一生态的力量进一步延伸到采购、批发，最终延伸到整个供应链。同时基于完备的消费者数据与商家数据，在支付宝的基础上，阿里巴巴成了蚂蚁金服，探索解决小微企业贷款难题。蚂蚁小贷所有信息采集和决策都由计算机后台完成，商家在线提交贷款申请，几秒钟内系统自动审批，审批后，贷款几乎可以实时打款到卖家账户，虽然是无人信贷，但蚂蚁小贷的坏账率却显著低于传统银行的平均水平。蚂蚁小贷做到这些，主要归功于互联网，它能够分享潜在客户的诸多数据，比如这些淘宝卖家正在卖哪些商品、生意好不好、经营店铺是否勤快、之前是否有过不诚信行为，甚至还有他是否喜欢玩网游、卖家朋友的信用度是否高等，这些数据的丰富度、准确度，远高于传统银行能采集到的贷款者的信息。如果我们全面检视蚂蚁小贷的业务，就会发现他做了三件关键的事：特定商业场景的数据化、忠实于商业逻辑的算法及其迭代优化，以及将数据智能与商业场景无缝融合的产品，这三件事融会贯通、相互包含，在反馈闭环中共同演化，这就是未来智能商业的样貌。在支付宝、菜鸟物流、阿里云、蚂蚁金服、芝麻信用、新浪微博平台基础上，阿里巴巴基本形成覆盖全社会的商业基础设施，商业基础设施的形成为阿里巴巴未来的线下赋能与智能演化提供了基础，也是阿里巴巴业务环节中最重要的一步。

生态系统形成。以淘宝、天猫、聚划算等线上交易平台为核心，支付宝、菜鸟物流、阿里云、蚂蚁金服、芝麻信用、新浪微博等平台提供互补服务，并且在数据中台战略实施后，应用程序接口相继兼容，淘宝协同网络复杂结构开始形成。在阿里巴巴社会化协作网络的基础上，阿里巴巴开始利用数据赋能零售平台卖家，演化出全新生态物种。在阿里巴巴生态系统内部，孵化出了很多有价值的企业，像10年前的淘品牌御泥坊、韩都衣舍等一批企业，已经进入上市浪潮。除了开始的买家和卖家，绝大部分角色都不是我们按计划设计出来的，比如从窄带到宽带之后，出现了模特需求，于是有一批人当起了网店模特，随后有一部分没有货源的卖家提供运营服务，于是就出现了名为代运营商的新职业，渐渐大家发现对快递服务的要求越来越高，于是出现了几家来自桐庐小镇的快递公司……像这样的例子，还有很多很多，新事物不断演化的过程，是以协同为核心，让网络不断扩张的过程。

8.2.4　2017 年至今新零售赋能阶段

2016 年云栖大会，马云首次提出"新零售"概念，随即引发行业广泛关注。阿里巴巴在零售方面的布局从 2014 年入股银泰开始，2015 年又与苏宁牵手。在"新零售"战略提出之后，阿里巴巴在零售方面布局明显加速，典型事件包括战略入股线下零售企业三江购物、联华超市和新华都，发展新兴业务如盒马鲜生、零售通、淘咖啡无人便利店。新零售的核心从销售商品转向服务消费者，采用互联网、大数据、物流和支付等手段驱动线上线下融合，促进零售企业数字化转型。表 8 - 2 是阿里巴巴新零售布局事件的具体梳理。

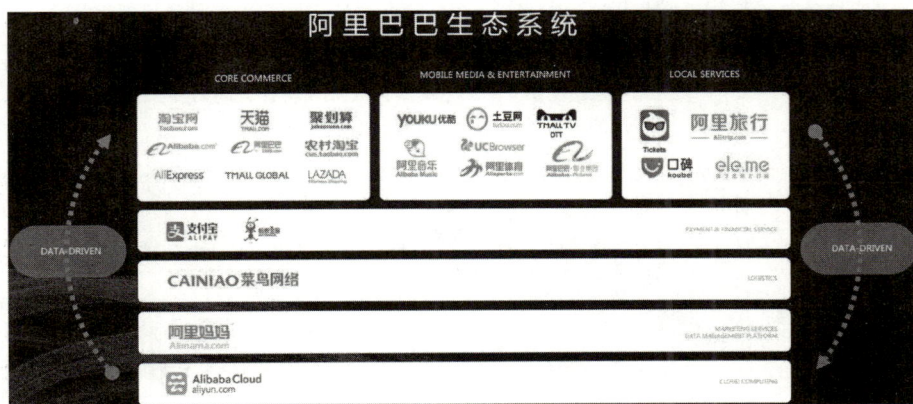

图 8 - 1　阿里巴巴生态系统

表 8 - 2　阿里巴巴新零售典型实践

时间	标签	事件
2014 年 3 月	银泰商业	阿里集团将以 53.7 亿港元对银泰商业进行战略投资。交易完成后，阿里集团将持有银泰商业 9.9% 股份及总额约 37.1 亿港元的可转换债券，持股比例不低于 25%
2015 年 8 月	苏宁易购	阿里巴巴 8 月 10 日宣布将以约 283 亿元战略投资苏宁，成为第二大股东；苏宁将以 140 亿元认购不超过 2780 万股的阿里新发行股份。双方将打通线上线下全面提升效率
2016 年 1 月	盒马鲜生	盒马鲜生是阿里巴巴对线下超市完全重构的新零售业态。阿里 1.5 亿美元领投盒马鲜生，主营食品的支付宝会员店，打造线上线下全渠道商业模式。盒马鲜生首店于 2016 年 1 月在上海浦东金桥开店，面积 4500 平方米，创始人原东京高管侯毅

时间	标签	事件
2016 年 10 月	马云提出"新零售"	阿里巴巴董事局主席马云在杭州发表演讲,首次提出"新零售"的概念
2016 年 11 月	三江购物	阿里巴巴子公司以 21.5 亿元收购总部位于浙江的上市公司三江购物 32% 股份成为战略投资者
2017 年 1 月	银泰商业	阿里巴巴集团全资子公司阿里巴巴投资与沈国军组成的联合要约方以最大现金额 198 亿港元购入银泰商业计划股,交易建议完成后,阿里持股比例达 73.73%,成为银泰控股股东。5 月银泰私有化方案获批,股票于港交所退市
2017 年 2 月	百联集团	阿里巴巴在上海衡山宾馆宣布与百联集团达成战略合作
2017 年 3 月	阿里研究院	阿里研究院发布新零售研究报告作为阿里对新零售的权威解读
2017 年 5 月	联华超市	阿里巴巴集团与易果生鲜签订《股权转让合同》,阿里巴巴集团向易果生鲜购入联华超市 18% 股权,成为联华二股东
2017 年 7 月	阿里无人超市	杭州街头阿里第一家无人超市开业,顾客使用手机淘宝或支付宝扫码进店
2017 年 7 月	盒马鲜生	马云携阿里众高管巡店盒马鲜生,正式对外承认盒马鲜生地位
2017 年 8 月	易果生鲜	生鲜平台易果生鲜宣布完成 D 轮融资,投资方天猫注资 3 亿美元。2013 年阿里投资易果生鲜,易果生鲜成为阿里在生鲜方面的战略合作伙伴。至 2017 年 8 月,阿里巴巴与天猫已先后参与过易果生鲜的四轮融资
2017 年 8 月	零售通	8 月 28 日,阿里巴巴零售通宣布其覆盖的零售小店数量突破 50 万家,已成为快消 B2B 领域覆盖店数最多的平台之一。在这场名为"兼木成林容川入海"的战略发布会上,阿里巴巴表示将在未来一年覆盖 100 万家零售小店,并推出了零售通线下项目——「天猫小店」
2017 年 9 月	新华都	通过阿里巴巴成都及一致行动人入股新华都 10% 并达成战略合作
2017 年 11 月	高鑫零售	11 月 20 日凌晨,阿里巴巴正式宣布,阿里巴巴集团将投入约 224 亿港元(约28.8 亿美元),直接和间接持有高鑫零售 36.16% 的股份。高鑫零售是我国零售界目前规模最大的零售公司,旗下的欧尚、大润发两大品牌在全国 29 个省、自治区、直辖市都开设有大量的大型超市、大卖场
2018 年 4 月	饿了么	4 月 2 日,阿里巴巴集团、蚂蚁金服集团与饿了么联合宣布,阿里巴巴已经签订收购协议,将联合蚂蚁金服以 95 亿美元对饿了么完成全资收购

8.3　阿里巴巴的组织方式分析

以上我们将阿里巴巴零售业务的演进按照历史脉络进行梳理，为了完成相应的业务，有必要对阿里巴巴内部组织进行分阶段分析。在访谈过程中，与腾讯、百度的对比多次被提及，在创始人层面，马云认为他和马化腾、李彦宏的差别是，马化腾和李彦宏在产品和技术方面有优势，但他自己最厉害的地方是懂得管理、组织和人心。

8.3.1　科层组织

在阿里巴巴零售业务启动阶段，与其他企业一样，阿里巴巴仍然采取传统的组织方式——科层组织，即在企业内部存在自上而下的科层制。为了完成相应的业务组织和要素的配置，尤其是内部人力资源的激励，阿里巴巴仍然采取目标—过程—结果的组织模式，是将早期阿里巴巴铁军的组织方式引入零售业务的管理。定目标—追过程—拿结果。定目标，团队的核心要清楚自己与团队的目标，并将目标合理地分配给团队每个成员，让团队成员清晰在目标区间的具体结果是什么。追过程，在目标实施的过程中，全过程进行跟踪和反馈，遇到问题和情况，团队不断讨论，保证预期目标得以实现。拿结果，团队在目标区间要拿出业绩结果，按照目标完成情况进行考核，下达指标是否完成成为薪酬绩效的核心。在阿里巴巴零售探索初期，目标—过程—结果的传统科层组织方式，保证了既定目标的实施与完成，使得 2003～2008 年淘宝零售业务形成阶段，快速地形成了淘宝平台的雏形，淘宝体量达到 20 多万卖家和上千万商品品类，阿里巴巴铁军也成为淘宝早期组织方式的一个缩影。

8.3.2　市场组织

随着淘宝业务量的逐渐扩大，原本业务管理协调依赖内部组织的模式开始发生改变，淘宝的组织越来越依靠市场完成。在梳理淘宝由科层组织方式向市场组织方式进行要素配置过程中发现，从店铺装修开始，淘宝逐渐将主要业务重点放到平台搭建与交叉网络外部性获取，将主要业务外包给第三方机构，早期淘宝产生了专业设计师、网页设计师、模特、ISV（独立软件开发）、快递、客服等，这时阿里巴巴基于自身平台核心优势，结合专业第三方服务的核心能力，淘宝才会迅速完成平台扩展，更为关键的是，专业设计师、网页设计师、模特、ISV（独立软件开发）、快递、客服的发展，反过来要求阿里巴巴构建更多基于专业服务的第三方平台：基于专业设计师与网页设计师，阿里巴巴推出了端口共享的商家服务平台，基于快递业务外包，阿里巴巴孵化了后期的菜鸟物流，专业服务平台的出现、发展，为后来形成覆盖全社会的商业基础设施提供了模块支撑。同时由于外包与外化，阿里巴巴产生了更多新的职业，如模特的产生，早期仅仅为了展示需要的淘宝模特，借助淘宝平台与社交网络的发展，迅速发展网红电商模式，淘宝模特借助新浪微博、微信迅速建立起粉丝资源，通过与粉丝资源的交互互动，形成服装设计的需求来源，通过个性化设计以及基于淘宝的服务外包与制造外包，在较短的时间内完成服装从设计到生产的全过程，并通过淘宝渠道将商品销售给粉丝与消费者。在此期间，部分网红电商的库存周期已经达到 ZARA、H&M 的 15 天水平，年营业额达 10 亿元。阿里巴巴仅仅提供零售平台和中介平台，依靠市场多元化的商品与服务，并且在商品与服务提供过程中，商品与质量得以提升，价格下降，最终实现了整个阿里巴巴零售业务的良性循环，同时围绕阿里巴巴零售业务产生的金融、数据、信用、物流、交互需求的逐步多元化，最终为阿里巴巴零售组织的模块结构与网络组织演化奠定了基础。

8.3.3　网络组织

围绕阿里巴巴零售业务产生的金融、数据、信用、物流、交互需求，为了撮合金融、数据、信用、物流、交互供需双方的交易，阿里巴巴从原本简单的双边市场结构逐步向复杂的双边市场演化，开始形成了蚂蚁金服、阿里云、芝麻信用、菜鸟物流等双边市场。在阿里巴巴由简单的双边市场结构向复杂的双边市场结构演化的过程中，突出的问题开始出现：一是各个专业化平台难以实现端口兼容与数据共享，大量沉淀在专业化平台上的数据不能信息集聚，支撑下一步业务创新。二是数据仅仅作为辅助决策的作用，未能作为战略资源，成为阿里巴巴经营的核心。三是阿里巴巴赋能线下零售与新物种的能力受限。基于以上问题，阿里巴巴开始探索数据共享与数据中台建立，基于标准的端口与规则界面，阿里巴巴在顶层开始成为规则设计商，专业平台成为模块集成商，社会第三方专业服务演化成为模块供应商，由此阿里巴巴的模块结构基本形成。依托阿里巴巴的数据共享与数据中台，形成了蚂蚁金服、阿里云、芝麻信用、菜鸟物流与原有的零售业务互联互通、彼此支撑，阿里巴巴覆盖全社会的商业基础设施基本形成。在数据中台与商业基础设施互联互通阶段，组织结构也发生了深刻的变革，由于管理被淡化和高度信息协同的需求，传统树状或矩阵结构的部门和层级区分随之消融，取而代之的是连通一体、柔性结构的协同网络模式。在科层组织与市场组织阶段，阿里巴巴的组织方式仍然是典型的自上而下的树状结构，指令层层上传下达，在新的组织中，组织架构的形象更像一张网，组织里的每个点都与其他所有的点实时相连，确保任何动态都可以及时同步到整个组织中。新经济范式最根本的特质就是网——开放的网络结构、自由的多元协同、分布式的自组织体系。我们将这种新的经济范式称为网络协同，在商业世界里，网络协同正在取代传统工业时代相对封闭的体系（例如传统供应链体系），成为互联网时代的基本合作范式。

在淘宝早期，阿里巴巴不断通过网络扩张带来了新一轮的多元化角色，越来越多的协同角色功能构筑并丰富了淘宝的协同网络，前台业务基本实现了在线化，通过数据应用与组织效率的提升，阿里巴巴不断将协同网络拓展至中后台，最终基本实现覆盖前、中、后台业务活动的全部在线化，阿里巴巴协同网络基本形成。在系统网络形成后，阿里巴巴开始利用高效的网络组织，赋能新物种的产生。以网络电商为例，阿里巴巴未来将基于协同网络孵化 10 万家网红电商，淘宝服装品类的优势进一步凸显。如果你是网红，想在淘宝开网店卖衣服，你不需要会设计，不需要有自己的生产工厂、物流系统、客服团队……一切商品和服务你都可以在阿里生态体里外包给第三方，向它们借力，阿里平台上有所有你需要的上下游供应链，你只需发挥自己的所长，维护好粉丝，与粉丝互动、成长即可。同时，阿里巴巴基于协同网络不断赋能全社会零售活动，基于网络组织，其孵化出菜鸟物流、盒马鲜生等线下新业态，阿里巴巴正在整体提升中国零售企业经营绩效。

8.3.4 自组织

从表面看，淘宝在其平台上完成了商品从浏览、比较到购买的全过程，但隐藏在这简单购物过程背后的是全过程高效协同，与线下实体购物过程一样，其背后需要难以想象社会协作系统的高效协同。在海量差异化、个性化商品通过数千万卖家到达消费者手中，其背后需要卖家、买家、物流公司、银行、在线客服、库存管理、软件工程师等大量社会角色的共同配合和实时互动才能实现。依托协同网络，阿里巴巴零售业务背后完成了数以亿计的节点的交互与协同，满足各自需求，协同网络不断演化。但在此阶段，突出的问题开始暴露，尤其是"双十一"活动期间更为明显，在如此庞大的人类协同面前，人的决策开始无能为力，此时机器替代人开始在阿里巴巴零售业务中出现。以淘宝千人千面的购物页面推荐为例，每一次消费者的页面刷新，淘宝都需要基于消费者的购物浏览痕迹，为消费者提供全新的业务推荐，这对于人的计算处理能力来说是无法实现的，更何况数以亿计的消费者同时在线。淘宝开始基于协同网络产生的海量数据，尝试数据智能在零售业务中的应用，数据智能的本质是机器替代人直接决策，与传统商业决策智能 BI 不同，数据智能的核心不是提供数据让决策人员决策，而是直接替代决策人员进行决策，中间不需要人为的介入，这就是所谓的数据闭环。数据智能的核心是大数据和算法，协同网络沉淀所有基于淘宝平台的行为数据与关系数据，为数据智能提供了数据来源，算法工程师基于人对处理具体问题的模拟，抽象成模型，然后用数学方法给这个模型找出一个近似的解，之后用代码把这个解转化为机器可以执行的命令，这样就完成了一个机器大脑的构建。所以，算法其实就是将人对待事物的理解转化成机器可以理解和执行的模型与代码。在大数据的支撑下，源源不断的数据输入模型，将实现算法的快速迭代，经过无休止的迭代过程，算法将更高效地替代人解决具体问题。

协同网络与数据智能，阿里巴巴开始形成了高效的数据闭环，即协同网络产生数据，大数据输入算法，在数据智能的决策下，形成新的交易，新的交易又产生新的数据，协同网络与数据智能开始累积因果关系，数据闭环开始形成，在此过程中，阿里巴巴实现了自我组织与自我进化，自组织阶段开始形成。协同网络与数据智能成为阿里巴巴自组织的双螺旋，不断将阿里巴巴推向更高层次的价值创造水平，同时阿里巴巴开始思考，如何将协同网络与数据智能向线下应用，相继推出了盒马鲜生、大润发的新零售孵化与传统零售的改造。

8.4 阿里巴巴的技术架构分析

分析阿里巴巴组织技术架构的演进，通过技术架构的演进，分析数据在零售活动中的地位与作用的逐步变化，数据部门从原本的辅助部门、消耗部门，逐步成为企业的战略中心，以此说明为什么数据是零售业态演化的基本驱动力。

8.4.1 烟囱式技术架构

阿里巴巴开始于1688B2B模式，为了服务于1688事业部，早期的阿里巴巴成了1688技术团队，主要负责1688事业部的业务拓展与中后台处理。随着2003

年淘宝事业部的成立，零售业务逐渐成为阿里巴巴业务的重心，淘宝技术团队成立并且逐渐发展壮大。2008 年，阿里巴巴集团成立了天猫事业部，由于缺乏技术服务人员，淘宝技术团队肩负着同时支持淘宝事业部与天猫事业部的任务。这样的技术架构，决定了技术团队对于淘宝的业务需求永远处于优先级，原因很简单，技术团队无论从情感还是技术熟练程度都倾向于淘宝，天猫事业部技术支持得不到满足，严重影响了天猫的业务发展。一个重要问题是淘宝、天猫是两套完全独立的运营体系，同时包含了商品、交易、评价、支付、物流等功能，而在两套独立运营体系的功能绝大部分都是重合的。

如图 8－2 所示，大家看到了阿里巴巴 2008 年时淘宝的技术团队同时支持着淘宝和天猫两大电商平台。1999 年成立的 B2B 电商平台 1688 一直拥有自己的技术支持团队。完全独立的三套独立架构，各自独立开发与运维，其实无论是B2B、B2C 还是 C2C，从业务流程和服务内容看基本是相同的，如信息展示、交易支付、用户评价、第三方端口，很明显其存在公共和通用的功能，可以共享。其实阿里巴巴烟囱式技术架构是早期中国企业系统建设的共同特征，其突出的弊端体现在：一是重复建设和维护带来的重复投资，1688、淘宝、天猫平台在信息展示、交易支付、用户评价、第三方端口都需要重复建设，在后期维护中需要不断进行投资。二是打通烟囱式系统间交互的集成和协作成本高昂，随着业务发展，品牌商就着急获取到最终用户的消费行为、偏好等信息，从而为用户的精准营销做有力的数据支持，但发现用户的会员信息、商品信息、订单信息、消费行为信息等都被之前烟囱式的系统建设方式拆分到了不同的系统中，因此不得不开始打通这些烟囱，从而获得品牌商所需的全局会员以及消费数据。但在现实操作中由于数据格式的不同以及端口的差异，系统内交互与集成的难度极高，在集成的过程中不亚于重建系统。三是不利于传统业务的沉淀与新业务需求的持续发展。由于外部环境的复杂化，对新业务的需求与日俱增，烟囱式技术架构难以满足对传统业务的沉淀，尤其是新业务需求，更是无能为力。

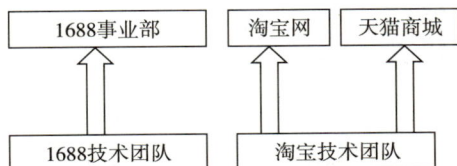

图 8－2　阿里巴巴集团三大电商体系的技术支持架构

8.4.2 数据共享技术架构

基于烟囱式技术架构的弊端，2009 年，阿里巴巴集团成立了共享事业部，共享事业部与淘宝事业部、天猫事业部在级别上是相同的。阿里巴巴集团的初衷很简单，想通过共享事业部进一步梳理淘宝、天猫业务流程，将两个平台中公共的、通用的业务功能沉淀到共享平台，避免重复投资，同时加速数据的共享与沉淀。但事与愿违，与其他企业的情况相同，技术部门在集团中的定位仍然是决策支持部门，是消耗资源的部门，而非战略部门，其话语权与淘宝事业部、天猫事业部根本不在一个层级。伴随着淘宝事业部、天猫事业部业务需求的激增，共享事业部在有限人力物力、有限资源的基础上，很难满足两大事业部的要求。而问题的解决来源于团购入口——聚划算的成立，聚划算上线后高速增长，1688、淘宝、天猫的商品只要进入聚划算平台，销售额立刻会增长 25 倍，1688、淘宝、天猫由于对新增长点的追求，纷纷要求对接聚划算，而阿里巴巴集团意识到这是提升共享事业部绝好的机会，要求凡是对接聚划算平台端口，必须通过共享事业部实现。由此，不仅提升了共享事业部的战略地位，更为关键是将以前难以推动的业务共享顺理成章地实现了。图 8 - 3 清晰地描述了厚平台薄应用架构形态，目前阿里巴巴集团前端超过 25 个业务单元（如淘宝、天猫、聚划算）均不是独立地构建在阿里云的云平台之上，在后端阿里云平台和前端业务间有了一个共享业务事业部，将阿里巴巴集团前端业务中公共、通用的业务沉淀到了这个事业部，包含了用户中心、商品中心、交易中心、评价中心等十几个中心，而共享业务事业部正是厚平台的真实体现，为阿里巴巴各种前端业务提供者相应服务中心领域最为专业、稳定的业务服务。图 8 - 3 展示了共享服务是如何支持前端业务的，以 1688、淘宝、聚划算、咸鱼为例，每个平台都有各自的订单创建流程，各流程所包括的服务数量和流程因为业务场景的不同而有所不同，但不管是哪种模式下的订单创建，均涉及会员信息的验证，商品库存的修改、订单的创建、支付记录的生成，这些相关的服务均由各自的服务中心提供，也就意味着不管前端业务形态如何多样，共享服务中心提供的服务都能很好地提供所包含的核心服务，让前端业务的交易信息和数据回流到对应的服务中心。

共享事业部的成立发展，是技术实质建立在企业服务总线 EBS 基础上不同系统之间的集成与共享，以技术的视角选择了一个科学的架构实现了系统的互联，这只是利用了企业服务总线构建了一个企业内部的服务路由枢纽和渠道。其优势是避免了重复建设和后期重复投资，但面对迅速发展的新业务要求，共享事

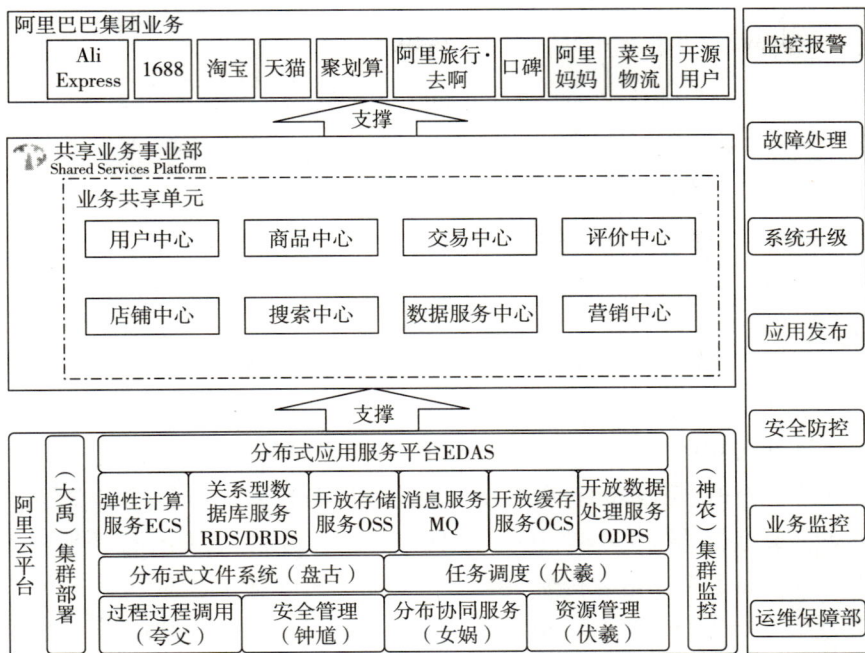

图 8 - 3 阿里巴巴共享数据技术架构

业部企业服务总线 EBS 模式也能满足其需要，其根本原因是共享事业部 EBS 技术架构仍然是静态的，在面对新业务要求时，因为基于企业业务流程已经完成了封装和改造，共享事业部从自身的利益考量和风险评估角度考虑，绝大部分的情景是拒绝的，因为改造升级后的结果能否满足新业务的需求，是否存在系统风险，是未知的，处于多一事不如少一事的心态，面对天猫事业部、淘宝事业部的新业务要求，往往是拒绝的。更为关键的是，KPI 考核的核心仍以稳定为主。所以共享事业部技术架构仍然不能满足动态变化的外部环境的需求，难以对业务进行有效沉淀和持续高速发展。

8.4.3 数据中台技术架构

图 8-4 是互联网时代与非互联网时代业务对系统的需求以及系统响应能力的曲线。可见进入互联网时代，业务对系统的需求激增，传统系统响应能力与业务对系统的需求间的距离越来越大，这也是阿里巴巴不需改变传统烟囱式技术架构与 EBS 企业服务总线技术架构的根本原因。

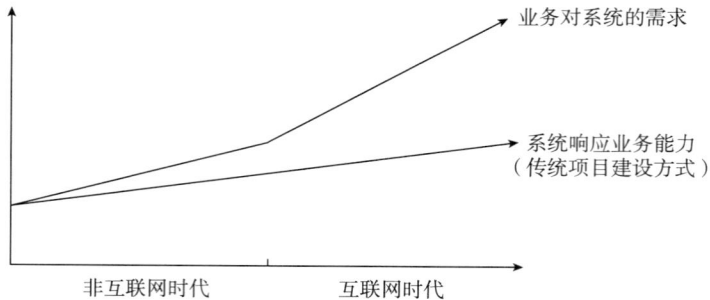

图 8 - 4　系统响应能力与业务对系统需求的差异曲线

在阿里巴巴共享事业部的存续的后期，外部环境发生了重大变革。一是业务快速迭代，新的业务不断要求对技术架构的服务接入。二是数据成为企业的战略资源，要求技术架构不断地进行数据沉淀、输出。面对外部环境的变化，要求改变传统的形态技术架构，实现组织架构的实时动态感知。要求改变传统中心式的 EBS 服务总线架构，确立基于分布式网络的去中心化服务架构。要求构建符合 DT 时代的工具创新性、灵活性的"大中台、小前台"组织机制和业务机制，让听见炮火的士兵（小前台）做决定。而 SOA 架构正好适应了外部环境与技术架构的要求，SOA 架构的主要特征包括面向服务的分布式计算，服务间松散耦合，支持服务的组装，服务注册和自动发现，以服务契约方式定义服务交互方式。基于 SOA 技术架构的核心思想与基本特征，阿里巴巴开始探索技术中台战略。

2015 年，当大多数企业忙着进行年度工作总结和下一年规划时，阿里巴巴集团对外宣布全面启动阿里巴巴集团 2018 年中台战略，构建符合 DT 时代的工具创新性、灵活性的"大中台、小前台"组织机制和业务机制，即作为前台的一线业务会更敏捷、更灵活适应瞬息万变的市场，而中台将集合整个集团的运营数据能力、产品技术创新能力，对各前台业务形成强力支撑。阿里巴巴中台技术架构的核心主要在于以下几方面。首先确定数据中台部门是企业的战略中心，而非传统成本中心。其次坚持大中台、小前台、中台充分为前台业务创新赋能。最后基于互联网的去中心化分布式架构，能快速感知外部环境变化。

阿里巴巴的中台架构包括基础数据存储和技术平台阿里云、人工智能和机器学习引擎 DT 个人信息助手（数据技术人工智能平台），代码、算法、模型的共创平台，项目管理和工程平台，以及应用层面的商业智能分析、调研、设计和开发应用平台等。这些子平台系统以统一的标准、协议和流程规范、畅通连接和共享，而创新的资源调度过程就如同将这些不同层级的组件进行搭配连通的乐高游戏。在具体实施的过程中，数据中台需要协同阿里巴巴所有业务部门，由于阿里巴巴所有业务部门的数据割裂与不兼容，就连基本的对性别的定义方式都各有不同，可想而知其难度有多大。从 2015 年开始，几百人的团队经过三年的努力，也仅仅统一了一般部门的数据格式。

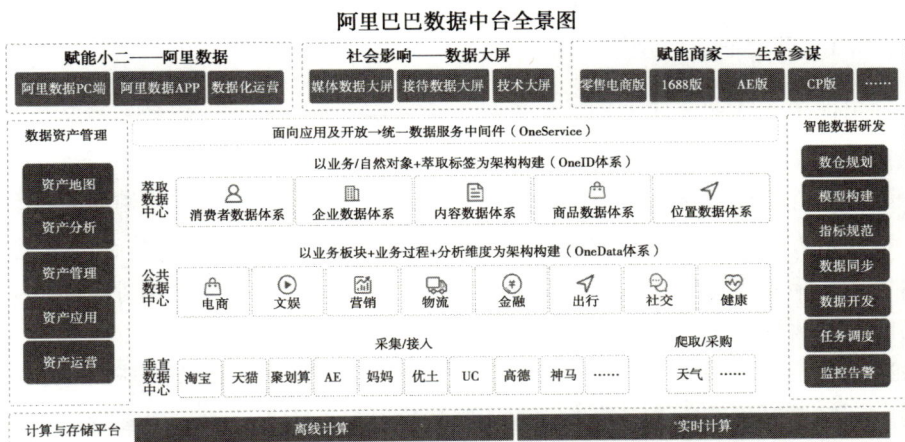

图 8−5　阿里巴巴数据中台全景图

数据中台架构难度如此之大，为什么阿里巴巴还要尝试。其核心原因在于：一是数据的沉淀，经过数据定义、计算、存储全部标准化之后，放到数据中台后，所有数据、代码、元数据和描述文档都将充分共享，其他部门在进行新业务开发和数据代码需要时，可以在现有的基础上，进行再创新，创新效率极大提高。每一次创新同样在中后台平台上沉淀，智能、技术、经验、模式都以这种机制日益丰富，共同迭代，从而形成难以被其他平台超越的创新壁垒。二是 KPI 考核提供了丰富的数据来源，每个人做了什么，做了多少，多少被其他人利用，在数据中台上一目了然，更加有利于激励创新。三是输出能力，经过数据沉淀，数据中台已经成为企业最重要的战略资源，为数据变现对外输出提供了可能，这也是阿里巴巴赋能新零售的主要优势来源。

8.5 阿里巴巴的信息功能分析

阿里巴巴从开始探索零售业务开始，以信息中介切入零售业态演化的空白市场，在其演化过程中，通过阿里巴巴全渠道融合的尝试，已形成复杂的信息中介，并逐步向个人信息助手蜕变。

8.5.1 阿里巴巴的全渠道融合

阿里巴巴在搭建了线上淘宝、天猫、聚划算、菜鸟物流、蚂蚁金融等平台的基础上，开始逐步向线下转型，正如马云所言，未来十年、二十年电子商务将消失，阿里巴巴全面尝试全渠道融合。在百货商店方面先后收购银泰百货、三江百货，在超市方面先后收购大润发，持股百联集团，并且依托商业基础设施优势，推出生活选集、集货、就试试衣间、天猫新零食馆、家时代家居馆等专业店。阿里巴巴通过收购饿了么，将饿了么与口碑合并，成立线下生活事业部，进一步探索 O2O 本地生活服务。同时通过淘票票、优酷网、阿里影业等不断向文娱领域拓展。阿里巴巴逐渐覆盖消费者购物、服务的触点，实现全渠道融合发展。

阿里巴巴在线上已经形成了完善的生态系统，不断产生新物种。而近年来，随着阿里巴巴战略转型，阿里巴巴开始全面覆盖线下生活，除了对传统零售业态的孵化与改造外，阿里巴巴深入本地生活的各个角落。2017 年，口碑业务从蚂蚁金服剥离，阿里巴巴开始以口碑业务为切入点布局本地生活服务。在与本地生活企业竞争的过程中，口碑业务开始陷入劣势，2018 年 4 月，阿里巴巴全资收购饿了么，不仅取得饿了么完善的线下资源，更为关键的是取得蜂鸟配送的线下支撑，初步完成口碑到家、饿了么到店的线下布局，2018 年 10 月，饿了么与口碑合并，成立全新的本地服务子公司。现阶段，阿里巴巴在线下已经初步形成大润发超市、盒马鲜生、区域零售企业、线下药店、零售通、天猫小店等各种业态。同时，阿里巴巴通过线下资源，不断进行业务输出，2018 年 8 月，阿里巴巴与星巴克战略合作，通过饿了么与盒马鲜生为星巴克提供咖啡配送业务。从新零售代表盒马到时尚百货代表银泰，再从代表实体店数字化转型的天猫到快消和超市代表大润发等，服务的方面涵盖了从衣食住行到吃喝玩乐，阿里巴巴生态经济体全员 ALL IN 进场。阿里巴巴 CEO 张勇将它定义为一个展示阿里整体商业力量的舞台。未来基于阿里巴巴，将实现 3 千米本地生活服务圈，除了满足本地生活需求之外，更为关键的是通过复杂、多层的场景布置，阿里巴巴将获取全部消费者交易数据与行为数据，巨大体量的数据将为阿里巴巴进行协同搭建与数据智能迭代提供直接基础。如表8-3所示。

表8-3　阿里巴巴的全渠道融合发展

业态	百货	超市	专业店	无人店	便利店	平台	物流	线下生活
线上	天猫商城	天猫超市				淘宝	菜鸟物流	口碑
线下	银泰百货	盒马鲜生	生活选集	淘宝会员店	天猫小店	喵街	三级配送体系	饿了么门店
	三江百货	百联集团	集贷					
		苏宁易购	就试试衣间				蜂鸟	
	大润发		天猫新零食馆					
			家时代					

8.5.2　阿里巴巴的信息中介特征

阿里巴巴作为信息中介的尝试开始于淘宝，淘宝作为零售平台，其突出的作用是信息中介，淘宝通过信息中介进一步缓解了生产与消费的矛盾，实现了生产与消费在时间与空间上的匹配。同时，淘宝通过引入评价机制，客观的消费者评价改变了传统消费者依赖于生产组织广告宣传，对于淘宝零售平台上的品类，消费者可以沉淀客观评价，并可针对相关问题进行提问，一定程度上满足了消费者信息收集的要求，成为消费者最主要的信息来源。随着淘宝平台汇集几十万卖家和上千万商品，仅仅依靠类目搜索的浏览路径已不再友好，为了满足消费者信息搜索的要求，淘宝在借助雅虎团队技术优势的基础上，在淘宝平台引入了搜索引擎。搜索引擎的引入进一步强化了淘宝信息中介的地位，通过输入关键词，直接产生搜索结果，其通过综合、人气、新品、销量、价格等多维度的搜索排名，快速筛选所需要的产品与服务，改变了传统消费者通过逐层类目信息搜索的低效。为了凸显淘宝商品在价格与质量方面的优势，淘宝将信息搜索、比较的范围扩大到全网，阿里巴巴推出比价搜索网站—淘网，可以从全网抓取数据，比较几乎所有电商平台价格数据，针对特定商品的价格离散程度一目了然，进一步提升了消费者的信息处理能力。

8.5.3 阿里巴巴的个人信息助手特征

随着阿里巴巴品类扩充与评价沉淀，阿里巴巴平台信息冗余的趋势愈加明显，原本依靠消费者人脑进行决策的模式逐渐改变，基于消费者行为数据，阿里巴巴开始探索推荐系统的引入，通过挖掘用户动态兴趣的变化以及其沉淀于阿里巴巴平台的历史数据，阿里巴巴推出"千人千面"计划，基于系统模型——深度兴趣网络（Deep & Cross Network），消费者在淘宝、天猫等平台可以实时接受推荐系统为消费者筛选的感兴趣的商品。阿里巴巴推荐系统在一定程度上实现了零售业态的精准营销，高效动态地匹配生产与消费，进一步节约了消费者认知资源，提高消费者信息处理能力。在推荐系统的基础上，阿里巴巴开始意识到消费者在信息领域的弱势地位，探索进一步提升消费者信息能力。2018年，阿里巴巴正式推出首个面向淘宝和天猫用户的专属AI客服机器人——新版"阿里小蜜"，阿里小蜜是在2015年天猫AI智能客服的基础上推出的升级版本，阿里小蜜是典型的服务于消费者个人的私人助理，阿里小蜜通过个人信息的授权，可以与消费者实现多模式交互，支持淘宝、天猫、支付宝等购物平台上的问题识别与解决，并根据与消费者的深度交互推荐相应的商品与服务。随着阿里小蜜模式的逐渐成熟，阿里小蜜的服务范围逐渐扩展到机票预订、天气查询等领域。未来，阿里巴巴在推荐系统与阿里小蜜的基础上，将利用其数据优势，全面向个人信息助手领域探索。

8.6 阿里巴巴的商业模式分析

8.6.1 C2C 模式

阿里巴巴零售业务开始于淘宝，淘宝的商业模式是C2C，即通过平台的接入处理价值创造、传递过程中个人与个人的关系，关于淘宝的历史进程已经进行了详尽的描述，在此不再赘述。对于个人与个人关系的处理，淘宝类似于传统的市场和业种店，因为买卖双方都是个人，而且人数众多，商品质量参差不齐，基于此商业模式在确立的过程中，不需有担保机制的介入，因此支付宝的产生过程在一定程度上保证了交易双方的交易利益与价值实现。同时，由于个人在服务能力方面的限制，必然要求淘宝平台接入商家服务平台，通过不断丰富的网页设计、模特、物流等服务满足个人对商品经营的要求。阿里巴巴旺旺于 2004 年应运而生，让淘宝的购物不再单调，给了消费者一个表达意见、说出自身想法的途径。淘宝 C2C 商业模式的核心在于能够充分匹配个人与个人之间的差异与需求，在商品选择上多样化、个性化的长尾商品成为主流，淘宝的核心能力是使得长尾商品的需求迅速放大。同时，为了匹配消费者，如今淘宝实现了千人千面的阶段性目标，所有用户可以在第一时间得到更细致的服务。

8.6.2 B2C 模式

2008 年，阿里巴巴推出天猫商城，天猫商城与线下百货商店、购物中心、专业店的商业模式相类似，其实是指 B2C，处理商家与个人之间的关系。B2C 商业模式是商家直接将产品或服务销售给消费者，与 C2C 相比，商业在商品质量与售后服务方面较之个人具有优势，同时，其他在商品提供方面与个人提供长尾商品所不同，其提供的普遍是畅销商品。天猫商城的出现，在一定程度上为传统厂商提供了在线化销售渠道，进一步提高了厂商的规模经济效益。同时，厂商通过线上线下的协同，不仅能解决用户体验问题，而且在一定程度上实现了库存共享与供应链优化。传统厂商由于缺少与消费者交互的界面，其产品更新换代速度慢，在天猫商城 B2C 模式下，厂商可以与消费者直接沟通，在一定程度上为快速获取消费者商品体验提供了直接渠道。天猫商城由于在商业模式上的优势，交易规模不断扩大，以"双十一"交易额为例，2018 年天猫"双十一"交易额达到 2135 亿元，物流单量超过 10 亿单。图 8-6 是天猫"双十一"近 10 年的销售额，其突出体现天猫 B2C 模式在畅销品销售方面的优势。

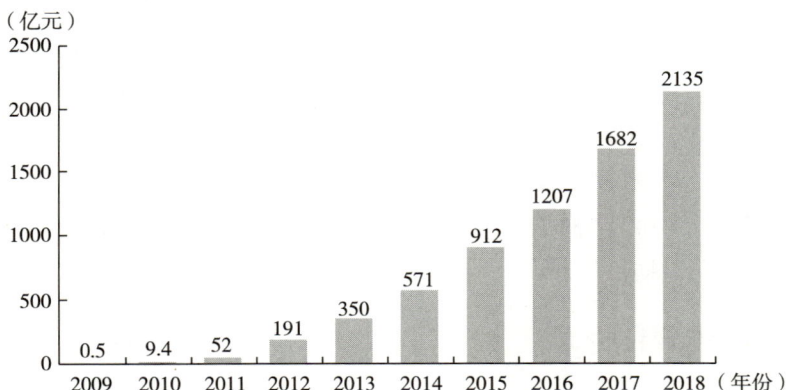

图 8-6 2009~2018 年天猫"双十一"销售额

8.6.3 P2B2C 模式

与传统的 B2C 模式不同，传统的 B2C 中零售业态与厂商的关系是竞争，而在 P2B2C 中零售业态与厂商 B 的关系是赋能关系，零售业态通过沉淀在全渠道平台上的数据资源，将消费者行为数据传递给厂商 B，使得厂商提供满足消费者需要的商品与服务，并在零售业态与厂商持续互动中加速差异化与创新。同时，零售业态为厂商 B 提供稳定的消费者流量，零售业态与厂商 B 的关系转变为合作关系，厂商 B 离开零售业态的支持无法独立完成对客户的服务。

B2C 模式的突出问题是，难以将个性化定制与规模化生产相衔接，P2B2C 模式的出现有效地解决了上述突出矛盾，阿里巴巴平台借助数据中台沉淀的消费者行为数据与关系数据，确立消费者画像，基于消费者个性化需求，定制个性化商品。天猫商城推出了一种基于数据智能的 P2B2C 模式，为个性化定制的发展打开了一扇新的大门。阿里巴巴关于 P2B2C 模式主要体现在小家电定制、汽车定制、网红电商等领域。在小家电方面，阿里巴巴通过自身掌握的多维完备的数据，通过数据主导研发、设计、生产、定价，阿里巴巴先后为美的、九阳、苏泊尔等 10 个品牌的 12 条生产线提供小家电定制服务。在天猫包下的生产线的方式中，用户的搜索浏览、驻留时间、商品对比、购物车、下单、评价数据都被天猫全程记录，同时用户的个人资料，例如性别、地域、年龄、职业、消费水平、偏好也被记录。天猫通过对用户的这些资料进行分析，得出企业需要的数据，交叉分析、定点分析、抽样分析、群体分析，数据智能的挖掘与落地都得益于这些手段。2017 年，上汽大通与阿里巴巴深度合作，通过阿里巴巴平台私人订制 D90 车型 SUV，在战略伙伴阿里的支持下，这次活动从设计到定价共有 66 万用户参与，无论是颜色、座椅还是驱动形式，共有 58 类可以供消费者选择的定制方案，根据不同的方案，更是有 1 万多种价格梯度来满足不同阶层的消费者，而这些都可以在一个小小的 APP 上完成，这样的活动自然受到了广大汽车爱好者的青睐。2017 年 12 月，上汽大通接到的订单就超过 1 万份。网红电商模式是阿里巴巴赋能的最直接体现，网红电商整个用户获取、生产设计、物流与供应链、售后服务全部依托阿里巴巴赋能。

8.6.4 C2B 模式

在 P2B2C 阶段，为了适应价值创造的需要，零售业态主要以联营为主，零售业态以提供物业管理服务赚取利润。未来随着 C2B 模式的确立，由于零售业态在与消费者互动方面的优势，其能充分获取消费者大数据，数据将成为零售业态的基本资源，在此基础上零售业态将逐渐回归自营，其根本原因在于利润的比较。如果零售业态仍以联营为主，不但获取的数据资源无法变现，更为关键地，如果简单地将数据赋能给商品与服务的提供厂商 B，B 将获得高额利润，而零售业态自身利润水平仍保持在一定水平，所以基于对数据变现与利润的比较，零售业态将向自营回归。通过沉淀在零售业态之上的消费者行为数据，定制个性化商品与差异化服务，通过协同网络配置资源，完成商品与服务的提供。在传统的P2B2C 模式中，零售业态对于商品与服务的质量与体验是难以控制的，在未来转向自营的过程中，其可以对商品与服务的质量、消费者体验进行把控，实现消费者购物体验的提升。阿里巴巴在 C2B 模式过程中，突出的体现是线下自营模式的增加，阿里巴巴借助完善的商业基础设施，在线下开启了盒马鲜生、大润发的新零售尝试，其突出特点是充分以消费者的需求为逻辑起点，自主设计商品与服务。通过供应链系统，为自营盒马鲜生、大润发提供商品采购，服务质量与用户体验深度优化。

8.7 阿里巴巴的绩效考核分析

组织存在的首要任务是完成共同的目标，传统组织为了完成既定的目标，通常会采取 KPI 来考核、管理、奖励，在淘宝早期明显的定目标—追过程—拿结果就是 KPI 绩效考核体系的具体化。在淘宝早期，由于阿里巴巴零售业务追求的目标相对单一，比如卖家有多好、销售额是多少，KPI 考核能适应当时企业内外部环境的需要，并且由于 KPI 指标的指向性强，可以在短时间内完成淘宝快速扩张的需要。但随着分工深化与新物种的产生，原有的第三方服务在规模经济的基础上形成了相应的互补性平台，如菜鸟物流、蚂蚁金服等，相关互补性平台与淘宝、天猫、聚划算交易平台的互联互通，形成了复杂双边市场，进而演化成为智能生态系统。随着阿里巴巴零售业务的演化，再依靠传统的 KPI 组织激励已经不可行，其主要原因包括如下几方面：一是多任务目标同时存在，传统买家数量与销售额已成为次要目标，数据的沉淀、新物种的孵化、中小卖家的成长通道、企业持续能力等都需要纳入动态考核的指标体系。在一定程度上传统 KPI 考核体系，已经不能体现企业的发展战略，传统企业在面对发展战略执行和 KPI 考核时，企业的发展战略处于妥协状态，或者简化成若干不能完全覆盖战略的指标。

二是传统 KPI 考核体系是静态的，在制定完 KPI 考核体系后，若干财务年度内是不变的，面对外部环境瞬息万变和产品生命周期的缩短，必须有动态适应能力的 KPI 考核体系与之相适应。基于以上原因，阿里巴巴开始思考全新的考核体系，数据中台的形成并逐步完善为阿里巴巴新考核体系的产生奠定了基础，因为绝大部分前台、中台、后台的数据都将沉淀在数据中台，尤其员工的工作情况直接体现在相应的数据之上。基于此，阿里巴巴在充分利用数据中台的基础上，提出了 Matrix 考核体系，我们把它翻译成目标矩阵，动态目标矩阵的核心是将考核指标细化成几百个、几千个、几万个指标，这些指标基本覆盖阿里巴巴零售业务每阶段的主要战略，虽然指标在最开始使用的初期，不能很好地考核员工的绩效情况，但其通过数据中台的不断数据输入，快速迭代，最终能很好地反映员工的工作绩效。更为关键的是，其数据来源与指标体系是动态更新的，这使得其动态适应性更强。创新性组织目标的履行，必然要求有全新的组织绩效考核方式，阿里巴巴 Matrix 考核体系为传统零售业态绩效考核提供了直接经验借鉴。

8.8　阿里巴巴的新零售实践分析

未来零售业态会实现完全在线化，所以阿里巴巴过去 20 年在线业务的典型经验为线下零售业态实现在线化提供了完整的经验借鉴。更为关键的是，阿里巴巴通过线上业务的探索与新的商业基础设施的形成，直接开始探索线下零售业态创新，不仅与传统线下零售业态直接构成竞争，更为关键的是，为传统线下零售业态提供了直接的经验借鉴，通过阿里巴巴赋能盒马鲜生、银泰百货、大润发、联华超市的尝试，可以更清晰未来零售业态演化的趋势与方向，也进一步验证本书关于零售业态演化趋势的基本观点。

8.8.1　盒马鲜生的典型实践

盒马鲜生是阿里巴巴首次全面的线下零售业态的尝试，盒马鲜生的成功一定程度上为阿里巴巴所有线下零售业态尝试提供了借鉴的模板。

（1）盒马鲜生的孵化基础。盒马鲜生的产生不是一蹴而就的，而是阿里巴巴在生鲜领域多年尝试与布局的结果，支撑着盒马鲜生从数据、供应链、物流配送的全过程，当盒马鲜生孵化所有的条件都具备时，盒马鲜生的产生就顺理成章了。阿里巴巴在孵化盒马鲜生时已经具备了如下优势：一是数据来源，阿里巴巴基于淘宝、天猫、支付宝、优酷视频等覆盖消费者数据化生活全过程的网络应用，一定程度上已经覆盖了3千米生活圈消费者数据的采集能力。二是商业基础设施的赋能，阿里巴巴完善的商业基础设施，为盒马鲜生的支付、物流、云计算、大数据提供了全面的支撑。三是阿里巴巴在生鲜领域的深耕。在平台方面，阿里巴巴探索天猫生鲜，其主要渠道包括天猫超市、喵鲜生和自营生鲜电商旗舰店。在具体运营方面，阿里巴巴先后多次增资易果生鲜，基本形成天猫生鲜＋易果生鲜的线上线下一体化运营体系，阿里巴巴在生鲜领域的深耕，使得盒马鲜生的产生顺理成章。四是在生鲜供应链方面，阿里巴巴搭建了面向国外、面向农村的两条成熟的生鲜供应链体系。尤其是云象供应链的推出，云象供应链集合了优质的买手资源，将触角延伸到世界主要国家和地区的优质原产地，在水果、海鲜、牛肉、禽类采购方面与40个国家、50个原产地、100个供应商建立全球直采网络，基本覆盖了盒马鲜生的生鲜品类。五是高效的整合，依托易果生鲜的冷链、仓储网络，在云象供应链的品类支持下，以安鲜达解决"最后一公里"配送，阿里巴巴生鲜高效整合体系已基本形成。2018年，阿里巴巴收购饿了么，饿了么旗下蜂鸟配送进一步完善阿里巴巴线下物流网络。

（2）盒马鲜生的产生。在盒马鲜生产生之前，中国生鲜电商举步维艰，由于生鲜产品自身信息不对称、高损耗、非标准品、高线下冷链物流成本等特点，O2O模式和B2C模式都没有取得成功，但生鲜的确是消费者日常生活需求量最大、采购频率最高的品类。基于此，盒马鲜生创始人侯毅开始了思考与探索，侯毅曾担任物流部门经理，拥有较好的线下经验与数据处理能力，2009年加入京东，负责京东到家O2O项目，在此阶段积累线上互联网经营的经验。2015年，侯毅在上海开始筹备成立盒马鲜生，基于对中国生鲜品类痛点的深刻理解与前期丰富的经验，侯毅认为应探索基于网络信息技术＋线下实体门店的形式探索中国生鲜的第三条发展之路。在与主要投资人阿里巴巴进行沟通时，阿里巴巴CEO张勇是少数赞成的人，经过半年十余次的面对面交流，盒马鲜生的顶层设计基本完成，以超市切入，以生鲜为超市主要特色；线下重体验，并结合餐饮业态；线上主导，通过线下配送，完成3千米生活圈覆盖。2016年1月，盒马鲜生上海金桥店开业，同时上线盒马鲜生APP。主要投资人阿里巴巴提出清晰目标：第一，线上交易大于线下；第二，线上每天需做到单店5000单以上；第三，APP能够自己独立生存，不需要其他流量支持；第四，在冷链物流成本可控的范围内做到30分钟送达。有了清晰的目标和顶层设计，团队开始制定具体的系统和流程。盒马创始团队提出新零售的五个具体标准：统一会员、统一库存、统一价格、统一营销、统一结算。盒马鲜生上海金桥店成立当年，全年营业额 2.5 亿元，坪效 5.6 万元，高于同业平均水平 3.9 倍，线上订单占 70%。盒马鲜生完成既定目标，阿里巴巴新零售探索初步成功。

（3）盒马鲜生的模式。从零售业态看，盒马鲜生顺应了从微观单业态向复合多业态演化的趋势，其切入点是近年来发展迅猛的精品超市，在此基础上明确了餐饮特色业态，同时上线盒马鲜生 APP，其初步形成全渠道融合业态的雏形。为了配合全渠道融合业态，盒马鲜生内部布局"一店二仓五个中心"，即一个门店，前端为消费区，后端为仓储配送区，五个中心分别是超市中心、餐饮中心、物流中心、体验中心以及粉丝运营中心。创新性开发出前端消费区与后端仓储配送区的悬挂系统，悬挂系统是打通线上线下融合的最直接体现。从目标人群选择看，盒马鲜生以海鲜为切入，提供波士顿龙虾、帝王蟹等中高端品类，定位于新中产阶层的新生活需求，盒马的目标消费群体是 80 后、90 后年轻群体，他们比 60 后、70 后更关注品质，时间敏感度高而价格敏感度相对较低。同时，新中产阶层的消费体验具有很强的示范作用，进一步扩大了盒马鲜生的覆盖范围。从渠道看，盒马鲜生实现线上线下深度融合，通过将线上、线下业务完全一体化，来满足周边 3 公里范围内消费者对生鲜食品采购、餐饮以及生活休闲的需求。线上、线下所售商品完全是同一商品、同一品质和同一价格，线上提供快速的物流配送服务，线下增强消费者的场景体验感，双线协同作战、完美配合。从用户体验看，盒马鲜生以用户体验为中心，从生鲜品类看，明码标价，改变了传统线下生鲜售卖的信息不对称。现场制作与堂食，使得盒马鲜生成为线下社交场所。在生鲜制作过程中，消费者可以购买盒马鲜生针对目标群体筛选的较少 SKU 的商品。更为关键的是通过线上提供 3 千米生活方式，满足了新中产阶层对时间合理配置的需求。

（4）盒马鲜生的延伸。盒马鲜生的成功，使得阿里巴巴基于盒马鲜生开始向上、向下进行拓展，向上扩大经营面积、扩充经营品类与业态，形成盒马集市；向下做减法，形成盒马 F2（Fast & Fresh）便利店。2016 年 12 月，盒马鲜生在上海八佰伴开业，相比盒马鲜生，盒马集市在经营面积上扩大到 1000 平方米以上。在经营业态上，扩充了花店、烘焙等业态，餐饮占比继续增加。在 SKU 上，得到了极大的扩充。天猫超市基于大数据分析，将网红商品在盒马集市落地，同时增加更多百货服装。在购物体验方面，盒马集市可以通过扫码直接将所购商品快递回家，并可以在线点餐、在线排队，在推荐时间内堂食，较之盒马鲜生有较大的购物体验优化。侯毅表示，"盒马集市是真正意义上的超市和餐饮，超市和百货服装、休闲和娱乐、线上和线下完全融合的商店"。作为盒马鲜生向下延伸，2017 年 12 月，盒马 F2（Fast & Fresh）便利店在上海北外滩白金湾广场开业，盒马 F2 定位于高端办公区域，为白领解决便利性需求。其基本的业务流程是，在临近休息时间，上班族可以通过在线点餐，接近预约时间，前往便利店自提，便利店内有一个自开发的 70 度均衡保温自提机。自提后，可以堂食也可以外带，堂食过程全部自助，包括收拾餐盘过程。F2 是一个专门为线下场景打造的业态，没有线上配送到门的服务，体验部分全部以线下为主。侯毅表示，盒马便利店就是一个下单移动化，交付自主化，商品自动化，门店全程数字化管理，实现有人和无人之间的效率优化和无缝连接。

（5）盒马鲜生的商业逻辑。盒马鲜生通过对传统生鲜超市"人、货、场"重构，实现了生鲜品类经营商业逻辑的升级。在传统生鲜超市的经营过程中，只能依据收入水平、年龄结构对目标人群进行模糊化的分类，根据其典型性需求，按照经营场景、生鲜品类与服务体验。在整个管理过程中，主要依赖经营管理，通过长期积累的产品组合、品类采购、库存周期的经验，对经营流程进行把控。在具体的渠道选择方面，传统生鲜超市渠道处于割裂状态，尤其在线上线下渠道的供应链共享、数据共享、库存共享、配送共享方面，难以实现一体化和全局的优化配置，其结果是渠道融合不能提升生鲜超市的经营绩效。盒马鲜生的典型尝试改变了传统生鲜超市的经营逻辑，其通过阿里巴巴对数字化消费者的沉淀与收集，清晰消费者需求特征与消费痛点，观察颗粒细腻化。在此基础上，通过消费者画像，提供按需组合的商品与服务。同时依据消费者信息收集的网络依赖，实现全渠道融合，无时无刻、随时随地想买就买。更为关键的是，通过全渠道融合和平台共享，盒马鲜生可以在更高水平上实现供应链共享、数据共享、库存共享、配送共享，使得其在更高水平上配置其新零售活动与要素，最终实现"人、货、场"的升级与重构。如图 8 - 7 所示。

8.8.2　银泰百货的典型实践

银泰百货是杭州主导的商业企业，与阿里巴巴地理位置的交集，使其充分借助阿里巴巴资本、技术、人力资源优势，探索新零售转型升级。

（1）银泰百货的成长概况。银泰百货是主导杭州商业发展的线下商业集团，其区域优势以及与阿里巴巴在地理位置上的交易，使其成为阿里巴巴线下改造最早尝试的案例。1998 年，银泰百货（武林店）开业，在早期的银泰百货发展过程中，主要是立足杭州的区域发展优势不断拓展线下门店资源。2007 年，银泰

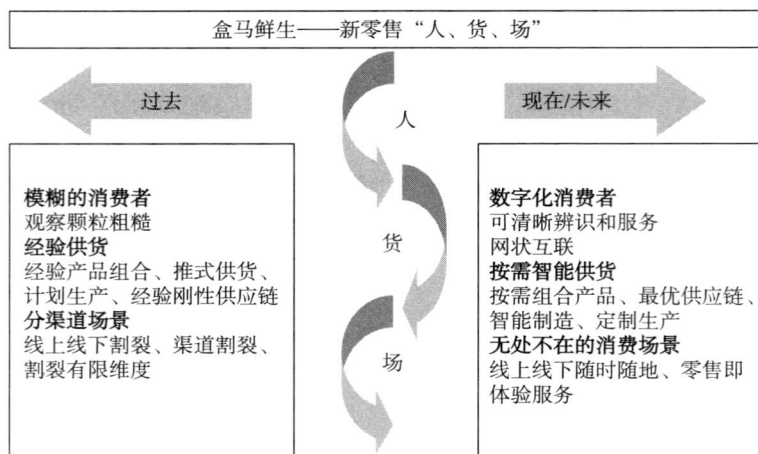

图 8 - 7　盒马鲜生的商业逻辑

百货在香港联交所上市交易，成为国内第一家赴香港上市的百货公司。在充足外源性资金的支撑下，银泰百货立足百货商店优势的同时，积极探索多业态组合与线上线下融合发展。2009 年，银泰百货第一家购物中心开业。2010 年，银泰网上线，银泰百货探索线上线下融合发展。2013 年，银泰百货更名为银泰商业集团，开始异地扩张和全渠道融合发展。银泰百货相继在北京、西安等地区布局 23 家百货店。2014 年，银泰商业集团与阿里巴巴集团展开全面合作，借助阿里巴巴资本投入与数据流量，后开发出喵街 APP、西有、西选、集货、HomeTimes 家居时代等新业态。同时，银泰商业集团积极布局购物中心业态，杭州西湖银泰、杭州中大银泰开业。另外，银泰商业集团托管杭州百货大楼，在杭州百货商店、购物中心占据主导地位。2017 年，阿里巴巴联合沈国军私有化银泰百货，银泰百货从香港联交所退市，在银泰百货退市后，阿里巴巴成为银泰商业集团控股股东，开始基于银泰百货尝试大型零售业态改造升级之路。银泰百货发展历程如表 8 - 4 所示。

表 8 - 4　银泰百货发展历程

年份	事件
1998	银泰百货第一家门店——杭州武林店开业
2007	银泰百货在香港联交所挂牌上市

年份	事件
2009	银泰百货第一家购物中心开业
2013	银泰百货更名"银泰商业"
2014	阿里巴巴以53.7亿港元战略投资银泰百货，成为仅次于创始人的第二大股东
2015	阿里巴巴CEO张勇接替沈国军成为银泰商业董事会主席
2017	阿里巴巴联合沈国军发起对银泰百货私有化建议
2017	银泰百货从港交所退市，阿里巴巴成为银泰百货的控股股东，持股比例增至74%

（2）银泰百货的新零售升级路径。阿里巴巴对银泰商业集团的改造主要体现在百货商店、购物中心的升级上，由于百货商店、购物中心在线下零售业态结构中的主导地位，银泰商业集团的改造经验将为阿里巴巴大规模拓展线下零售业态提供保障。如图8-8所示，阿里巴巴对银泰百货的改造主要体现在全渠道建设、融合方面。

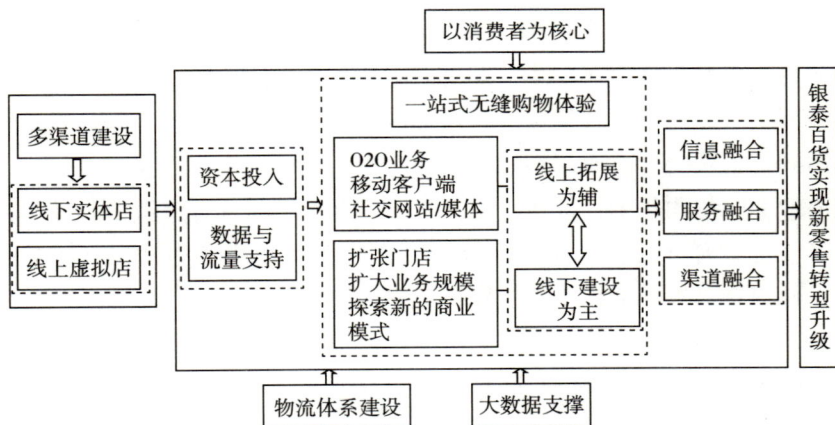

图8-8 银泰百货的新零售升级路径

银泰百货新零售发展的基础。阿里巴巴对银泰百货的改造升级，最突出作用体现在外源性资本的投入、数据与流量的支持。中国传统百货商店由于缺乏原始资本积累以及资本积累的缓慢过程，使得在面对外部环境变化时，难以迅速完成业态升级改造，导致路径依赖，这也是中国传统百货商店普遍陷入经营困境的核心因素。在阿里巴巴私有化银泰百货后，为银泰百货提供了充足的外源性资金来源，同时私有化使得可以淡化投资人的意见分析，专注于核心使命与战略。在数据与流量方面，银泰百货会员体系与阿里巴巴天猫大数据实现兼容共享，实现统一的会员体系。同时，银泰百货利用阿里巴巴历史数据、实时数据资源，清晰消费者数据、商品数据、地理位置数据，为在银泰百货新业态、新应用的创新提供了数据支撑。

银泰百货新渠道布局。在网络平台方面，银泰百货自建银泰网，并入驻天猫银泰旗舰店。移动平台，自建银泰 APP 入驻喵街 APP。其他平台，自建喵客（售货员社交零售媒体）。通过新渠道布局，银泰百货基本实现了全渠道融合，为后续渠道优化与资源高效配置提供了基础，同时为数据沉淀提供了渠道支撑。

银泰百货经营内容与业态创新。在经营内容上，银泰百货引入天猫国际线下实体店，依据天猫大数据，将天猫国际网红商品在线下展示，尤其是部分体验性较强的商品，如母婴品类、美妆品类、按摩仪品类，在线下实体店进行展示体验，在线下体验的过程中直接扫码在线下单，直接通过保税区快递到家。现阶段，天猫国际线下实体店只是保税展示的功能，随着更多尝试的开展，更多品类、更多功能会嵌入天猫国际线下实体店。线上线下同价。在全渠道融合的趋势下，由于消费者信息能力的提升，线上线下价格趋同是零售业态的基本经营内容，如果价格离散仍然存在，线下渠道只能沦为线下体验店，经过体验，消费者的购买行为仍然会转移到其他渠道。在银泰百货的改造过程中，全品类实现了全渠道同质同价，其突出的作用是经过价格对比，顾客转化率提高。

在商业美陈与购物场景方面，天猫金妆奖上展示的具有虚拟试妆效果的设备入驻银泰百货。阿里巴巴在银泰百货为了方便女性消费者尝试设立了智能母婴室，为女性消费者提供补妆、替换尿布、哺乳需求。

调整商品结构，加快新业态孵化。在新业态孵化方面，产生了银泰西选、银泰意选、InJunior、集货、HomeTimes 家时代等新业态。银泰西选是在传统负一层超市基础上改造而成的，其突出特色体现在场景化的海淘体验场所，商品 90%以上是进口的畅销单品，覆盖了生鲜、母婴、食品、家居、美妆等主要生活品类，并基于 APP 探索西选宅配服务，实现了线上线下深度融合。银泰百货同时上线西有全球好店项目，经营服装鞋帽配饰等商品，为消费者提供意大利、法国商品的选购与体验服务。银泰百货基于阿里巴巴天猫大数据，推出集货项目。集货项目主要经营淘宝网红品牌，为网红单品提供线下体验；同时，利用覆盖全球的买手，精选人气单品；积极培育本土设计师品牌，搭建设计师与消费者的沟通渠道。InJunior 母婴、儿童体验馆，其定位于 0~8 岁儿童成长需要，基于儿童场景设计，集合潮流儿童品牌，实现了体验、购物、重复购买的良性循环。Home-Times 家时代，阿里巴巴利用大数据的优势，上线智能家居体验馆，商品全部来源于大数据分析、选择，涵盖家具、家居和 3C 产品。基于阿里巴巴大数据赋能，银泰百货基于商品的精细化选择，结合精准的购物场景设置，实现了全新业态的布局。

银泰百货的数字化升级、融合。银泰百货在线下实体店实现了全过程的数据采集，通过 WIFI 全覆盖，对消费者在银泰百货线下门店中的交易行为数据、停留痕迹数据等进行了全面采集。同时，逐步实现银泰 APP、喵街 APP、喵客 APP 数据共享与兼容，银泰百货会员，与银泰网、喵街、天猫旗舰店等各渠道信息交叉共享。阿里巴巴天猫大数据实现兼容共享，实现统一的会员体系。银泰百货利用阿里巴巴历史数据、实时数据资源，清晰消费者数据、商品数据、地理位置数据，为在银泰百货新业态、新应用的创新提供了数据支撑。

银泰百货物流体系重构。为了保障线上、线下高效融合运转，银泰百货不断强化物流体系建设，通过自建仓储配送中心与第三方物流企业、平台合作，实现了物流高效覆盖。在前期，银泰百货通过与顺丰速运建立战略合作伙伴关系。顺丰速运入驻银泰百货线下门店，为消费者提供基础的物流服务。随着物流量的增加，银泰百货接入菜鸟物流网络，将线下门店变为菜鸟物流的前置仓，消费者可以自主选择配送方式，基本实现本地商品配送 2 小时送达。

8.8.3　大润发超市的典型实践

超市一直是传统零售业态的主导，对传统超市的改造升级意义重大。在阿里巴巴新零售蜕变中，阿里巴巴对线下零售的改造思路已逐渐清晰，"阿里主导盒马鲜生、盒马鲜生主导大润发、大润发主导 X"的框架已逐步清晰。

（1）融入更多的场景化陈列。传统超市"千店一面"的场景陈设，已经被新晋成长起来的消费者厌倦，阿里巴巴对大润发的改造开始于场景陈设。阿里巴巴将在盒马鲜生、银泰百货的典型尝试嵌入大润发场景陈设。围绕女性消费场景，在大润发设置专属货架与区域，将天猫部分畅销美妆进入大润发超市，在天猫金妆奖上展示的具有虚拟试妆效果的设备也进驻大润发超市。阿里巴巴在银泰百货为了方便女性消费者尝试设立了智能母婴室，为女性消费者提供补妆、替换尿布、哺乳需求，这些场景也引入了大润发。盒马的日日鲜系列商品、天猫超市的网红商品、天猫智能母婴区、淘宝心选门店等也已经在大润发落地。大润发根据周边大数据分析，正在不断改变传统超市场景陈设的缺陷与单调，在大润发调研的过程中，开始改造与尚未改造的店面的消费体验以体现出一定效果和反差。

（2）多元化的商品选择。在商品方面，长期以来，超市以提供标准化产品为主，在阿里巴巴改造大润发过程中，充分发挥了天猫超市的优势，"天猫下凡"成为主要特征，将天猫超市差异化、个性化的长尾商品进入大润发超市。借助天猫超市在国际、农村供应链的优势，更多的进口商品进入大润发货架。同时天猫将在阿里巴巴平台孵化的网红品牌，如三只松鼠、百草味、宝儿德、膜法世家、子初、全棉时代等引入超市，丰富大润发超市的多样化程度。同时长期以来被关注的网红商品榜，也引进了不少网红产品，大大丰富了消费者的选择。更为关键的是，借助盒马鲜生在生鲜品类的优势，大润发将全面引进生鲜品类，尤其在盒马鲜生未覆盖的区域与城市，将成为消费者主要的生鲜采购渠道。

（3）线上线下融合。大润发超市在意识到互联网时代的重要性时，推出了飞牛网，但由于投入巨大收效甚微，大润发逐渐表现出退出意愿。在阿里巴巴改造大润发超市的过程中，充分利用了其在电子商务领域多年的经验积累，以淘鲜达切入大润发O2O过程，淘鲜达以手机淘宝作为流量入口，改变了飞牛网获取用户安装基础困难的窘境，已经接入收集淘宝流量，淘鲜达使用人数指数级增长。大润发运营3个月以上的淘鲜达店铺，单店日均新增线上订单1200单以上，单店月度销售额提升10%以上，单店累计新增年轻顾客2万名。为了巩固淘鲜达网络应用，使消费者进一步依赖淘鲜达，在大润发自主收银区，提供淘鲜达结账方式与支付宝结账方式，而且利用淘鲜达结账方式，有较大的补贴与优惠，使得消费者养成使用淘鲜达的习惯。

（4）配送体系重构。大润发长期以线下经营为主，经营绩效低于全渠道融合业态，在阿里巴巴对盒马鲜生孵化成功案例下，大润发在物流配送方面以盒马鲜生为样板，全面进行升级改造。主要措施包括：一是以盒马鲜生3千米生活圈为样本，上线了"大润发优鲜"APP，以提供生鲜、乳制品、烘焙食品、肉类、快消品为主，覆盖大润发线下超市3千米生活圈。二是全面引入盒马鲜生悬挂系统，同时进行店面与配送区域改造，进一步提高了大润发超市的接单反应能力，现阶段已经可以达到1小时内29元配送上门服务。三是与盒马鲜生共享线下配送资源，未来会实现与饿了么线下配送资源进行共享整合，提高线下配送节点密度与配送效率。

（5）供应链整合。如果说天猫商品、盒马鲜生生鲜进入大润发渠道是商品层面打通，未来更为深入的整合体现在供应链共享，尤其是库存共享。阿里巴巴在改造大润发的过程中不是一味地以我为主，而是充分尊重差异性和利用对方优势的过程。大润发通过长期在国内的经营，其在供应链管理方面的效率已经达到了较高水平，供应链优化的空间十分有限。而阿里巴巴在传统供应链方面虽然也进行了全球化、农村化的尝试，但线上企业在线下布局方面的劣势十分明显。现阶段，阿里巴巴开始尝试将大润发、盒马鲜生、天猫超市的部分共享品类的库存打通，未来实现全品类的库存共享，在此基础上，覆盖全社会的供应链共享与库存打通将实现，阿里巴巴生态系统的效率会进一步提升。

（6）数字化升级。在商品打通、供应链打通的基础上，阿里巴巴也开始在深层次尝试与大润发实现数据共享。大润发数据共享开始于全面引入盒马鲜生ERP系统，目前接近200家大润发门店完成ERP系统的切换，ERP系统的切换为大润发沉淀数据、优化交易流程提供了基础。在此基础上，大润发将共享阿里巴巴会员和流量。现阶段阿里巴巴成员中，淘宝支付宝会员接近6亿人，通过优酷、UC、陌陌触达的会员接近9亿人，基本覆盖了中国互联网总人数。未来当大润发与阿里巴巴数据方面进行深度共享后，大润发将进一步完成C2B商业模式的变革，以消费者需求画像为前提，高效匹配生产与消费。如图8-9所示。

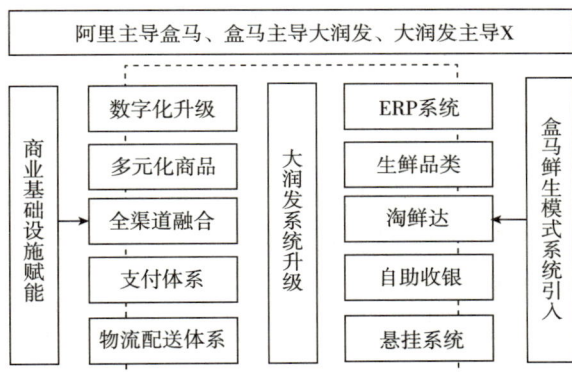

图 8-9 大润发超市的改造路径

（7）探索商超新路径。阿里巴巴在对大润发改造的案例中，充分发挥大润发在线下深耕多年的客户关系、供应链管理等优势。同时，借助商业基础设施赋能与盒马鲜生赋能，使得大润发融入更多盒马鲜生的场景化陈列。从总体看，阿里巴巴通过商业基础设施的优势，在数字化升级、多元化商品、全渠道融合、支付体系、物流配送体系等领域赋能、重构大润发。同时，利用在盒马鲜生探索中形成的典型经验，将盒马鲜生ERP系统、生鲜品类、淘鲜达、自助收银、悬挂系统全面引入大润发，使得大润发超市获得盒马鲜生基因。阿里巴巴基于大润发的探索，将积累出更多新零售实践的经验，未来将呈现阿里巴巴主导盒马鲜生，盒马鲜生主导大润发，大润发主导线下零售业态改造升级的路径与过程。

8.9　本章小结

　　零售业态演化过程实质上是零售商探索零售经营形态、商业模式、盈利模式的过程，以典型案例的时间序列分析，能充分验证零售业态演化理论的正确性与适用性。本章系统梳理零售企业典型案例的扎根理论研究过程，涵盖主要的理论框架与学术观点。根据扎根理论研究方法的特点，选择阿里巴巴零售业务作为主要研究对象，通过对阿里巴巴零售业务的全过程跟踪，以阿里巴巴每个历史过程的典型业务操作为基础，剖析阿里巴巴发展战略与业务方向。为了完成典型业务与发展战略，阿里巴巴先后经历了科层组织、市场组织、网络组织、自组织等组织方式，完成业务组织的迭代。为了支撑相应业务组织，重点考察了阿里巴巴技术架构的演变过程，从烟囱式、数据共享到业务中台战略，阿里巴巴对数据收集、处理、应用过程，一定程度上是支撑整个阿里巴巴组织方式变革和发展战略升级的根本原因。商业模式是发展战略的重要支撑，阿里巴巴先后经历了C2C、B2C、S2B2C、C2B模式的演变，在演变的过程中C消费者与B企业的地位与互动关系不断发生动态变化。为了完成组织方式变革与商业模式演化，阿里巴巴考核机制也逐渐向动态KPI演化，为面向未来的零售企业考核提供了经验借鉴。最终重点考察阿里巴巴的新零售思考，对盒马鲜生、大润发、银泰百货进行了跟踪考察，尤其关注阿里巴巴如何利用生态系统优势，赋能新零售实践。

9 供给侧改革下中国零售业态创新发展的政策建议

9.1 零售业态治理方式从直接控制型向授权式转变

零售业态具有典型的平台结构特征，尤其是购物中心、超级市场、电子商务等，随着其全渠道融合演化，逐渐形成了以零售商为核心的平台生态。诺贝尔经济学奖获得者 Tirole 将平台企业冠以"数字经济的守望者"，平台企业最大的特征是掌握零售活动中信息的接入权，必然掌握零售活动中产生的各种数据和信息。随着平台企业接入的参与者逐渐增多，围绕核心企业将形成平台生态，平台生态是指由平台及其参与者构成的生态（Boudreau & Hagiu，2011）。平台生态治理是指一套规则，它规范着谁参与生态系统，怎么分配价值，怎样解决纠纷（Alstyne，2014）。平台生态治理的核心是政府与平台界限的划分，着重解决哪些由平台管，哪些由政府管。一般来说，那些具有巨大外部性的事项，应当落入政府管制的范围，而外部性比较小的，则更多应该属于平台治理的范围。平台优势在于掌握更多的信息和更多的可选择工具，而缺点突出体现在其目标不是社会福利最大化。平台应鼓励更多的利益相关者参与治理过程，共同制定规则，维护平台秩序。而政府应以社会福利为关切点，治理的核心应基于平台企业的行为，如信息垄断、超级平台、订单归属、排他性协议等问题。

随着零售活动的全渠道融合和场景极度颗粒化趋势，无论从效率还是效果看，传统直接控制型治理方式都不能满足零售治理的需要。从效率看，由于零售活动的场景极度颗粒化，政府已无法对所有零售活动进行监管，尤其在零售组织上开展零售活动主体的资质认定与消费者安全保障义务。在技术可行的前提下，假设政府对所有零售活动进行直接控制，在数据获取等方面仍是间接的、高成本的。电商法对关系消费者生命健康的商品或者服务，电子商务平台经营者对平台内经营者的资质资格未尽到审核义务，或者对消费者未尽到安全保障义务，造成消费者损害的，依法与该平台内经营者承担相应的责任。《电商法》是国家关于零售业态治理的最新尝试，在《电商法》出台的过程中经历了电商平台责任的博弈，从第三稿的连带责任到第四稿的补充责任，再到最终稿的相应责任，其实在整个博弈过程中积极的意义在于授权治理方式雏形的出现，无论何种责任，平台一定对零售活动、数据安全、食品安全负有相应责任。未来授权治理方式的核心是政府监管零售组织，零售组织对平台上供应商的经营资质、数据安全、消费者安全承担责任。授权治理方式是适应未来零售组织平台化、零售活动颗粒化的现实需要，也是提升治理效率与效果的必然选择。具体而言，如图9-1所示，授权式治理方式的核心是充分发挥政府与零售组织的优势，政府充分发挥数据兼容、反垄断规制等积极作用，并对零售组织连带责任履行情况进行审查。而零售组织对零售活动过程中的交易资质审查、数据安全、食品安全等具体事项承担连带责任，并根据政府监管的需要，对经过脱敏后的数据实时公开。

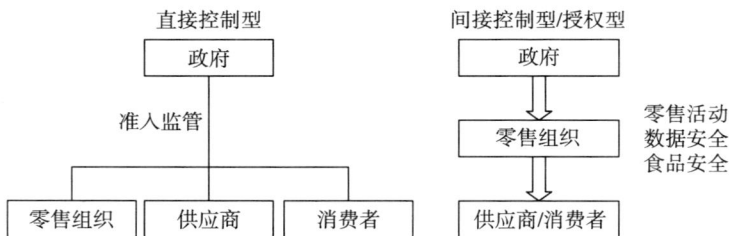

图9-1　直接控制型与间接控制型

9.2　推动零售业态的全面在线化

全渠道融合是未来零售渠道的必然趋势，我们可以将零售渠道细分为独立渠道、线上线下融合、全渠道融合，从目前的实际看，中国零售组织普遍处于独立渠道向线上线下融合渠道转变的阶段，部分领先零售组织开始尝试全渠道融合。立足中国实际，在授权式治理方式下，现阶段政策的核心重点是加快零售组织线上、线下渠道融合，即实现全面在线化，在实体、虚拟空间高效配置资源。从政府治理的角度看，零售组织核心产品或服务的在线化，将沉淀零售企业交易数据，为政府的授权治理方式提供数据来源。以食品安全为例，肉蛋果蔬追溯体系的建立是食品安全的基本保障，现阶段，肉蛋果蔬追溯体系建立的核心问题是数据联系割裂，无法实现对种养殖、加工、批发、零售整条供应链的全覆盖。以猪肉为例，猪肉在饲养的过程中需要佩戴耳标，通过射频设备采集饲养数据。在进入肉联加工环节，由于养猪场的数据没能实现在线化，肉联加工企业仅仅将检验检疫证明作为数据录入的第一步，基于 SAP 管理信息系统采集加工过程的数据。在进入批发环节，进入批发市场后，仍以检验检疫作为数据录入的第一步，通过批发市场 IC 卡资金流动实现批发环节的追溯。从批发环节进入零售环节，零售企业通过管理信息系统管理进销存，利用编码台秤实现零售环节的追溯。在整个饲养—加工—批发—零售的过程中，由于各参与企业没有实现在线化，在数据共享、兼容方面存在诸多割裂，最终通过国家重要农产品追溯平台实现种养殖—加工—流通—消费的追溯是困难的，就算能实现监控的全覆盖，其客观性也值得商榷。

通过肉蛋果蔬追溯体系的建设的典型实践，可以清晰发现，通过促使零售组织全面在线化，依据其双边市场的基本特征，将倒逼生产组织数据兼容与在线化，最终将实现授权式治理方式对覆盖全社会的数据需求。零售政策的核心是通过税收政策与财政政策，鼓励前期自建，后期适度抵扣、补贴的原则，实现零售组织的全面在线化。判断零售组织是否全面在线化的初步标志是零售活动过程中的核心产品与服务是否实现在线化，能否直接在互联网上提供产品与服务。以购物中心为例，只有其线下提供的所有店铺、商品、服务都实现在线交易，其才初步具备在线化的能力。在零售组织初步在线化的基础上，进一步要求零售组织与用户建立持续性互动关系，即围绕社交媒体、即时通信，基于在线化商品和服务与消费者建立持续沟通、交互。在零售业态前台业务在线化的基础上，全面在线化的重心要求中后台的在线化，中后台在线化的主要标准是面向用户与服务的开放式技术架构搭建与供应链线上线下共享，面向用户与服务的开放式技术架构可以沉淀所有线上线下交易数据，而供应链线上线下共享保障零售要素在更高层级的配置。

9.3　促进零售业态间的数据兼容

在零售组织全面在线化的基础上，基于协同网络将沉淀行为数据、关系数据与活动数据情况，由于数据分布广、格式不统一、不标准，在零售组织内部、零售组织间、政府运用沉淀在协同网络上的数据的难度都将提高，基于此，实现零售组织内部、零售组织间、政府监管数据兼容迫在眉睫。从零售组织内部看，实现不同部门、不同场景、不同状态下的数据兼容，以消费者画像为例，知道一个人在不同场景、不同状态下更多的数据。最简单地，如果现在能够把一个人在微博、微信、陌陌、淘宝、支付宝上的这些数据都打通，对这个人的理解就会全面立体得多，就更能在一个瞬间捕捉到他当时需要的服务。数据分布广、格式不统一、不标准。系统在各自建设时都基于各自开发团队对业务的理解建设相关的数据模型，造成相关业务的数据模型和标准不统一，这为大数据平台项目初期数据的抽取和同步带来了更多复杂工作。数据层方位的打通、数据权限的控制、数据格式的转换、数据清洗、数据同步等，而这一系列的工作必然也对项目整体的实施带来风险。零售组织间数据兼容的难度在于数据安全与数据定价，关于零售组织间的数据安全，数据加密技术、区块链技术将从根本上解决数据共享过程中数据安全问题，基于零售业态、商业基础设施的共同需要，推进零售指标体系、格式接口、开放共享等重点标准的研制，实现零售平台生态的物质兼容。在此基础上，逐步研究制定网络零售数据采集、交换、可读写、匿名、脱敏、共享、追溯、管理等方面的标准，科学构建数据资源管理体系，统一编码、统一标识，支持研制源数据标准，实现在数据与信息交互的兼容。同时，研究制定零售数据商业化应用时的权责界定和使用规范。关于数据定价问题，将在后文系统说明，在此不再赘述。

在全球范围内，关于企业数据、消费者数据共享问题的讨论一直是争论的焦点，尤其涉及企业商业机密、消费者隐私保护，但现实的做法是所有企业都逐步对监管机构共享数据，包括美国苹果公司也在一定的范围内满足美国政府数据请求。建立适应授权式治理方式要求的数据共享范围、标准、技术，对政府治理要求的数据共享范围进行确定，明确数据的公共属性与私人属性。加强涉及国家利益、公共安全、商业秘密、个人隐私等领域的数据管理标准。加快对物联网、人工智能、虚拟现实、区块链等新技术，无人商店、无人机送货、近场支付等新服务的前瞻性研究，推动形成研究成果。做好新业态、新模式标准的前瞻性研究和项目储备，进一步提高标准的适用性和有效性。

9.4 明确零售业态的数据产权

从零售业态演化的历史进程看，数据内生成为零售业态演化的主要动力，数据成为零售活动的主要要素后，数据的产权界定成为零售业态持续演化的主要任务。近年来，先后出现由于数据产权界定不清晰导致的纠纷，直接影响零售活动参与者的基本利益。2017 年 5 月 30 日，菜鸟物流与顺丰快递发生争端，争端的重点是顺丰快递与菜鸟物流数据接口关闭，商家与消费者无法跟踪菜鸟物流平台顺丰快递的信息更新，虽然在国家邮政局的干预下最终端口实现了共享，但数据产权界定问题对零售业态演化的影响已经逐渐清晰。2018 年 8 月，被誉为数据产权第一案——阿里巴巴诉讼安徽美景信息科技有限公司案，直接将数据产权上升到法律层面。案件来源于淘宝对平台数据的应用，淘宝通过平台交易数据，开发出"生意参谋"应用，"生意参谋"应用通过可视化图表，直观地为商户提供决策数据，但需要收取一定费用。在此基础上，安徽美景信息技术科技有限公司开发了一款账号分享软件"咕咕互助平台"，通过平台已购"生意参谋"应用的商户可以进行账号共享，共同分担账号费用，但"咕咕互助平台"直接影响了淘宝"生意参谋"应用的销售数量，因此，双方诉诸法律，案件最终的审判结果是安徽美景信息科技赔偿阿里巴巴 200 万元，同时停止侵权行为。安徽美景信息科技在承担赔偿责任的同时，也提出自身关切的重点，其直接指出阿里巴巴"生意参谋"应用的数据来源于商户，所以商户有权获得数据的收益，阿里巴巴"生意参谋"应用收费是垄断行为的直接体现，该案件在社会上引起很大反响与持续讨论。

无论菜鸟物流与顺丰快递的争端，还是阿里巴巴诉讼安徽美景信息科技有限公司案，其核心是基于零售业态、零售平台生态产生的数据产权问题，数据属于零售活动中哪一方。数据成为零售活动的主要投入要素和资产的观点已经被普遍接受，但数据产权必须被清晰界定，才会保证其作用合理发挥，同时为零售业态演化提供持续动力，否则会出现经济学典型的"公地悲剧"。由于零售活动底层数据只有经过加工处理，才能产生有效数据，如果产权界定不清晰，零售参与企业没有数据加工处理的激励机制，其结果一定是零售数据开发利用不足。从本质上说，零售数据产权界定问题成为关注热点的核心在于数据的收益，产权的产生是一个动态博弈的过程，只有产权收益高于其成本时，产权才会产生（Harold

Demsetz，1965）。根据德姆塞茨的观点，任何产权都来源于产权界定收益增加或产权界定成本的减少，零售数据产权界定来源于数据收益的不断增加，同时区块链、计算机技术的应用也使得零售数据产权界定的成本降低。

零售数据产权问题产生后，产权的归属成为研究重点。长期以来，产权界定始终围绕着效率与公平的讨论展开，在新的产权问题产生的初期，以关注效率为主，零售数据作为新生的产权问题，只有在充分关注使用效率的同时，使得社会福利最大化后再关系公平问题。以效率为目标对产权进行界定的代表人物是罗纳德·科斯，"科斯定理Ⅰ"指出，只要交易费用足够低，通过竞争，产权最终将实现最优配置。但从目前零售活动看，交易费用仍长期存在，依靠自由竞争难以实现数据的有效配置。那么"科斯定理Ⅱ"产生，其核心是如果交易费用存在，初始产权应归属于产权使用效率最高的使用人。从目前中国零售业态演化的实际看，交易费用的存在，使得数据产权趋向于使用效率最高的使用人。

从零售业态演化的实际看，现阶段，零售数据使用效率最高的使用者仍然是零售平台，上述已经分析，从零售组织模块结构开始，零售业态将沉淀大量数据，形成信息集聚，进而带来报酬递增，报酬递增的特征是其他零售活动参与者所不具备的。从具体应用过程看，零售业态与零售平台具有较强的加工、处理数据的技术，而其他零售活动参与者在数据加工、处理不具有技术条件，同时更为关键的是其他零售活动参与者由于使用数据领域的局限性，其在数据加工、处理方面成本收益不经济。所以从使用效率的角度看，零售业态在收集、处理数据方面具有技术优势，同时由于其成本收益的经济性，数据零售业态是比较可行的选择。在使用效率提高后，从长期看仍需要考虑公平。从国外看，零售业态经营主体可以考虑对商户、消费者等收集对象提供一定的费用补偿，实现数据使用的和谐与持续。

9.5　加速零售信息定价与交易

零售活动产生各种数据和信息，如前所述在零售活动中，用 θ 表示信息，θ_i（$i=1$，2，3…）表示每一个参与主体拥有的私人信息，用 Γ 表示共享信息或者参与者所掌握的公共信息。基于信息内生的观点，零售信息和零售活动中的商品、服务、资源一样也需要生产，耗费成本，同时需要通过交易实现价值。另外，零售信息是实质性要素，不仅仅是外生地提高零售活动的交易效率的市场因素，更内生地减少零售活动的时间和财富。零售信息是商品与服务的内生观点，要求必须对信息进行定价与交易，信息定价与交易也成为保障零售信息集聚的主要问题。在零售活动最初产生的是大数据，尤其是物联网的出现，各种传感器大量在零售活动中应用，产生海量非结构化数据。大数据并不能直接地具有使用价值，有价值的是对大数据的分析和挖掘以后的结果，经过分析挖掘后的大数据即零售信息，数据经过清洗、挖掘，才演变成可用于交易的有价值的信息。零售活动中产生私人信息与共享信息，由于信息收集主体的不同，必然存在"信息公开是否收费"的问题，对于共享信息而言，由于具有公共物品的属性，按照传统经济理论应采取免费策略，但由于零售活动大数据不可避免地会涉及隐私，必须对大数据进行预先处理，包括大数据的收集、存储、脱敏，由于对共享数据进行预处理，需要耗费成本，如果采取免费策略，将带来直接的问题是由于大数据预处理的成本得不到合理补偿，零售信息集聚不可持续。如果市场化定价，带来的直接结果必然违背公共物品的初衷，合理的定价方式是依据边际成本，采取拉姆齐定价方式进行定价，信息预处理的成本得到补偿，信息复制和使用的成本也相对较低，保证了零售信息集聚的可持续。关于私人信息的定价，由于信息价值的双向不确定性，增加了信息定价的难度。信息定价的基本要求是合理性，信息定价过高或过低都会导致零售活动参与者利益受损，导致零售活动不可持续，信息集聚受阻。早期的定价理论包括马克思劳动价值论、效用论、供求决定论和成本论等，现代价格理论包括边际成本理论、垄断价格论和均衡价格理论。由于零售活动的信息不完全以及信息的双向不确定性，信息定价可先通过一定的定价模式确定大致的价格区间，再通过一定的定价策略进行精确定价。可采取效用价格论先确定最高价格，成本价格论确定最低价格，再结合竞争状况，采取具体动态的定价策略，确定其最终价格。结合现有动态定价策略，包括预处理策略、拍卖定价策略、协商定价策略、反馈定价策略，最终确定信息价格。

具体而言，根据效用价格论确定的是零售数据的最大值，具体表示为：

$$P_{max} = \left| \sum_{i}^{n} T_i J_i - \sum_{j}^{m} Q_j H_j \right| \tag{9-1}$$

其中，Q_j、H_j 是使用零售数据前的预期概率与收益，T_i、J_i 是零售数据使用后的概率和收益。

成本价格论认为决定零售数据价格的是其成本，是零售数据的最低价格，用公式表示为：

$$P_{\min} = C_0 + C_0 \times r_0 \qquad\qquad (9-2)$$

其中，C_0 是数据成本，r_0 是利润率。

零售信息的定价区间为：

$$C_0 + C_0 \times r_0 = P_{\min} \leqslant P \leqslant P_{\max} = \left| \sum_i^n T_i J_i - \sum_j^m Q_j H_j \right| \qquad (9-3)$$

以上是零售数据定价的理论区间，具体零售数据的定价，仍需结合预处理策略、拍卖定价策略、协商定价策略、反馈定价策略，确定最终零售数据价格。

9.6　持续完善商业基础设施

从零售业态演化的历史进程看，零售业态创新是伴随着商业基础设施的不断完善与发展的，传统商业基础设施包括物流基础设施、支付基础设施等，其保障零售活动过程中商流、物流、信息流、资金流、信用流、人员流的顺畅。但面向未来全渠道融合业态，需要构建覆盖全社会的新的商业基础设施与之相适应。新的商业基础设施包括智慧金融、智慧物流、云计算、地理信息等，商业基础设施应满足的基本要求主要体现在如下几个方面：一是满足企业"即需即供"的需求，其基本特点与传统水电煤气一样，具有随时随地、无所不在的要求。二是准公共物品的特征，由于其"即需即供"的特征，其具有非排他性，根据消费价格进行定价，只要购买都可以使用，同时可在一定程度上将拒绝付款的消费者排除在受益范围之外。三是具有典型的数据产品特征，即高固定成本低边际成本，所以在前期投资相对较高，在理论上应采取政府和市场共同分担的原则。在阿里巴巴、京东、百度、腾讯等主要企业提供商业基础设施的基础上，对亟须提供而且存在市场空白的商业基础设施，政府应出台措施鼓励社会资本投入，在一定情况下，政府可以作为投资主体，推动中国商业基础设施和商业生态的升级。现阶段，亟须提供而且存在市场空白的商业基础设施主要包括数据交易平台、信用服务平台、物流平台等。数据交易平台具体到零售领域，包括提供完善的零售数据确权、零售数据定价、零售数据指数、零售数据交易、结算、交付、安全保障、零售数据资产管理等综合配套服务。信用服务平台是在国家个人信用信息服务平台的基础上，实现与企业信用平台的数据兼容与共享，逐步实现覆盖个人完整数据的信用服务平台，在此基础上逐步扩展企业信用体系建设。物流平台是在中国智能物流骨干网、丰巢自助快递服务平台等物流平台的基础上，搭建覆盖全社会物流活动参与主体的网络与平台，实现物流节点、物流通道、物流枢纽在更高水平上的优化配置。

9.7 改革零售业态反垄断规制模式

区别于传统的反垄断规制，阿里巴巴、腾讯等在零售领域的垄断开始具有网络经济下垄断的特征，即趋向自然垄断，其垄断的结果并未抑制创新，同时是消费者选择的结果，所以在具体反垄断规制过程中应改变传统关注垄断市场份额的规制，将规制的重点放到垄断行为的规制和零售活动的动态监控。具体而言，在零售活动监管过程中，对传统零售组织滥用市场支配地位，进行渠道控制、店址资源垄断等行为进行规制。对新零售组织滥用市场支配地位，如数据兼容、联合定价、排他性协议等滥用垄断地位的行为进行反垄断规制。传统零售组织，在连锁经营组织形式下逐步具备了市场势力，导致其利用渠道优势，通过渠道费用、类金融模式将供应商利润转化为零售利润，其合理性长期存在争议。同时在店址资源选择方面，区域零售商具有显著优势，尤其在区域商业中心、步行街的优质店址资源，其利用是否符合街区定位与规划定位，是否存在闲置浪费？在传统零售组织的规制过程中，应充分关注具体的垄断行为，判断其渠道控制、店址资源垄断行为的合理性。在新零售组织滥用市场支配地位，比较典型的包括断开数据接口、联合定价、虚假价格宣传、排他性协议、数据安全、兼并重组，都应考察其具体垄断行为，对具有滥用垄断地位进行明确的处罚。针对零售组织滥用垄断地位的具体行为，在国家《反垄断法》修订过程中，细化、增加部分零售组织滥用市场地位的内容，通过规制过程完善零售业态规制的法律体系。

9.8 本章小结

中国在零售业态创新处于全球领先的地位，但零售业态演化的政策保障方面在全球缺乏经验借鉴，为了引导零售业态演化，需要面向未来，借鉴中国在网约车领域全球先试先行的典型经验，探索出一条具有中国特色的零售业态治理模式。本章认为治理方式由直接治理向授权式治理升级是政策创新的基础。在此基础上，促进零售业参与主体的全面在线化，提高数据兼容和数据定价能力，提升覆盖全社会的网络协同与数据智能化的应用水平。重点进行零售业态差异化创新，构建全社会零售生态系统，完善商业基础设施服务水平，以此保证中国零售业态发展的全球领先的地位。

参考文献

［1］ Daniele Scarpi, Gabriele Pizzi, Marco Visentin. Shopping for Fun or Shopping to Buy: Is It Different Online and Offline? ［J］. Journal of Retailing and Consumer Services, 2014（21）: 258 - 267.

［2］ Francesco Zanetti. Labour Policy Instruments and the Cyclical Behaviour of Vacancies and Unemployment ［J］. Economica, 2011, 78（312）: 7 - 14.

［3］ George Bragues. Adam Smith's Vision of the Ethical Manager ［J］. Journal of Business Ethics, 2009（90）: 7 - 14.

［4］ Kamel El Hedhli, Jean - Charles Chebat, M. Joseph Sirgy. Shopping Well - being at the Mall: Construct, Antecedents, and Consequences ［J］. Journal of Business Research, 2013（66）: 856 - 863.

［5］ Pei Minxin. Asia's Rise ［J］. Foreign Policy, 2009（173）: 7 - 14.

［6］ Renuka Mahadevan, John Asafu - Adjaye. Lessons from the Unfinished Agenda of a Small Developing Economy Under Trade and Structural Reforms ［J］. Journal of International Development, 2014, 26（5）: 7 - 14.

［7］ Rigby D. The Future of Shopping ［J］. Harvard Business Review, 2011（12）: 64 - 75.

［8］ Stephen Brown. Institutional Change in Retailing: A Review and Synthesis ［J］. European Journal of Marketing, 2007（21）: 5 - 36.

［9］ Yanhong Chen, Yaobin Lu, Bin Wang, Zhao Pan. How do Product Recommendations Affect Impulse Buying? An Empirical Study on WeChat Social Commerce ［J］. Information & Management, 2019（56）: 236 - 248.

［10］ 安雨洁. 供给管理、需求管理与经济风险的调控——以中国供给侧改革和英国撒切尔政府供给改革为例 ［J］. 中国商论, 2019（4）: 95 - 96.

［11］ 蔡宁. 以生产性服务业为核心信息流通为先导促进黑龙江省一二三产业融合路径研究 ［J］. 商业经济, 2019（2）: 15 - 17.

［12］范小仲，郭广迪．超越西方经济学理论的中国经验——以我国供给侧结构性改革为例［J］．中南民族大学学报（人文社会科学版），2019，39（6）：145－149.

［13］费兆奇，杨成元．加快宏观调控模式转型［J］．中国金融，2019（16）：58－60.

［14］付颖．如何深化供给侧结构性改革［J］．人民论坛，2018（11）：88－89.

［15］高敏雪．国民经济核算与供给侧宏观经济观察［J］．统计研究，2020，37（2）：15－25.

［16］龚洁松，王伟．供给侧结构性改革与供给管理创新——以江淮分水岭地区为例［J］．吉林工程技术师范学院学报，2017，33（7）：88－90.

［17］韩春艳．新零售状态下传统零售业如何走出困境［J］．现代营销（信息版），2019（10）：7－9.

［18］韩晓扬．新零售业态下生鲜行业的物流模式研究——以盒马鲜生为例［J］．价值工程，2019（1）：162－164.

［19］何宁．当前宏观经济形势、供给侧结构性改革与财政政策探讨［J］．财经界（学术版），2019（2）：3＋15.

［20］何自力．论供给管理的特点及其必要性［J］．理论与改革，2016（4）：8－10.

［21］胡志平．供给侧结构性改革的中国特征及创新路径［J］．社会科学，2017（1）：40－52.

［22］黄彩凤．现行土地储备制度的城市房地产开发用地供给管理研究［J］．低碳世界，2018（6）：127－128.

［23］黄柳槐．供给侧改革的理论创新与路径选择研究［J］．中国集体经济，2018（32）：83－85.

［24］黄新华，马万里．从需求侧管理到供给侧改革政策变迁的内在逻辑［J］．新视野，2017（6）：34－40.

［25］黄新华，马万里．从需求侧管理到供给侧结构性改革：政策变迁中的路径依赖［J］．北京行政学院学报，2019（5）：53－58.

［26］黄奕凡．"新零售"背景下生鲜零售新模式的分析研究——以盒马鲜生为例［J］．市场周刊，2018（7）：7－9.

［27］纪宝成，谢莉娟，王晓东．马克思商品流通理论若干基本问题的再认

识［J］．中国人民大学学报，2017（6）：60－70.

［28］纪宝成．消费的需要决定生产［J］．华中师范大学学报（人文社会科学版），2018（7）：43－48.

［29］贾康．十九大后宏观经济形势展望［J］．杭州（周刊），2018（46）：36－39.

［30］江维国，李立清．我国农业供给侧问题及改革［J］．广东财经大学学报，2016，31（5）：84－91.

［31］姜菲菲．找准流通领域供给侧改革关键点［J］．国际商报，2018（3）：7－9.

［32］李飞．全渠道零售的含义、成因及对策——再论迎接中国多渠道零售革命风暴［J］．北京工商大学学报（社会科学版），2018，3（4）：1－11.

［33］李根忠．从供给管理看保险业的改革与发展——江苏省保险行业发展的调查［J］．保险职业学院学报，2017，31（5）：83－86.

［34］李昊，马娇，宋华东，谢琳，姜照华．河南省交通运输供给侧结构改革评价指标体系［J］．科技和产业，2018，18（5）：16－20.

［35］李思林．"十三五"宏观调控：必须注重理性的"供给管理"［J］．中国市场，2016（46）：26＋62.

［36］林威，董德福．马克思主义政治经济学视域下的供给侧结构性改革［J］．改革与转略，2018（4）：17－23.

［37］刘德成．发展智慧商业的思考与建议［J］．国际商务财会，2014（6）：8－9.

［38］刘佳欣．新零售背景下流通供应链商业模式转型升级［J］．经济与管理，2020（3）：94－97.

［39］刘念．我国流通供给体系质量提升与消费升级［J］．商业经济研究，2018（24）：16－18.

［40］刘伟．立足高质量发展创新和完善宏观调控［N］．经济日报，2019－06－06（15）.

［41］刘雯．中国经济"新常态"下面临风险及宏观政策选择［J］．现代管理科学，2017（11）：66－68.

［42］刘向东，王庚，李子文．国内零售业盈利模式研究——基于需求不确定性下的零供博弈分析［J］．财贸经济，2015（9）：108－117.

［43］刘小琴．经济新常态下的供给侧结构性改革路径之探析［J］．商业会

计，2018（6）：80－83.

［44］吕丽．供给侧结构性改革背景下我国零售业商业模式创新研究［J］.商经理论，2019（17）：34－36.

［45］马克思，恩格斯．马克思恩格斯全集［M］.北京：人民出版社，1975.

［46］毛锐，赵万里．撒切尔政府私有化政策特点分析［J］.山东师范大学学报（人文社会科学版），2008，53（6）：76－80.

［47］潘佳琦．供给侧结构性改革与供给管理创新——以辽宁省为例［J］.江汉石油职工大学学报，2018，31（2）：91－94.

［48］乔榛，陈俊宏．供给管理的中国式选择、逻辑及政策取向［J］.商业研究，2017（8）：136－141.

［49］宋则．论零售企业自营——"十三五"时期商贸流通业改革、发展新方向［J］.中国流通经济，2017（3）：25－37.

［50］苏剑．创新宏观调控体系旨在刺激优质需求［N］.中国经济时报，2019－06－27（4）.

［51］苏京春，王琰．里根经济学供给管理再研析：政策体系、实践效力与得失［J］.经济研究参考，2019（6）：5－13＋20.

［52］苏培科．中国房地产调控必须出重拳　强化供给管理居首［N］.中国经济导报，2016－10－15（B2）.

［53］孙鹏．以价值重构推动实体商业转型——基于引致价值的分析［J］.财贸经济，2017（7）：107－120.

［54］王朝明，张海浪．供给侧结构性改革的理论基础：马克思价值理论与西方供给学派理论比较分析［J］.当代经济研究，2018（4）：39－46＋97.

［55］王嘉玮，赵德海．供给侧结构性改革下流通模式创新研究［J］.商业经济研究，2018（3）：7－10.

［56］王强，刘玉奇．新零售引领的数字化转型与全产业链升级研究——基于多案例的数字化实践［J］.商业经济研究，2019（18）：5－8.

［57］王曦．以供给侧结构性改革推进现代化经济体系建设［J］.河北大学学报（哲学社会科学版），2018，43（3）：92－95.

［58］王晓东，丛颖睿．零售业国有资本效率研究——基于所有制改革视角的分析［J］.中国流通经济，2016，30（4）：86－93.

［59］王昕天，汪向东．社群化、流量分配与电商趋势：对"拼多多"现象

的解读［J］. 中国软科学，2019（7）：47 – 59.

［60］王智慧. 供给侧改革中的创新驱动［J］. 经济研究导刊，2019（29）：15 – 16 + 32.

［61］武平. 供给侧改革背景下我国实体零售业的改革与创新［J］. 商业经济研究，2017（9）：7 – 9.

［62］习近平. 决胜全面建成小康社会　夺取新时代中国特色社会主义伟大胜利［N］. 人民日报，2017 – 10 – 28（1）.

［63］习近平. 在省部级主要领导干部学习贯彻党的十八届五中全会精神专题研讨班上的讲话［N］. 人民日报，2016 – 05 – 10（2）.

［64］习近平. 主动适应、把握、引领经济发展新常态，着力推进供给侧结构性改革［J］. 党的文献，2017（4）：3 – 18.

［65］夏羿. 基于商圈理论的社区商业开发模式构建［J］. 商业经济研究，2019（14）：39 – 42.

［66］谢莉娟，庄逸群. 互联网和数字化情境中的零售新机制——马克思流通理论启示与案例分析［J］. 财贸经济，2019（3）：84 – 100.

［67］谢莉娟，王晓东，张昊. 产业链视角下的国有企业效率实现机制——基于消费品行业的多案例诠释［J］. 管理世界，2016（4）：150 – 167.

［68］徐印州，林梨奎，李丹琪. 社区商业的人工智能化趋势［J］. 商业经济研究，2018（12）：8 – 12.

［69］薛建良. 农业供给侧结构性改革政策逻辑——基于农业特性的视角［J］. 农业部管理干部学院学报，2017（3）：7 – 13.

［70］杨晓凌. 大数据下的零售业态研究［J］. 经济管理研究，2019（8）：53 – 56.

［71］叶菲菲. 转向以供给管理为主导的宏观经济政策［J］. 南方论刊，2018（7）：27 – 28 + 32.

［72］于景洋. 论习近平新时代以人民为中心的经济发展方略［J］. 商业研究，2018（3）：6 – 10.

［73］曾庆均. 零售学［M］. 北京：科学出版社，2006.

［74］曾宪奎. 以供给侧结构性改革为主线促进现代化经济体系建设［J］. 当代经济管理，2020（3）：7 – 9.

［75］张建军，赵启兰. 新零售驱动下流通供应链商业模式转型升级研究［J］. 商业经济与管理，2018（11）：5 – 15.

［76］张雷蕾. 农业科技创新背景下我国山区农业供给侧结构性改革特征分析［J］. 产业创新研究，2018（4）：94 – 96.

［77］张琦. 改革开放以来中国宏观经济理论与政策的演变［J］. 经济与管理研究，2019，40（4）：3 – 13.

［78］周铁军. 供给侧结构性改革与现代化经济体系建设［J］. 时代金融，2018（15）：7 + 10.

后 记

本书是国家社会科学基金项目"基于供给侧改革的中国零售业态结构优化与创新研究"（16BJY125）的最终研究成果之一，该项课题的最终研究成果有两项，一项是专著，另一项是研究报告。专著系统研究了供给侧改革的理论内容，建立了中国零售业高级化和合理化的理论研究框架，全面客观分析了中国流通业和零售业的发展现状，确定了基于供给侧改革的中国零售业未来发展的整体思路与创新路径。专著是课题各阶段研究成果的汇集和提炼，具有系统性和理论性，研究内容具有重要的理论价值和应用价值。

课题研究历时 3 年多，期间经过全国流通业研究领域的多位学者专家指导，充分吸纳了商务部以及黑龙江省商务厅、发改委等有关部门领导同志的意见和建议，并通过多次实地调查研究，收集了大量我国零售业行业中具有代表性企业的基础研究数据。通过不断调整、充实和完善研究内容，课题组成员发表了 10 篇核心期刊论文，包括 CSSCI 来源期刊论文 8 篇、中文核心来源期刊 1 篇、EI 源刊论文 1 篇，另外完成调研报告 3 份（15 万字），撰写研究报告 1 份（13 万字），其中部分内容被政府有关部门采纳应用。

本书的研究思路、研究内容和研究框架由我规划和制定。撰写工作由我、韩朝亮（哈尔滨商业大学）、杨守德（哈尔滨商业大学）、朱智（哈尔滨市政协经济委员会）、上创利（哈尔滨商业大学）、周宜昕（上海商学院）、王嘉玮（中国人民大学）、李金凤（黑龙江省商务经济研究中心）和孙婷姝（哈尔滨商业大学）共同完成。本书是我主持的国家社会科学基金项目研究成果的最终展现，是整个团队的智慧结晶，凝结了大家的辛勤汗水，对大家的努力付出表示衷心感谢！同时感谢哈尔滨商业大学经济学院和科研处等有关部门在课题研究过程中给予的鼎力支持。全书研究内容如有错误之处，请全国各位专家学者、同行及广大读者给予指正。

2020 年 11 月写于哈尔滨